中国社会科学院**老年学者文库**

晋国土地制度

邹昌林/著

社会科学文献出版社
SOCIAL SCIENCES ACADEMIC PRESS (CHINA)

目　录
CONTENTS

序

邹昌林同志是尹达先生的硕士研究生。现在，他的硕士学位论文《晋国土地制度》即将出版，我由衷地感到高兴。

尹达先生是老一辈的革命家和学者，长期在考古学和历史学领域活动，为新中国马克思主义史学的建设和发展做出了不可忽视的贡献。

我是1957年从四川大学历史系毕业后，分配到中国科学院哲学社会科学部历史研究所先秦史研究室工作的。其时，郭沫若兼任中国科学院院长、哲学社会科学部主任、历史研究所所长；尹达任历史研究所副所长，实际领导和主持历史所的工作。由于工作关系，我和尹达先生接触较多，他平易近人，和气可亲。他始终强调要以马克思主义理论指导历史研究工作，理论联系实际，从理论和实际的结合上揭示中国历史发展的一般规律和特殊规律。在他的倡导下，历史所曾一度组建了一个理论学习小组，定期不定期地对当时史学研究中存在的问题进行讨论。我是该小组中的一员。

1981年，尹达先生招收了三个研究生，其中王震中和周星是中国原始社会史研究生，邹昌林是中国奴隶社会史研究生。作为导师的尹达先生确定了培养研究生的指导方针、专业方向和具体方案，由于他工作繁忙，一些具体事务由应永深同志和我承担。

在三位研究生中，邹昌林的年龄相对大一些。他是1966届高中毕业生，插过队，当过中学老师，又是国家恢复高考后的第一届（1977 级）历史学专业本科毕业生。这样的经历，使他的历史知识和社会经验更丰富一些。难能可贵的是，他还重视理论，关心学术界关于中国历史的若干理论问题，特别是中国古代史分期问题的讨论，他志愿报考中国奴隶社会史研究生这一举动即表明了这一点。对历史上一个个具体问题的研究，涉及的内容较为单纯，相对易出成果；把马克思主义的唯物史观当成教条，不顾具体历史实际而"放空炮"，也较为容易；而运用马克思主义的立场、观点、方法，对历史上某种社会形态的经济、政治和思想文化进行认真而深入的研究和探索，从大量相互联系的"实事"中求出"是"，即各社会形态发生、发展和演变的规律性，则比较困难，需要花费多年的精力。这就决定了选择"中国奴隶社会史"研究课题的邹昌林，必然要走一条大器晚成的道路。

在中华人民共和国成立后的一段时期内，我国史学界开展了中国古代史分期问题讨论。中国古代史分期，涉及中国奴隶制与原始公社制分期、中国封建制与奴隶制分期，讨论的重点是中国封建制与奴隶制分期问题。在这一讨论中，百家争鸣，诸说并出，有西周封建说、春秋封建说、战国封建说、秦朝封建说、西汉封建说、东汉封建说、魏晋封建说；其中以西周封建说、战国封建说和魏晋封建说的影响最大。许多老一辈马克思主义史学家们参加了这一讨论。在分期问题上持不同观点的各家，都肯定中国古代历史的发展规律是原始公社制、奴隶制和封建制各社会形态的依次演进。此外，在中国古代社会性质问题上还有其他种种观点，其中有一种观点认为：马克思、恩格斯的社会形态理论和原始社会、奴隶社会、封建社会的划分，是针对古代希腊、罗马和西欧中世纪而言的，不符合中国历史实际；中国等东方国家历史上长期存在的，始终是以农村公社和专制主义构成的"亚细亚生产方式"社会。我认为这一论断不仅在理论上不能成立，而且歪曲了中国等古代东方各国的历史实际。

除上述古史分期问题外，那时的中国史学界还对中国历史上汉民族的形成、农民战争、封建社会的长期停滞和资本主义的萌芽四个问题，进行了认真的研究和讨论。这五大问题的讨论，特别是中国古代史分期问题的讨论，推动了马克思主义社会形态理论的学习和研究，拓展了中国古代社会政治、经济和思想文化研究的广度和深度，对当时中青年学者的历史教学和历史研究工作产生了良好的影响，因此曾被誉为当时中国史学领域的"五朵金花"。诚然，讨论中亦存在这样那样的问题，如有教条化、公式化的倾向等。

金无足赤，人无完人。无论什么人、什么民族、什么阶级和政党，都难免犯这样那样、或大或小的错误。问题是怎样对待错误，能否从错误中吸取教训，及时改正错误。如恩格斯所指出："伟大的阶级，正如伟大的民族一样，无论从哪方面学习都不如从自己所犯错误的后果中学习来得快。""文革"结束后，中国共产党组织了"实践是检验真理的唯一标准"的大讨论，郑重地对毛泽东的是非功过作了正确评价，并拨乱反正，实行改革开放，成功地开创了中国特色社会主义道路，使国家日益富强，民生不断改善，社会和谐稳定。历史经验给我们的极为重要的启示是：一切都要实事求是，按照客观规律办事，而这正是马克思主义理论的精髓和灵魂。中国共产党之所以能在长期的革命斗争和建设事业中领导中国人民取得一个又一个伟大的胜利，就是由于遵循了马克思主义的这一基本原则；反之，违背这一基本原则，就会犯"左"倾或右倾的路线错误，使革命和建设事业遭受重大损失。因此，我们要学习马克思主义，信仰马克思主义，坚持马克思主义，自觉地用马克思主义的立场、观点、方法指导自己的行动，在实践中不断丰富和发展马克思主义。然而，知识界有些人士却反此科学之"道"而行之，他们把中国共产党特别是毛泽东的错误归咎于马克思主义，从而否定马克思主义的社会形态理论和科学社会主义学说，否定中国共产党和中国特色社会主义道路。

我之所以肯定邹昌林同志的这一研究方向，就在于他具有理论自信和理论勇气，并在其研究领域中有所建树。

在我们党拨乱反正、转入现代化建设和改革开放的特定历史条件下，作为资产阶级自由化的一种表现形式的历史虚无主义，又开始在中国泛起。一些人歪曲"解放思想"的真意，打着"反思历史"的旗号诋毁、贬损、否定中国的一切，不但全盘否定毛泽东的历史地位和毛泽东思想，诋毁新中国的伟大成就，而且贬损和否定近代中国一切进步的革命的运动，否定五千年中华文明。硕士研究生毕业后留在中国社会科学院研究生院教务处工作的邹昌林同志，耳闻目睹了身边历史虚无主义思潮的泛起和否定中国传统文化特别是儒学思想的狂热。作为当时教务工作具体组织者的他，"目睹着这种狂热情绪，身处旋涡之中而不知所措"；由于"无法接受"这种错误思潮，他于1987年毅然辞去教务工作，考取了本院宗教系余敦康先生的博士研究生，"欲对中国文化，特别是它的价值系统做一寻根索源的彻底探讨"。后来出版了《中国礼文化》和《中国古代国家宗教研究》等专著。应当说，邹昌林同志对这一重大课题的研究，也是很有意义的。优秀的中国传统文化，是弥足珍贵的智慧宝库和精神财富，它有助于提升民族素质，增强民族的自信心和凝聚力。毛泽东早就说过："今天的中国是历史的中国的一个发展；我们是马克思主义的历史主义者，我们不应当割断历史。从孔夫子到孙中山，我们应当给以总结，承继这一份珍贵的遗产。"

事实是研究工作的出发点，任何研究都必须充分地、准确地占有资料，从大量的资料中整理出准确可靠的资料，充分掌握事实，并分析现象，抓住本质。这是邹昌林同志的导师所要求的，他自己也是这样做的。他不但重视文献记载，而且重视地下考古资料和人类学与民族学资料，并把三者联系起来进行考察和研究。因此，无论是他的硕士学位论文《晋国土地制度》、博士学位论文《中国礼文化》，还是后来出版的《中国古代国家宗教研究》，都资料充实、内容丰富。

由于上述原因，致使邹昌林同志的硕士学位论文拖到今天才出版。恩格斯说过："迄今所生的一切革命，都是为了保护一种所有制以反对另一种所有制的革命。它们如果不侵犯另一种所有制，便不能保护这一种所有制。"春秋战国时期新旧势力之间的斗争，首先就是围绕土地制度问题而进行的。研究春秋战国土地制度不但很有必要，而且很重要。近二三十年来，不少学者重视先秦列国的分别研究，发表了不少论文和专著。《晋国土地制度》作为第一部系统、全面研究晋国土地制度发展变化的著作，可以说是"填补空白"之作。虽然时间过去了 29 年，仍有它的新意。它即将出版，可喜可贺。

鉴于晋国是春秋时期的大国，其土地制度的发展演变具有非常典型的意义，所以我把晋国从初封到灭亡的情况，以年谱的形式略表如下，以方便读者阅览。

西周初年，成王封其弟叔虞于唐（今山西翼城西），为西周重要封国之一。叔虞子燮改国号称晋，先后迁都于曲沃（今山西闻喜县东）、绛（今山西翼城）、新田（今山西侯马）等地。到春秋时期，公元前676～前651年在位的晋献公大力扩张，至晋文公（前636～前628年在位）即开创霸业。在城濮之战中打败楚国的晋国，大会诸侯，被周襄王正式赐命为霸主。其后形成了晋楚两强更迭把持中原霸权的局面。晋昭公（前531～前526年在位）以后，范、中行、智、赵、魏、韩六卿强大，公室衰微，六卿之间争权的斗争激烈。晋定公时（前511～前475年在位），范氏、中行氏两家败亡。晋哀公四年（前453），赵、魏、韩三家又共灭智氏，三分其地。晋烈公十九年（前403），周威烈王正式承认赵、魏、韩三家为诸侯。其后，赵、魏、韩三国废掉晋静公，立国近七百年的晋国灭亡。

邹昌林同志所撰《晋国土地制度》一书，对晋国从建立至灭亡的土地制度，作了全面、系统的探讨，论述了晋国土地制度的内容、性质、特点及其发展过程，对不少有关晋国土地制度问题的分析论证，都颇有新意，值得一读。

周自强

2013 年 6 月 12 日

自　序

作为 1984 年的硕士学位论文——《晋国土地制度》，未做任何修改，直到今天才出版，常理无法想象。然而事实如此，这是令笔者必须交代的真正原因。

我是国家恢复高考后第一届（1977 级）历史学专业本科生。毕业后，我就直接考取了中国社会科学院研究生院历史系的研究生（1981级），导师是著名的考古学家和历史学家尹达先生。能得到这样的前辈学者指导，我深感荣幸，所以心气颇高，对硕士学位论文抱有厚望。我相信，这也是当时所有能够进入这个学府的研究生的共同愿望。故那个时期（最初几届）的研究生论文，整体水平都比较高，不少硕士学位论文达到了直接发表的水平，有的甚至达到了博士学位论文的水平（我读硕士时，尚无博士生，故我毕业时，还没有博士学位论文）。我的论文是恢复高考后，关于先秦国别土地制度方面最早的学位论文之一，所以评价也不错，答辩委员会认为是一部"填补空白"的"匠心之作"。经专家鉴定，认为已经具有出版的基础。例如，李学勤先生就指出，本论文无须再增加材料，只需通俗化一下，即可出一本 15 万字的小册子。但可惜，我毕业后直接留在研究生院教务处工作，事务繁忙。尤其是 1985年，研究生院结束租地办学的历史，迁到新校址，添上迁校初期的各种事情，工作量就更大了。而我当时刚刚担任教务处副处长，是本处具体实际事务的主要负责者，根本无暇顾及自己的私活儿，所以，这个心愿就暂时搁下了。至于这一搁就是 29 年，则是有着更重要的原因。即当时，骤然兴起了一场席卷全国的文化热潮，从而使我关注的学术方向和治学思想发生了很大变化，前后有了明显的不同。顾及这种矛盾，此论文就一直搁到现在（其间，只将其中的两个具体问题，作为单篇论文发表）。

发生在 20 世纪 60～70 年代的"文化大革命"，终于在 70 年代后期结束了。随着"文革"的结束，党和国家实行思想解放、改革开放的路线、方针和政策。人们痛定思痛，从各个方面展开了对"文革"的反思和批判，并终于在 80 年代中期，迎来了一个高潮阶段。这就是，人们普遍产生了清算导致"文革"思想根源的要求——即对封建专制主义思想进行彻底批判。正是由于这种诉求，人们又把矛头指向了传统文化，特别是儒家思想，认为它是一切罪恶的根源，必须彻底否定。其批判程度之激进，争论情绪之激烈，较"五四"的反传统，"文革"的文化虚无主义倾向，有过之而无不及。然而，这样一来，对于出路何在的问题，又导向了另一个极端，即全盘西化论又乘机甚嚣尘上。我当时是教务工作的具体组织者，目睹着这种狂热情绪，身处旋涡之中而不知所措。作为刚刚毕业的研究生，我很理解人们的这种情绪，故当时，以至后来，甚至现在，我仍在某些场合为这种论调的提出者的人格进行过辩护。我认为，在当时那种激辩中，甚至连自己的生理缺陷都可以超越的人，若非出于真诚和忘我意识，是不可能如此的。然而，他们对于构成中华民族本质属性的文化根源，作如是理解，我又是无法接受的。既然如此，那么，假如我登上这个讲台，是否能把问题讲清楚呢？我当时真是非常茫然。正是处于这种口欲言而心不能的尴尬境地，终于意识到，我的需要是在学术上，而不是教务工作。于是，1987 年，我毅然辞去了教务工作，考取了本院宗教系余敦康先生的博士生，欲对中国文化，特别是它的价值系统做一寻根索源的彻底探讨。出于这一愿望，从而改变了我的学术方向和治学思想。

当我读本科和硕士的时候，整个历史文化界还是沿着"五四"的方向发展。人们以五种生产方式的理论，来全面批判传统的古史系统及其思想，以达到树立唯物史观和马克思主义理论的目的。作为历史学专业的学生，我的硕士学位论文，当然是这种理论架构的产物，是循着这种研究方式，对传统文化作精华和糟粕的区分，从而达到理论和思想正确继承的目的。这种已为人们公认的方式，不能说错（就是今天，也不能完全说错）。但是，从"五四"的反传统，到"文革"的"横扫一切牛鬼蛇神"，直至 20 世纪 80 年代对传统文化的彻底否定，对传统的可继承性，几乎到了山穷水尽的地步。比如，按照五种生产方式的架构，认为中国的传统文化，特别是儒家思想，不过是奴隶社会和封建社会的产物，从根本上是为剥削阶级和统治阶级服务的，今天站在无产阶级和劳动人民的立场上，这种思想怎么能从本质上来加以继承呢？虽然我们可以进行转化式的借鉴，但是，这种属性难道也可以这样继承吗？因此，当时我感到，对传统文化的研究，已经不再是痛打落水狗的时候了。打死老虎，再踏上一只脚，已经毫无意义。我们研究的任务，是为传统文化的可继承性找到新的依据，尤其是理论依据。然而这样一来，在以往的架构内，就无法实现了。必须从这种架构中跳出来，才有实现的可能。我正是希望通过博士阶段的学习，作博士学位论文，来达到这一目的。

我的博士学位论文，在写作的过程中，虽不像今天这样明晰，却是带着当时的困惑和思考去研究的，基本把我的想法，通过实证和理论的方式说出来了，因而在完成之后，才感到一种真正的轻松和畅快。因为我的论文是以《礼记》为基本原典，所以，题目是《从〈礼记〉看中国礼文化的特征》，1992 年在台湾出版，更名为《中国古礼研究》；2000 年在大陆出增订版，干脆直接命名为《中国礼文化》。在这里，我对中国传统文化，特别是儒家的价值系统，从整体上作了寻根索源的探讨，从两个方面进行了突破性的尝试。

一是从理论上冲破了"五四"以来的主导看法——即由古史辨派的疑古思潮和古史分期论战构筑的理论藩篱，对中国文明和国家的起源——这个关键性的核心问题，提出了自己的新看法。

中国的传统文化，特别是儒家的价值系统，是与中国传统的古史观合一的整体。即历来认为，儒家的道统（即今天所说的价值系统），是由古史上的三皇五帝三王制作，由儒家继承发扬流传下来的。因此，要否定儒家的道统，就必须从推翻传统的古史观入手。正是因此，"五四"时期从西方引进的新思想、新理论、新方法，对此进行了长达数十年之久的批判。一方面，是以古史辨派为首的疑古思潮，以西方的实证主义理论和清代即已产生的疑古思想相结合，对传统古史系统的大破坏。他们认为，所谓三皇五帝的古史，从根本上就是子虚乌有，不过是先秦诸子和儒家托古改制的伪造。因而上古根本不存在儒家所宣扬的黄金时代——如"大同"社会等。通过这种釜底抽薪的方式，最终否定儒家道统的合法性。另一方面，则是马克思主义学者，依据五种生产方式理论，特别是以恩格斯的《家庭、私有制和国家的起源》为指导，对中国古史系统的重建。这就是长达五六十年之久的古史分期（即中国原始社会与奴隶社会如何分期，分期点在哪里；奴隶社会与封建社会如何分期，分期点在哪里）的大论战。此问题之所以重要，是因为它涉及中国马克思主义新史学理论系统的所有问题，有牵一发而动全身之效。虽然这种论战并不像古史辨派那样对传统古史的阉割，但各派都把三皇五帝阶段推到了原始社会，认为只有从三代开始才进入文明和国家阶段——即中国的奴隶社会或封建社会，因而仍是否定了儒家道统与三皇五帝的联系，认为儒家文化只能是奴隶社会和封建社会的产物，从而也必然失去可继承的合法性。所以，欲找到传统文化和儒家道统可继承的合法性，就必须超越这种理论构筑的系统。而这个理论的核心和关键，依笔者看来，就是中国文明如何起源的问题。故围绕着中国文明的起源问题，展开了从实证到理论的探讨，提出了自己的突破性看法。

首先，我从中国文化和文明的连续性与其他文化和文明的非连续性的事实出发，将世界文化划分为两大单元——即原生道路的文化单元和次生道路的文化单元。所谓原生道路和次生道路，都是相对第一代文明而言的。而所谓第一代文明，原本就是从原始社会自行进入文明时代的最初的几个文明，这本身就是原生性的。故凡是沿着第一代文明奠定的方向，没有受到外部的干扰破坏，完全或基本上是通过内部的努力发展起来的文化和文明，可以称之为原生形态。反之，凡是受到外部的干扰破坏，发生中断、断裂或变异再发展起来的文化和文明，可以称之为次生或再生形态。正是从这种分类可以看出，在世界上，真正完全称得上原生道路的文化，只有中国。故中国作为世界上唯一仅存至今的原生道路的文化，而独立构成一个大单元，其他都是次生和再生道路的文化，而共同构成了另一个大单元。正是从这一基本事实出发，我们不能套用其他次生或再生道路的文化的发展规律，来对中国文化和文明进行简单的比附。然而，在这个问题上，我们以往一直是用以西方（即欧洲）为原型归纳出来的发展方式，来解释自己的历史的，因而，这种解释是有问题的。

那么，这种问题是什么？二者有何区别呢？我认为，二者的根本区别，就在于文明和国家起源的方式不同。在西方，文明与国家的起源是同步的，而在中国，文明与国家的起源是非同步的，是文明起源在前，国家形成在后。因此，二者在整体发展道路上，也必然不同。至于何者是普遍形态，何者是特殊形态，我在作博士论文时，研究尚不彻底，还是把希腊、罗马的道路看作普遍形态，而把中国看作特殊形态。直到我承担国家社科基金项目——即第二部专著《中国古代国家宗教研究》时，才更正了这一点，提出只有中国这种形态才是真正符合历史科学理论的原型和典型，希腊不过是特例，因而，只有中国的这种方式才是普遍形态。关于这一认识，我在《中国礼文化》一书的自序中，已经预先（即在《中国古代国家宗教研究》出版之前）作了一定说明。而在《中国古代国家宗教研究》的上篇中，我着重从理论上进行了阐述，认为文明与国家非同步发生之所以是普遍规律，原因就在于文明与国家有着本质的区别。文明从其性质上讲，与氏族社会的目的是一致的，这就是其全民性、全社会性和公益性等特征。因此，文明可以从氏族制度中孕育产生，并直接延伸下来。而国家与氏族制度是相背离的，故不能从氏族制度中直接产生，它必须经过早期文明社会的桥梁作用，通过异化的形式，才能产生形成。因此，文明产生在先，而国家形成在后，这应是一切原生文明的普遍形式。至于希腊那种国家与文明同时发生的方式，原因就在于，它本来就不是第一代文明，而是因为受到了所在地域早已存在的高度文明的影响，在特殊情况下，从内部发生跳跃的特例。

正是由于文明和国家发生的非同步性，所以，对国家本质的理解，也必须作一定的修正。以往，人们都把国家看成是一重性的概念，即认为它只是剥削阶级和统治阶级剥削和镇压其他阶级的机关或机器。在这里，我根据中国的这种非同步发生的普遍方式，把国家的性质修正为二重性的概念。我认为，一方面，国家有从早期文明社会延续下来的、属于全民性和全社会性的属性，同时，也有异化为剥削和压迫的属性。正是因此，我们对国家阶段的传统和文化进行批判，只要清算了其异化的属性，那么，那些属于其全民性和全社会性的一面，是可以继承的。从而为我们的传统文化，包括儒家价值系统的可继性，找到了理论根据。因为这一理论上的突破，正好可以与传统的古史观相统一。也就是说，按照古人的说法，传统所说的"五帝"时代，实际就是一个早期文明社会，基本没有剥削和压迫，这正是古人把它称为"公天下"的原因。到了三代，才进入国家阶段，才有剥削和压迫的产生，所以古人称之为"家天下"。我们的文化传统，既有着"公天下"的早期文明社会的因素，也有着"家天下"的国家阶段的因素。因此，那种不分青红皂白地对传统文化完全否定的看法，不但在事实上是站不住脚的，而且在理论上也站不住脚。

其次，我在探讨的方法上，也作了突破性的尝试。

中国历史文化的所有问题，从根源上最终集中到传统古史上来，这是必然的。因为这是中国文化的独特性所决定的。在世界上所有文明中，只有中国有着严格的历史记载的连续性。从公元前841年西周末年国人大暴动开始，就有了严格的编年史。在此之前，虽无严格的编年史，但已有了继承的谱系。这个谱系，在三代，有着每王之间的相互承接关系。五帝时代差一些，但类似于朝代更替的每帝之间的继承关系，也是有明确记载的。至于三皇，则有着大时段的特点，各皇之间的代数、年数，都无法确知。正是靠着这个古史系统，支撑着儒家道统的大厦。这就是中国这种原生道路的文化，不同于一切次生和再生道路的文化，具有"一以贯之"的特征的原因。如果这个传统的古史系统倒了，那么，儒家道统的大厦也就塌了。这正是这个古史系统之所以重要的原因，也是与其他文化文明相比较，产生分歧的根本原因。对于这个系统，虽然古代科学不发达，但凭着儒家从孔子起就"不语怪力乱神"的特点，人们相信它的合理性，这就是信古的传统。这之间，虽然遭到过非古的法家的攻击，间或还有疑古思想的干扰，但这些支离破碎的东西，不足以动摇这个有着正统主流地位的承载系统。这个系统之所以在现代发生了动摇，是因为它遇到了西方的现代科学理论和方法。它在西方的现代科学体系面前，终于显得那样的千疮百孔而不堪一击。古人当然不会按照现代人的思维和方法记述历史，那么，这到底是我们错误地理解了古人，而做出了错误的解释呢？还是古人的记载，根本就是错误的？这就是我们从方法上必须解决的问题。

在这里，首先是判断标准的问题。按照西方现代的科学标准，文字的有无是一个关键因素。认为只有有文字记载的历史才是可信的，才是进入文明社会的标志。故以此为界，将人类历史分为两期，前者称为史前社会，后者称为文明社会。这一标准，迄今一直被视为金科玉律。于是，按此标准来检验，我们传统所说的五千年文明史，几乎一下被砍去了一半。"五四"以后形成的古史辨派，正是以此为据，对传统经典的成书时代进行了严格的考证，只要证明文献的出现晚于记载的内容，就将其内容归入不可信的范围。并最终根据古圣先王在文献上出现的早晚，提出了"层累地造成的古史说"。认为，越是古老的帝王，越是后人托古改制添加上去的伪造。正是这一说法的提出，立刻引起了轩然大波，从而展开了数十年之久的古史大论战。后来顾颉刚先生在 1981 年再版的《古史辨》前言《我是怎样编写古史辨的？》中指出，这实际是向传统的古史系统中扔了一颗原子弹，将古人的"一座圣庙一下子一拳打碎成了一堆泥"，可见其破坏威力之大。另一方面，如前所述，就是按照历史唯物主义理论对传统古史系统的重建，即用五种生产方式来划分中国社会的发展阶段。在这里，又加进了生产力的标准，作为不同社会区分的标志。由于工具是生产力的主要因素，所以，人们又以欧洲文明与国家起源的事实为准，以铁器的有无为根本标志。这几乎和文字的标准一样，使中国的文明史被缩短了一半。当然，这里面还有生产关系和上层建筑的问题，不能这样简单地判断。然而，当郭沫若根据恩格斯的《家庭、私有制和国家的起源》写作《中国古代社会研究》，发现商代仍具有许多原始社会的特征，并初步将其定为原始社会时，也在整个理论界产生了振聋发聩的影响，从而引发了长达五六十年之久的古史分期大论战。由此可见，所有有关中国传统文化的问题，包括儒家道统的合法性问题，从根源上，都要由这个古史系统的可信度来证明。

　　这种以西方的理论方法对中国传统古史的批判，一方面，对于有着传统思维的中国人的自尊心，是一个沉重的打击；然而，另一方面，它对于一切企图改造中国的革命者来说，又是无上的锐利武器。正因如此，从此，以西方的科学理论方法研究中国的传统文化，蔚为风尚。因为不管何者，都必须在西方的这种科学理论方法面前受到检验，才有存在的合法性。正是在这种理论方法面前，我们传统的光辉消失了。甚至有人认为，中国没有希腊那种英雄史诗，也是我们的文化不如人的表现。一时间，言必称希腊，成了文化理论界的一种时尚。

　　但这样一来，也导致了探究中国古代社会的真相，特别是古史系统的可信度，成了人们的根本倾向。在这方面，考古发挥了重要作用。首先是殷墟的发现，王国维先生运用二重证据法，将《史记·殷本记》的世系从甲古文中剔发出来，从而证明了三代谱系的可信。于是，三代就完全进入了信史的范围。现在，考古界对中国文明的界定，正在向五帝时代的范围挺进，从而逐渐缩小了笼罩在人们心头关于传统古史不可信的那朵疑云。但是，考古有它的局限性，它只能靠实物，有一分实物材料说一分话。故只能解决是什么的问题，还不能从根本上，特别是从整体上解决为什么的问题。例如，考古可以证明有些实证与五帝时代的特征相符，但那时还没有文字，至少还没有达到书面表达的程度。有这方面功能的文字，据考古发现，至今还止于甲骨文。那么，商代以前的历史，能够记载准确吗？如果能，它是通过怎样的途径来实现的呢？若这个问题不解决，在西方硬性标准面前，它仍是不可信的，只能归入传说和原始社会。因此，在西方大多数历史著作中，仍是把中国文明的起源看成最晚，以文字为界，大约比中东地区晚上两千年。所以，关于中国文明是独立起源的，还是在这期间从西方传播进来的，至今仍有争议。例如，目前被视为最无偏见的美国著名历史学家斯塔夫里阿诺斯的《全球通史》，就仍是把中国文明的起源从商代算起。因此，若不解决古史流传的内在方式和方法问题，中国有五千年的文明史，仍是无法被承认的，至少儒家传下来的道统是如此。

不过，考古的发现，给了我们信心，为我们提供了证据，证明以往的疑古思潮和五种生产方式的诠释方式，也是有缺陷、有问题的，它与中国的历史不完全吻合，有的甚至根本相背离。例如，中国的封建社会在秦汉以前，指的是夏、商、周三代；但西方的封建社会指的是秦汉（即西罗马帝国）以后、近代以前。为什么会如此？这不能不使人怀疑西方的那套理论方法，包括它的那种衡量标准，是否是正确的。比如，把铁器和文字作为衡量文明起源的标志，就完全错了。铁器不用说，因为所有的第一代文明，都不是从铁器时代起源的。即使文字，现在也有了突破口。例如，美洲的印加文明，存在了一千多年，就没有文字。既然没有文字，那么，这种文明的传承，是靠什么来承载的呢？故关于标准的问题，我们必须根据实证，重新来解释和制定。

关于铁器的问题，我在《中国古代国家宗教研究》中就提出，铁器的重要性，并不在于它是文明起源的标志，而是在于，它是轴心时代的标志。所有的轴心文明，都是从铁器时代起源的。因此，没有铁器时代的到来，就没有轴心时代。

关于文字的标准，是我在方法上的一个突破，下面将谈到。

至于希腊有英雄史诗，中国没有，被视为一种怪现象，则更不值一驳。所谓文明产生之前的史诗，实际并不是原生文明的特征，而不过是次生或再生文明产生之前，灭亡民族的呻吟。他们作为灭亡民族，已经失去了进入主流正史的权利，只有靠着行吟诗人的传唱，才能保留下他们的历史和文化。后来的考古证明，希腊的荷马史诗，不过是希腊之前灭亡的迈锡尼文明和克里特文明的产物。至于这种史诗的产生方式和可信度，则可以从中国的小说《水浒传》的形成过程得到说明。关于宋代梁山宋江农民起义的记载，在正史中，只有寥寥几笔。说是有三十六人造反，后来被张叔夜镇压了。但是，关于梁山好汉的故事，却通过说书人的不断演义，最后形成了一部皇皇巨著《水浒传》。在这里，梁山好汉的三十六天罡，有一定史影，但其中的七十二地煞，完全是杜撰。至于其中的故事，则是说书人的创作。既然如此，应该怎样来评价《水浒传》的历史价值呢？它真实不真实呢？从社会现实来说，它真实，这完全是当时社会的写照。但从具体人物和故事来说，它又不真实，因为缺乏正史的记载。所以，荷马史诗的产生方式和历史价值，可能也和《水浒传》一样。中国没有这样的史诗，正好证明中国文明的连续性，因为它没有发生种族和文明的灭亡。至于今天，人们发现，中国也有史诗，而且远远超过希腊史诗的规模，这就是藏族的《格萨尔王传》。但这种比较是毫无意义的。中国是多民族国家，有的民族有史诗，是非常正常的，但这只是中华多元文明的组成部分，并不能否定其主流。由这一事实可知，中西文化之间的差异是很大的，若不作正确的解释，而是简单地比附，是要出问题的。尤其还有一个重要的因素，必须考虑进去，这就是中西概念话语系统转换造成的矛盾。

我们的传统文化，不但有其内在发展的理路和方式，而且有着独立的概念话语系统。但自近代，特别是"五四"以来的西学东渐，我们不但引进了西方的理论系统作指导，而且概念话语系统也发生了根本的变化，即在采用西方的概念话语系统来研究问题时，不得不经常与传统的概念话语系统发生矛盾。这就是，二者涵盖的内容和范围，往往不是一个同心同边界的圆，因而，当二者对接时，经常发生"尺有所短，寸有所长"的矛盾，怎么套也不合适。故为了理论与方法的统一，人们往往委曲自己的传统和文化，对其进行削足适履的诠释。所谓古史分期的大论战，正是这种诠释方式造成的。既然如此，我们不用这个概念话语系统不行吗？当然不行。因为西方的概念话语系统，是由其理论系统所决定的，不用其概念话语系统，就等于拒绝现代科学理论。因为这套理论方法和概念话语，最终是由西方现代科学的性质所决定的。更何况，近代以来，由西方中心论形成的话语霸权，对一切殖民地和半殖民地的民族来说，几乎都有着无法抗拒的命定性。然而，也正是这种概念话语转换造成的矛盾百出，故为了达到科学的理论和方法的统一，严肃的方法，不得不经常靠情境的方式来解决。即在使用这种方法时，必须导入一定的情境之中，靠着情境的真实性，才能达到中西两种概念话语合理对接的目的。若非如此，往往导致差之毫厘、谬以千里的状况。这种方法，按照马克思的说法，也可以说是逻辑的方法与历史的方法的统一。然而，这种方法，在具体问题上容易实现，但对于整体，又会经常顾此失彼而相互冲突。故在采用西方的科学理论和概念话语系统研究中国文化时，如何实现整体上的本质与方法的统一，这是至今尚未很好解决的问题。这正是我希望在方法上有所突破的根本原因。那么，怎样来实现这一目标呢？我认为，仍须从中西文化的根本差异——即其原生性与次生性的矛盾入手。

如前所述，中国文化与西方文化的根本区别就在于，自古迄今，有着"一以贯之"的特征，因而其内部的协调统一是主流。而西方文化，则由于其次生和再生性质，内部经常是相冲突的。因为其内部有着不同文化和文明的异质性矛盾。在中国文化中，这种异质文化的冲突是没有的，至少是这种冲突最少的。所以，对中国文化这种情境的诠释，怎样才能达到整体的"一以贯之"呢？这才是关键所在。

以往的问题在于，对于这种"一以贯之"的东西，进行了分割的处理。一方面，人们注意到了儒家道统"一以贯之"的特点，另一方面，又否定了这个道统背后的古史系统。如何将二者结合起来，统一为一个"一以贯之"的整体呢？这就是我首先要解决的问题。

对此，我提出，中国文化的根本特征是礼，整体是一个礼文化模式，所谓儒家的道统和传统的古史系统，都统一于这个礼文化模式之中。

　　为了证明这点，我首先从文献上考察，提出了"六经皆礼"的看法，从而证明我们的成文历史是礼。那么，为什么"六经皆礼"呢？其原因又在于，中国文化在有文字之前就是礼。这种文字形成之前的礼，可以追溯到非常久远的时代，是从人类社会形成以来就有的东西。根据考古学和人类学研究，这就是人们称之为原始社会的习惯、习俗或传统的整体文化系统，只不过中国称之为"礼"而已。因此，礼是人类社会产生之初的共性，不独中国为然。之所以后来分歧了，是因为只有中国的文化和文明延续下来了，其他的文化和文明都发生了中断，因而其文化的根本特征也发生了变异，如大多数都转向了宗教。只有中国仍沿着礼文化的模式发展。正是因此，礼在中国得到了最系统、最全面的发展，是涵盖所有方面的一个总名，它相当于今天所说的广义的文化和广义的文明的概念，从时限上讲，也与广义的历史一致，即人区别于动物的、此前人类社会发生的一切的总和。这样的礼文化概念，只有中国有，其他任何民族都没有。因而，它与西方所说的礼貌、礼仪性的东西是不一样的，这种东西，只是相当于中国这种礼的表面形式的部分内容。故与其他文化进入文明社会，最终都改变了礼文化发展方式，停止了向前发展不同，中国的礼文化从原始的礼俗起源，进入文明社会后，并没有停滞不前，而是进一步向礼制、礼义的方向发展。所谓儒学的道统，不过是这个礼文化模式发生危机时，以孔子为首的儒家，将其义理系统从礼中提炼出来，以达到以义制仪的目的，维护和推动这种礼文化进一步向前发展。因而，儒学，特别是其道统，不过是中国礼文化的产物，是中国礼文化发展的一个新阶段。所以，只有这个涵盖了中国文化所有方面的"礼"，才是中国文化统一的"一以贯之"真正原因。今天西方所说的一切文化概念，如历史、哲学、宗教、文学、艺术、道德、伦理，以至政治、经济、军事等所有方面，无不与礼整合为一个整体。因此，今天我们把它作分割的理解，不从情境出发，是要出问题的。

中国这种"礼"的概念，由于是从上古延续下来的，所以，它也是最早的、最完整的表意系统。它在文字产生以前，就发挥着如同文字的作用。中国的传统文化，就是靠着礼的这种表意功能而传承下来的。以后，进入文明社会，由于它的完备性和连续性，而被文字记载下来，这就是"六经皆礼"的原因。其他文化之所以没有沿着礼文化的方向发展，大多走向了宗教，就在于这个有着表意功能的礼文化系统没有流传下来。但是必须指出，宗教也属于礼的范围，它之所以能流传下来，是因为宗教本就是礼的核心内容。只不过后来经过了不断的变异，人们越来越看不到它与原生礼仪系统的关系了。正是由于礼是一个全方位的表意系统，所以在中国，文明起源的标志，不是文字，而是这个发达的礼仪系统（这也正可以解释美洲印加文明之所以存在了一千多年，而没有文字的原因）。但是，以往人们并不理解这一点，而是用西方的理论来套，从而才对中国文化产生了整体误解。

那么，这点有何证据呢？于是，我从文献上进一步破解了古人认识自己文化和历史的方法，这就是《礼记》所说的"反本修古"的方法。古人就是运用这种方法，从这个礼仪系统中，提炼出了社会进化的发展观和古史系统，它与今天的历史发展观，完全可以接上轨。由此可见，古人所说的古史系统，是有着自古流传下来的原生礼仪系统的根据的。

既而，我运用《礼记》"反本修古"的方法与现代人类学的方法相结合，破解了古礼中包含的上古（三皇）、中古（五帝）、下古（三王）的不同礼仪内容，从中找到了属于渔猎时代的和母系氏族阶段（即三皇时代）的自然礼系统，属于早期农耕时代和父系氏族阶段（即五帝时代）的早期文明社会的社会礼仪系统，以及属于三代的政治等级礼仪系统。因而提出，中国的礼文化模式，是从三皇时代起源，中经五帝时代和三王时代两次整合而形成的，以自然礼仪为源头、社会礼仪为基础、政治等级礼仪为主干的原生道路的文化系统。这就为传统的三皇五帝三王的古史系统，找到了"一以贯之"的根据。并以此为基础，进一步探讨了这种礼文化模式的整体结构、功能和价值系统，从而为儒家道统的来源，作了本源性的解释。

正是从这个系统，我们可以看出，儒家的天人合一思想，从源头上讲，是以三皇时代即已产生的自然礼仪为根据的。而其"大同"理想、五伦关系、中庸思想、仁的思想体系，则是以五帝时代的社会礼仪为根据的。只有严格的政治等级制度，才是源于三代的政治等级礼仪系统。因此，虽然这种政治等级制度成了三代以后中国文化的主干线，但只要清算了这种异化的属性，中国传统价值系统的其他方面，是可以继承的。

以上，就是我在方法上所作突破的梗概。正是这种方法上的突破，所以有的学者评论说，我的这一发现，实际是找到了中国文化的干细胞，这是通向中国文化各个系统的通道。因而认为，我的这种方法上的开新启后意义，要远超过我在理论上已经得出的结论。

从我读博士以后，学术上的这种发展道路可以看出，它与我硕士阶段的学习和研究，是有着倾向上的根本不同的。正是因此，出版我的硕士学位论文，不但于我的这种发展倾向无补，可能还会干扰我的这种倾向。所以，硕士学位论文就一直搁到现在。

那么，现在为什么还要出版我的硕士学位论文呢？原因亦有二。

第一，我虽然在博士学位论文之后，有了这种治学方式的变化，也取得了一定成就，但这又是硕士阶段的学习和训练打下的基础。若无硕士学位论文的基础，就不会有博士学位论文阶段的成功。当然，这种训练，又离不开尹达先生和带我的老师的指导。2006 年，是尹达先生诞辰100 周年，为此，历史所举行了隆重的纪念尹达先生的学术研讨会。我也荣幸与会。然而可惜，我当时未写这方面的纪念文章。那么，怎样来纪念自己的导师呢？于是我想到，把硕士学位论文发表，这应该是对老师的最好纪念。

尹达先生是我国著名的马克思主义历史学家和考古学家，从 20 世纪 30 年代就投身于考古和革命活动。1937 年到达延安，从那时起，他就把马克思主义理论的学问和革命工作活动结合起来。1949 年以后，他是考古界和历史界最早的组织者和领导者之一。他身兼各种职务，特别是为中国科学院考古所和历史所的建立和发展，倾注了全部精力。他在考古所，继梁思永先生之后，担任副所长、所长。在历史所一所，任第一副所长。历史一所与二所合并后，任副所长。由于当时郭沫若院长兼任历史所的所长，因此，尹达先生是历史所的实际领导者。从"文革"后中国社会科学院成立，尹达先生一直担任这一职务，直至去世。由于尹达先生的学术地位和领导者的身份，他对新中国的考古和历史研究的发展，有着整体的构想和全盘的计划，包括带研究生。他一直在考古和历史研究两方面通盘考虑。在考古方面，他不但是新石器时代考古方面的专家，而且对新中国考古队伍的建设、考古项目的发掘、学术成果的不断总结和汇集，倾注了大量心血。在历史方面，更是为新中国马克思主义历史理论体系的建立，做了大量工作。如，由郭沫若主编的《中国史稿》，就是由尹达先生实际组织和参与的。正是由于他对两个领域的通盘兼顾，才使他对中国考古和历史的建设有着统观全局的眼光。而在这两个领域，当时，直至他去世，关于古史分期问题，一直是个根本问题，有牵一发而动全身之效。所以，1981 年，招收我们三个第一届本科毕业生时，在专业设置上，就体现了这种思想。当时，他招收两个专业方向的研究生，一个是原始社会史，一个是奴隶社会史。从专业名称可以看出，尹达先生是非常重视理论建设的。通过硕士阶段的学习，我才真正感到古史分期问题的重要。尹达先生招收我们三人，目的就是以新的思路来培养这方面的人才。最终，也是希望能够在古史分期的理论上有新的突破。所以，他根据自己的经验和当时许多学者拘泥于狭隘眼界的现实，为我们制订了通过文献、考古和民族学相结合的培养计划。由于尹达先生事务繁忙，还专门为我们设立了两位副导师。一位是先秦室的主任周自强先生，他不但是先秦史研究方面的专家，还是中国民族史，特别是四川大凉山彝族奴隶制研究方面的专家，有这方面的专著；另一位是先秦室的应永琛先生，他参加过《甲骨文合集》等重大项目，对先秦文献非常熟悉。记得在招生复试的时候，根据我们的情况，尹达先生指示：如果基础好，可以提前进入专业论文阶段。具体的实施，首先是由周自强先生亲自带我们赴云南、四川民族地区考察。先是到昆明集中，由云南省社会科学院历史所和民族所的专家给我们讲课，了解当地民族概况和有关的理论知识。然后深入当时刚刚分离出来的基诺族，进行原始民族的实地重点考察。之后再到其他民族地区走走。从云南入川，则着重考察了大凉山的彝族社会。顺便还到了郭老的故乡乐山，并到成都等地的高校了解情况。这一路考察，大约两个来月，走了不少地方。对西南民族的多样性和复杂性，有了比较深刻的理解，回来就集中写这方面的考察文章。这就是收入本书的《试论民主改革前凉山彝族社会的性质及其发展阶段》一文，约两万多字。这一考察写作过程，使我对中国现实中刚刚结束的奴隶制社会，有了鲜活的认识。并且对极其复杂的西南民族史，进行了一定摸索。尤其在考察文章的写作过程中，训练了理论和材料如何达到有机统一的目的。然后，我就开始进入先秦史领域的学习和确定论文题目，收集资料。正是在这期间，我基本通读了《左传》和《国语》。在这方面，应永琛先生非常熟悉，对我多有帮助。但不幸的是，尹达先生由于积劳成疾，于1983年7月病逝。这对我们几个学生来说，是很大的打击，我们深感悲痛。但幸运的是，对我们的培养，是按照尹达先生制订的计划严格实行的，故对我的培养，并没有改导师，一直由周自强、应永琛先生指导完成。这就是《晋国土地制度》一文完成的情况。这期间，我还曾向一些德高望重的老专家请教过，如，多次登门向杨向奎先生请益。当论文构思完成后，我还向哲学所的老领导山西人杜任之先生汇报过。当时他正在住院，在他的病榻前，我向他汇报了将近两小时，得到了他的赞许，认为很有新意。由于资料准备得比较充分，论文写成后，篇幅比较长，超过了当时对硕士学位论文的要求。故答辩时，评价也比较好。特别是对资料的准备方面，给予了充分肯定。我留在研究生院工作后，当时的副院长（《历史研究》的副主编）徐敏先生曾借阅过此论文，还给我写了一个批条。徐院长是书法上很有造诣的学者，我喜其字，故此批条至今留存。其批条云："昌林同志：论文看了一遍。写得很好，言必有据，无空话、废话，学风是好的。原文奉还，请收。"正是他对我的肯定，所以，1986年，在武汉召开"郭沫若史学研讨会"，他点名让我参加。这就有了收入本书的另一篇文章《郭老古史分期研究的特点及其战国封建论有关问题的重新阐发》。此文基本把我作硕士学位论文时形成的对古史分期的看法与对郭老战国封建论的认识，作了归纳。此文在武汉会议上曾受到关注，引起过较大争议。可能是人们误会了我的意思，认为我主要是批评郭老的古史分期理论。故收集时，总其成的正好是带我的周自强老师，故根据他的建议，只将文章开头的几千字扩充收录，命名为《马克思主义的中国化——论郭老古史分期研究的特点》。而文章主体的大部分未发表（因为此文有两万多字）。现在，我也将它与硕士学位论文一并收集于此。通过这三篇文章，可以看出我硕士学习阶段的整个过程和学术倾向，并以此纪念尹达先生，以及后来也已去世的应永琛先生，同时，也包含着我对曾经请教过的老专家，如杨向奎、杜任之等前辈的缅怀。当然，在这里，我要向健在的周自强老师表示由衷的谢意！感谢他对我学业的悉心指导和生活的长期关心。

尹达先生不仅是一个马克思主义的学者，而且是一个革命家。因此，不但在学术上，他是我的导师，而且在思想和人格上，也是我的楷模。他是那种只讲贡献，而从不求个人利益的人。我与尹达先生见面并不太多，但每次见到他，他从不谈及个人。他给我的印象是，生活非常简朴，没有过多要求。但是，有一件事，却使我更深刻地理解了他，增加了对他的尊敬。这就是，我有一位中学同学与尹达先生的孩子在一起插队，据她介绍，尹达先生的孩子，无论插队，还是在工作上，一直到去世，都有一种拼命苦干、硬干，而从不向组织和领导伸手的精神。有子如此，可见其父之志。正是这种人格的力量，赢得了人们对他的尊敬，也增加了他说话的分量。尽管作为一个学生，在许多场合，我往往无法理解其中的深意，但是，有几句话，却至今使我引为座右铭，终生受益匪浅。这就是，他要求我们：做人，不要当风派；做事，不要向钱看；做学问，要有坐冷板凳的精神。虽然此话是在何种场合说的，具体怎样讲的，我都记不清楚了。但是，"不要当风派"，"不要向钱看"，"要坐冷板凳"，这三句话却始终铭刻在我的心中。我想，这也是大家耳熟能详的，不需我的解释。它反映了尹达先生对"文革"的反思批判，对现实中的拜金主义的否定，和对事业的执着精神。正像人们常说的，同样的话，出于一个老人之口和一个年轻人之口是不一样的。作为一个坚定的革命者，饱经风霜的人生经历，对学术一丝不苟的精神，使他永远成了我心中的偶像。正是因此，每当我受到挫折的时候，每当我可能做出违心之事的时候，我会想起尹达先生的教导，校正自己的方向，做出无愧于良心、有益社会、对得起事业的选择。正是带着对老师的尊敬，就让这三篇文章，带着它朴素无华的面貌，不做任何修改，原汁原味地展现在大家面前吧。其中关于彝族社会性质的那篇文章，原本是一篇习作，并未想到发表，因此，有些引文没有注出处，现在查起来，也颇为难，也让它原封不动如此吧。特此说明。孔子说："绘事后素。"也许人们最后的追求，就是它最本质的那点纯真。所以，我把自己原先的那点奢望放弃了，就让它以这样的面貌来纪念尹达先生吧！

第二，我今天之所以要发表我的硕士学位论文，在理论上，也还有其重要意义的一面。我们的文化，至今还受到一种普遍的压力，即人们一谈到东西方文化的差异，张口就是东方专制主义，西方民主制度。好像东方天生就是专制主义的温床，西方天生就是民主制度的源头。西方人这样看东方，看中国，以今喻古，或者还情有可原。然而，我们的一些学者，对自己的文化缺乏深入研究，也鹦鹉学舌地大谈什么，中国从三代起就是专制主义。这实在是对自己的文化不负责任的事情。西方人这么说，是因为他们是门外汉，我们可以原谅他们。然而，我们作为门内人，也跟着门外汉瞎嚷嚷，实在是有失水准。孔子说："知之为知之，不知为不知。"我们不知，不说也就罢了。但是，我们不知，还要替别人宣传，这等于替别人打自己的嘴巴，难道有比这更尴尬的吗？原来，我对这个问题，也是糊里糊涂的。看到所谓亚细亚生产方式，把专制主义作为它天生的属性，也颇崇拜。但自写了这篇硕士学位论文后，才真正明白，原来中国并非一开始就是专制主义。在春秋以前，中国并非专制主义政体。专制主义只有从春秋时代才开始产生。因而东方专制主义的看法，本身就是一个假命题。因为按照亚细亚生产方式说，中国是最典型的形式，如果连中国的专制主义也不是天生就带来的，难道不是假命题吗？如果东方原本不是专制主义，后来产生了专制主义，那么，专制主义不也属于西方吗？因为西方也有专制主义。至于从源头看，希腊的文化似乎一开始就是民主制，但是，难道中国的五帝时代不是民主制吗？如果说，这种民主的概念，是指文明社会，而不是指原始社会，那么，我们现在证明五帝时代就是文明社会，难道不应该说，民主制也是从中国起源的吗？所以，中国文明中，既有民主制的根源，也有专制主义的制度。我们只有把这个问题搞清楚，才能真正认识所谓东方专制主义的错误，也才能真正批判西方这种理论的伪科学性。

关于中国专制主义制度如何起源的问题，我在不少场合，在我的博士学位论文和有关文章中，都谈到过。在这里，我把1997年庆祝香港回归学术会议上的一篇文章，即1998年在台湾《哲学与文化月刊》上发表的《儒家〈春秋〉大一统思想政治历史文化功能试探》一文中的一段话，录在这里，作为说明：

> 关于中国专制主义是如何起源的，笔者在拙著《中国古礼研究》中已有专门论述。笔者认为，中国的专制主义是起源于春秋时代的家臣制度。这个过程，最早发生在晋国，以后推行到各国，最终成为全国范围内的制度。所谓"臣"，原本是奴隶，如"王臣""公臣""家臣"等概念，指的就是王室、公室、家室的奴隶。这种"家臣"，由于忠于主人，后来地位渐次上升，成为卿大夫管理家政的要人。春秋时代，宗法分封制逐渐遭到破坏和废除，中央集权的郡县制逐渐兴起。于是公室和卿大夫之间，不再保持血缘上的"大宗""小宗"关系。从此，治国不再是一家一宗之事，而开启了国君与卿大夫的联合执政。在这方面，晋国是带头羊，从献公开始，就废除了公族制度，不久就开始了国君与六卿的联合执政。既而国君大权旁落，政在家门。随之，六卿之间又展开兼并，最终剩下韩、赵、魏三家。三家不但垄断了国政，而且瓜分了公室的土地。于是，他们各自在自己的势力范围内设县管理，其县大夫皆为三家之家臣或投靠之士（其地位亦相当于家臣）。而家臣与卿大夫本是主仆关系，卿大夫为主人，家臣为仆从，卿大夫有独断专行之大权，家臣只有听命之权力，故卿大夫与家臣的关系，实际就是专制关系。虽然这时他们成了三卿的地方官吏，但这种关系不变，所以三卿已相当于专制君主。及至三家分晋，最终列为诸侯，于是，这种专制主义制度，就正式转化为国家制度。而且，这种转化是与此前已形成的中央集权制度结合为一体的，这样就实现了由宗法分封制向专制主义中央集权制的过渡。这一变化正是发生在孔子作《春秋》的前后，所以我们说，孔子作《春秋》标志着三代制度的结束和新的时

代的开始。以后，这种制度又从三晋推行到各国，大约到战国中早期，最终在全国范围内完成了这一变革。正是由于中国专制主义制度形成的这一过程，从而证明，西方学者所谓"东方专制主义"理论是错误的。事实证明，"东方专制主义"制度，并非是从文明起源之初就存在的，它与西方一样，也有一个渐进的发展过程。我们很多人之所以误把儒家的等级名分思想与专制主义扯在一起，其症结就在于他们不了解中国专制主义形成的这一历史过程，而盲从西方所谓"东方专制主义"理论的结果。

这就是我关于中国专制主义起源形成过程的一段带有结论性意义的话。而这段话，又源自我的博士学位论文。但在博士学位论文中，也还是结论性的话。至于它的真正源头，则是我的硕士学位论文。虽然在硕士学位论文中，我并没有从这样的角度去论述它，但这一形成过程的全貌，则是通过对《晋国土地制度》的探讨来实现的。尽管在这里它还穿着传统理论架构的衣服，然而它的内容已经有了挤破这一衣服的征兆。从一定的角度说，没有我的硕士学位论文，也就不会有我博士学位论文的成果。这就是我感到要出版我的硕士学位论文的一个重要原因。当然，这么说，并非要贬低我的博士学位论文。显然，无论从深度和广度，特别是从现实意义来讲，它都是我的硕士学位论文无法比拟的。尤为重要的是，它更切合时代的主题。然而，对于这样一个具有体系性的、20来万字的博士学位论文，要在短短三年内完成它，若无站在时代潮头的导师和前辈们的关怀指导，这是不可能的。所以，我也借纪念尹达先生之际，一并向他们表示感谢！

以上，就是我从读硕士至今走过的学术道路的简单经历，借着《晋国土地制度》出版之机，进行一点交代。人是容易怀旧的。之所以如此，是因为有包袱。越老越如此。不像小伙子，背个大包袱，仍可健步如飞，但偏偏他们没有这样的包袱。而老了，背一个很小的包袱，却可能压弯了腰，而恰恰他们背上的包袱，超过了这个比例。正是因此，老了更怀念青年和儿时的生活，追求那种无负担的纯真。这或许是鲁迅晚年写下《朝花夕拾》这样文章的原因吧。我年齿虽已超过鲁迅晚年，但在今天来说，并不算老。我于"而立"之后才读大学和研究生，当然更不算小。那种童趣的纯真是谈不上的。但我还是想往小伙子的自在，不愿作白头之吟。自然，如《孟子》所说"斑白者不负戴于道路"的卸包袱企图是有的，毕竟这是我学术生涯的一点经历，不处理一下，总感到不安。故把它卸下，以便轻松走路。也许还可以多做点事。所以，在这里，我要特别向社会科学文献出版社的朋友们表示感谢！是你们帮我卸下了包袱。春天来了，我已经闻到了学术园地的芬芳。因为你们的辛勤呵护，才有了金秋的果实累累。春华秋实，这是笔耕者最惬意的事情。愿我的快乐，永远和你们在一起。

农历癸巳春，于京西陋室

正　　编

晋国土地制度

晋国是我国西周时代的重要封国和春秋时代举足轻重的大国。尤其在晋文公时期，打败当时最强的楚国，成了华夏各国的盟主。一直到晋平公和昭公时期，晋主夏盟有一百多年。这个时期，是我国古代社会制度发生深刻变革的阶段，而晋国又是这时社会制度变革最快的国家。因此，其地位之重要，非当时任何一国所能相比。春秋后期和战国初期，是我国封建制度确立时期，晋国又是这时最早过渡到封建制的国家。所以，晋国从建国到灭亡（三家分晋），在我国古代历史上，有着特殊重要的地位。

一切社会变革的最深刻原因，存在于其经济关系之中。在以土地为根本生产资料的古代，土地制度无疑起着至关重要的作用。因此，在研究我国奴隶社会及其向封建社会过渡的历史时，不能不首先注重土地制度的变革。以往人们在研究这个时期的土地制度时，多注重对当时整个社会的土地制度的研究，或偏重于对具体问题的探讨，而对地区或国别土地制度的综合研究却做得不够。这不能不说是我们认识这个时期土地制度的丰富内容、共性与特性及其发展变化规律的不足之处。因此，本文试图从一个国家入手，解剖一只麻雀，对我国奴隶社会及向封建社会过渡时期的土地制度，做一尝试性探讨。鉴于晋国在我国古代历史上的特殊重要地位，而且至今还未见专门系统论述晋国土地制度的文章，故不揣冒昧，就以晋国作为探讨对象，以期抛砖引玉。

本文对于晋国土地制度，分为三期来论述。从晋国初封到献公时期为前期。这个时期，晋国还是局促一隅，影响不大的地域性国家，其社会还处在奴隶制的兴盛阶段。故这部分侧重论述晋国的奴隶制及其土地制度。从献公到平、昭时代，是晋国走上大国地位和晋主夏盟的时期。这个时期是晋国的奴隶制走向瓦解，土地制度大变化的阶段，故可算为中期。这部分侧重论述如何弃扬①奴隶制土地制度的客观条件，使其走向解体的过程。从平、昭以后，晋公室卑，政在家门，到三家分晋的战国初期，是晋国封建制度确立时期，故可算后期。这个时期，侧重论述晋国是如何实现向封建土地所有制关系转变的。以下，就分期论述晋国的土地制度。

第一部分　早期的奴隶制与其土地所有制形态

晋国初封于汾河平原的夏墟，当时是一个方百里的侯国。以后逐渐发展，至献公时，已基本占有汾河平原全境，以及周围太行山、中条山、吕梁山等山地的部分。灭掉虢国，又向南越过黄河，占有今河南省西北角。

晋国从其自然地理条件及社会历史环境看，可划为两类经济区。一类是平原，早期主要是汾河平原，这里土地肥沃，地势平坦，广阔无垠，古称"大原"，②是我国农业最早的发源地区之一。早在夏代以前，就有

---

① 德文 aufhebung 一词，以往译为"扬弃"，经西方哲学史专家杜任之先生指正，应译成"弃扬"。

② 见下页注①："以处大原"。亦称"大夏"："迁实沈于大夏"。又《左传》昭公元年："晋中行穆子败无终及群狄于大原。"而《经》则为"晋荀吴帅师败狄于大卤"。是"大原"亦名"大卤"。《尚书·禹贡》亦有"既修大原，至于岳阳"。此数"大原"（包括大夏、大卤），均指汾河平原。但具体方位争论颇大。一曰为今山西太原市一带，一曰为晋南平原。此处所说是指汾河平原南部，是古夏人活动的地域。

先民在这里治水，从事农业生产的记录。① 夏代，则成了夏人统治的中心地区，人口集中，社会生产力和社会制度都比较先进，以后一直是我国重要的农业区。

汾河平原周围的山地，自然条件差，地域广大，人烟稀少，② 故生产力和社会发展相对都较落后。其南部以农业生产为主，③ 晋北高寒地区

---

① 《左传》昭公元年："郑伯使公孙侨如晋聘，且问疾。叔向问焉，曰：'寡君之疾病，卜人曰："实沈、台骀为祟"，史莫之知。敢问此何神也？'子产曰：'昔高辛氏有二子，伯曰阏伯，季曰实沈，居于旷林，不相能也，日寻干戈，以相征讨，后帝不臧，迁阏伯于商丘，主辰。商人是因，故辰为商星。迁实沈于大夏，主参，唐人是因，以服事夏、商。其季世曰唐叔虞。当武王邑姜方震大叔，梦帝谓己："余命而子曰虞，将与之唐，属诸参，而蕃育其子孙。"及生，有文在其手曰虞，遂以命之。及成王灭唐，而封大叔焉，故参为晋星。由是观之，则实沈，参神也。昔金天氏裔子曰昧，为玄冥师，生允格、台骀。台骀能业其官，宣汾、洮，障大泽，以处大原。帝用嘉之，封诸汾川，沈、姒、蓐、黄，实守其祀。今晋主汾而灭之矣。由是观之，则台骀，汾神也。'"这里的"宣汾、洮"，杜预注："宣犹通也。汾、洮，二水名。"而"障大泽"之"障"，杨伯峻注为筑堤防。所以"宣汾、洮，障大泽，以处大原"，就是疏通沟渠，引水入川，在泽旁筑堤防水，在平原上发展生产之意。

② 《左传》庄公二十八年："狄之广莫，于晋为都，晋之启土，不亦宜乎！""狄之广莫"是说狄土广大无边，《左传》襄公四年：魏绛谏和戎则谓："戎狄荐居，贵货易土，土可贾焉。"说明戎狄轻于弃土。而其生产力落后，相对生产用地较多，尚轻弃之，是土多人少也。

③ 关于戎狄族的社会生产情况，一般多认为是游牧经济。这种看法是欠分析的。春秋时代所载的戎狄族，大部分是农业部落，而不是游牧部落。理由有三。

第一，游牧民族以放牛、羊、马为业，为适应这种逐水草而居的游动生活，一般以畜力作为交通工具，但春秋以前的戎狄族，既不习骑马，也很少以车代步的情况。证据是：这时的戎狄族与诸夏各国的战争，基本是步兵，很少使用战车。例如：《左传》隐公九年："北戎侵郑，郑伯御之，患戎师，曰：'彼徒我车，惧其侵轶我也。'"昭公元年亦载："晋中行穆子败无终及群狄于大原，崇卒也。将战，魏舒曰：'彼徒我车，所遇又阨，以什共车，必克。困诸阨，又克。请皆卒，自我始。'乃毁车为行，五乘为三伍。"其实，这已不是始为"行"了，晋文公时，已是"作三行以御狄"，说明戎狄族的军队基本是步兵。

第二，戎狄族在春秋时期，已经建立国家，有城郭。建立城郭是农业民族的特征。例如：《左传》昭公二十二年："晋之取鼓也，既献而反鼓子焉。又叛于鲜虞。六月，荀吴略东阳，使师伪籴者负甲以息于昔阳之门外，遂袭鼓，灭之，以鼓子鸢鞮归，使涉佗守之"，这里提到"昔阳之门外"证明是城门。这是戎狄有城郭之明证。

第三，戎狄族从事农业生产。《左传》宣公七年载："赤狄侵晋，取向阴之禾。"若非农业民族，取禾何用？宣公十五年：伯宗数潞子之罪云："不祀，一也。耆酒，二也。"酒为粮食所作。普遍饮酒，亦是以农业生产为主之证。文公十七年又载："秋，周甘歜败戎于邲垂，乘其饮酒也。"甘歜是乘戎人聚饮的时候，采取突然袭击把他们打败，证明戎狄饮酒成风。

以上都说明，戎狄族必是以生产粮食为主的民族。但是，以往不少人把戎狄族解释成游牧部落。例如：对于"戎狄荐居，贵货易土"的解释就是如此。如杨伯峻先生在注中说："荐，同薦，草也。《庄子·齐物论》'麋鹿食薦'，尤可证。《汉书·终军传》 （转下页注）

则以畜牧业为主。①

晋国早期所处的环境，还是一个民族活动的大舞台，活动于这里的民族主要是夏遗民和戎狄族的各支。平原虽有不少戎狄族经常出没，但主要居民是世代在这里从事农业生产的夏遗民。《国语·晋语四》讲到晋文公围阳樊时，阳人仓葛呼曰："阳人有夏、商之嗣典，有周室之师旅。"韦昭注曰："典，法也。旅，众也。言有夏商之后裔及其遗法，与周室之师众。"阳樊是夏人与商人活动的交界地带，故夏人与商人混居。但春秋时代，离夏、商已数百、上千年，尚以夏商后裔为主体，则原夏人的中心区域，必然仍以夏遗民为主体。例如，《左传》昭公元年讲到的实沈、台骀的后裔所建立的唐、沈、姒、蓐、黄，都是夏遗民之国，唐灭于周，沈、姒、蓐、黄灭于晋。这是晋人来到这里之后，平原仍以夏遗民为主体的证据。至于周围的山区，则活动的主要是戎狄族。如鲁昭公十五年，晋大夫籍谈讲到晋初封的情况说："晋居深山，戎狄之与邻，而远王室，王灵不及，拜戎不暇。"《晋语二》讲到晋献公时的情况，还是"景霍以

（接上页注③）'北胡随畜薦居'，即此'荐居'，谓逐水草而居。则当时所谓戎狄，基本以游牧为生。"从实际情况看，这一解释是有问题的，杜预、韦昭都是解"荐"为"聚"，"荐居"就是"聚居"的意思。戎狄族这时还处在大面积抛荒耕作阶段，一个地区耕种一段之后，地力用尽，就迁于他处。"聚居"是指他们是以整个部落整体进行迁徙居住的，这种情况，夏代、商代前期、周人迁岐以前，还都普遍存在。所谓"聚居"，是说这时的部落还没有分散开来。只有定居以后，部落才分散开居住。这正是戎狄族生产还比较落后，处在比较原始阶段的证明，而不能认为是游牧经济。是否进行游牧活动，主要还要依据当地的自然地理条件。从我国的实际情况看，晋国所在地区，古为冀州，此地分为两类经济地区，其南部是农业区，其北部才是游牧区。关于其分界线，史念海在《河山集》（二）中明确地予以指出。他说："这里的分界线，可以分为两种类型，其一是前代史学家根据当时经济发展的情况所划分的。这里是指西汉司马迁所说的一条分界线。这是自碣石到龙门的界线。碣石在今河北省昌黎县，龙门在今陕西韩城县与山西河津县间的黄河两侧，就是说，这条分界线是自渤海北侧西行，过现在北京的西北，沿吕梁山山脉南段而至于龙门所去的黄河岸边。另一则是沿用旧长城作为分界线。"晋国这时的戎狄族，大部分在司马迁所划的这条线的南部，证明这些戎狄族大部分是从事农业。

① 《左传》昭公四年："公曰：'晋有三不殆，其何敌之有？国险而多马，齐、楚多难；有是三者，何乡而不济？'对曰：'……冀之北土，马之所生，无兴国焉。恃险与马，不可以为固也，从古以然。……'"案：古冀州包括今山西全境、河北大部，其北土，杜预注为燕、代，包括晋北高寒地区。所以，晋北高寒地区为游牧区。

为城，而汾、河、涑、浍以为渠，戎狄之民实环之，汪是土也"。景霍为汾河平原中央之高山，汾、河、涑、浍为平原上的主要河流，故代表了平原地区。"戎狄之民实环之"，则是讲平原四周包围着戎狄族。这都证明，山区活动的主要居民是戎狄族。

由于晋国早期这种自然地理环境和社会历史环境的特点，所以晋国早期的土地制度与其他地区相比，既有共同的规律，又有共同规律下的不同特色。

一 晋国早期的奴隶制和两类不同性质的公社

晋国早期是一个奴隶制国家，它和早期的其他封国，都是周人进行征服的产物。

周人征服商人之后，为了统治人数众多的商人和其他被征服人口，拱卫王室，一方面"封建亲戚，以藩屏周"。[①] 史载，周初共封七十一国，[②] 兄弟之国十五，同姓之国四十，[③] 姬姓独占五十五国，其他才是联盟的异姓之国。鲁、卫、晋、齐，就是周初最重要的封国。另一方面，是实行"国""野"分治，基本保留了被征服的殷人和其他异族的公社制度和习俗。

"国""野"分治，是西周王朝及其封国统治比自身人口多得多的商人和其他被征服人口的基本手段，也是当时以公社为基础的社会生产的必然产物。在西周时代，人们还离不开协作进行生产，所谓"井田制"就是进行协作生产的组织方式（这点将在下一问题论及）。由于协作生产，所以土地还是共同占有的生产手段。这时，还普遍存在着"三年一

---

① 《左传》僖公二十四年。
② 《荀子·儒效》。
③ 《左传》昭公二十八年。

换土易居”① 的制度，这种制度虽然具有平分土地的性质，但生产者对土地还无永久使用权，因而更谈不上占有权和所有权。由于主要生产资料——土地的这种共同占有和协作生产的性质，就决定了公社是进行社会生产的基本单位。同时，由于生产资料的共同占有和使用，也就决定了这个时期的家庭形式还不能摆脱父系家长制大家庭的血缘纽带，那种"异居同财"② 的大家庭，正是建立在生产资料（主要是土地）共有基础上的家庭组织形式。所以，西周时代的公社，是以共同占有和使用土地为基础的、保留着血缘纽带的、进行协作生产和分配的基本的社会经济细胞。

由于公社是组织社会生产和分配的经济细胞，所以公社中的劳动者不是直接和国家或占有这些公社的贵族发生关系，而是直接和公社发生关系，只有在公社的组织下，才能正常地进行社会生产。由此，就决定奴役也必须以公社为单位。因为进行生产，是劳动者与生产资料的有机结合，打散了公社关系，就是破坏了劳动者与生产资料结合的有机条件，从而也就破坏了社会生产，这样就达不到榨取剩余劳动的目的。所以，在这种情况下，国家对被征服人口的奴役，基本是以公社为基础的。因而，这种被奴役的公社，就具有了人格化的奴隶的身份。在被奴役的公社中，劳动者虽然身份比较自由，有自己的小家庭和一定的生产工具，但都是相对公社而言。而公社社员与国家、贵族之间的关系，则是通过公社来体现的。只要公社是人格化的奴隶，那么，被奴役公社的成员就是集体奴隶，这种集体奴隶是统治者不用皮鞭就可使之顺从的工具。而这点，正是我们理解西周"野"中的劳动之所以是奴隶的奥妙之处，也是西周统治者对广大奴隶进行统治的高明之处。

在西周时代，不但"野"中是以公社为基本的社会组织，在"国"

---

① 《公羊传》宣公十五年何休注。
② 《仪礼·丧服传》。

中，公社也是进行社会生产和生活的基本组织。其依据就是这时的"国人"普遍有立"社"的制度。"社"的意义，在古代是代表土地所有权。《说文》云："社，地主也。"即土地的主人。古代立"社"的情况，据《礼记·祭法》中记载是："王为群姓立社，曰大社；王自立社，曰王社；诸侯为百姓立社，曰国社；诸侯自立为社，曰侯社；大夫以下成群立社，曰置社。""侯社"以上，为国家所立之社，代表国家、王、诸侯对土地的所有权。"大夫以下成群立社"则不同，郑玄注曰："大夫以下，谓下至庶人也。大夫不得特立社，与民族居，百家以上则共立一社，今时里社是也。"可见，这种"大夫以下成群立社"之"社"，就是国人的公社。共立一社，是代表土地的共同占有权和所有权。土地的共同占有，也就表明土地的共同使用。所以，这种立社制度，表明国人是以公社为社会基本单位的。国人的公社，基本是以百家为单位，即"百家以上则共立一社"。关于国人的社会组织，《周礼·大司徒》中有比较明确的记载："令五家为比，使之相保；五比为闾，使之相受；四闾为族，使之相葬；五族为党，使之相救；五党为州，使之相赒；五州为乡，使之相宾。"所谓"四闾为族，使之相葬"，就是一个百家之社。"相葬"，就是共同的墓地。共同的墓地，起源于氏族制度。所以，这种"百家共立一社"，当是符合氏族公社原则的遗存。百家为一公社的情况《诗经》中有记载，如《周颂·良耜》所云"以开百室，百室盈止"就是证据。国人对土地具有所有权或世袭占有权，所以有立社的权利。野人则没有土地所有权，他们连同自身的公社都是被别人占有的对象，所以不得立社。但不得立社只是表明他们不是"地主"，而并不表明他们没有公社制度。这从《周礼·遂人》中可以看出，他们的社会组织编制形式，与国人是完全一样的，即："五家为邻，五邻为里，四里为酂，五酂为鄙，五鄙为县，五县为遂。"因而他们实质也是以公社为基础的。这点，从《汉书·食货志》的记载也能得到证明。其中讲："五家为邻，五邻为里，……

春，令民毕出在野，冬则毕入于邑。……春，（将）出民，里胥平旦坐于右塾，邻长坐于左塾；毕出然后归，夕亦如之。入则必持薪樵，轻重相分，班白不提挈。冬，民既入，妇人同巷，相从夜绩，女工一月得四十五日，必相从者，所以省费燎火，同巧拙而合习俗也。"这种按邻里聚居在一起，共同生产和消费的单位，无疑就是"野"中的公社。

但是，"国""野"两部分居民的公社，在性质上是不相同的。国人的公社，是自由民的公社，是不受剥削（主要指早期，后来国人逐渐分化，劳动者也逐渐受到剥削，但这是后来的情况，不是其典型时期的情况）和压迫的公社，是统治阶级的社会基础。而野人的公社，则是被奴役的公社，是受剥削、受压迫的公社，是奴隶制国家赖以存在的基础。我国从西周到春秋时期，长期保留着"国""野"界线，其根本原因，就是存在两类性质完全不相同的公社。而这个时期的社会制度，之所以是奴隶社会，也是由于这两类公社的性质不同所决定。

以公社为社会的经济细胞，以两类不同性质的公社为基础的"国""野"的对立，是我国西周时代的普遍特点。作为西周封国的晋国，也不例外。晋人除了统治族人之外，还有大量被征服的异族奴隶，如初封时的"怀姓九宗"[①]、被征服的夏遗民以及以后征服的大量戎狄族。这些被征服的人口，基本都是保留公社制度的集体奴隶。所不同的是，由于晋国所处地区的自然地理环境和社会历史环境的特点，造成被奴役的公社在社会发展阶段和公社组织形态上又有其地区的特点。即，由于存在两类明显不同的经济区，造成了生产发展的不平衡，山区落后于平原，因此，活动在这两大区域的居民的社会发展阶段也不同。大致说来，世代在平原活动的夏遗民，从很早就走上了定居生活，因而其社会已经发展到了农村公社阶段。前边所讲的公社，都属于农村公社性质，只是由于

①《左传》定公四年。

生产的协作性，造成了血缘关系的长期保留，因而这种农村公社是和井田制、家长制大家庭结合为一体的。而生活在山区的戎狄族，则社会生产还比较原始，大约还处在大面积抛荒耕作的粗放农业阶段，居民还没有完全定居下来，这就决定了其社会组织还处在农村公社以前的发展阶段，即家庭公社阶段。这种情况可以从春秋时代还保留的，以"室"为单位的戎狄族家庭组织得到证明。《左传》宣公十五年载："晋侯赏桓子狄臣千室，亦赏士伯以瓜衍之县"。在这里，赏"狄臣千室"大于赏一个县。县按规定，要出百乘兵车之赋，即要组织起三千人的一支军队。① 当时以"五口之家"出一人服兵役算，一县至少当有一万五千人。既然如此，那么，"狄臣千室"也至少不下一万五千人。这样，一室就不少于十五人。这么大的家庭，绝不是一夫一妻制的家庭，必是聚居在一起的家庭公社。这点从商鞅变法时改革家庭制度的情况，也能得到证明。《史记·商君列传》载：商鞅说："始秦戎狄之教，父子无别，同室而居。今我更制其教，而为其男女之别。"这说明，当时秦人还保留有戎狄族的遗俗。这种"父子无别，同室而居"，男女不分的状况，正是家庭公社在居住形式上的反映。戎狄族在春秋战国时代尚且如此，则足证其在西周时代基本还是处在家庭公社阶段。既然晋国早期被奴役的公社处于不同的发展阶段，有着各自不同的生产和生活方式，以及不同的传统习惯，这就决定了晋人对这些地区的居民必须采取不同于其他地区的剥削方式和统治方式。这就是晋国早期"启以夏政，疆以戎索"② 的原因。

二　晋国早期的井田制及其剥削形式

晋国早期虽存在两类不同的经济区，但重心在平原，这里的情况决

---

① 《周礼·地官·小司徒》郑玄注引《司马法》云："革车一乘，士十人，徒二十人。"是一乘为三十人的一个作战单位，则百乘为三千人的一支军队。
② 《左传》定公四年。

定着晋国的社会面貌和发展方向，故必须着重分析平原地区的土地制度。

晋国早期的平原地区（主要指汾河平原）是实行井田制。井田制在西周时代是黄河流域普遍存在的土地制度。例如：

管仲云："陆阜陵瑾，井田畴均，则民不憾。"（《国语·齐语下》）

孔子云："其岁收，田一井，出稯禾，秉刍，缶米，不是过也。"（《国语·鲁语下》）

楚子使蒍掩庀赋："牧隰皋，井衍沃。"（《左传·襄公二十五年》）

改邑不改井，无丧无得，往来井井。（《易·井卦》）

《周礼·小司徒》："乃经土地而井牧其田野。"郑玄注曰："井牧者，……所谓'井衍沃，牧隰皋'者也。""隰皋之地，九夫为牧，二牧而当一井。"这都是早于《孟子》的、可信的、明言为井田的史料。另外，尚有未明言为"井田"，但所述为井田的单位，亦可推知为井田。如：

《诗·小雅·信南山》："信彼南山，唯禹甸之，畇畇原隰，曾孙田之，我疆我理，南东其亩。"郑玄笺云："信乎彼南山之野，禹治而丘甸之。……六十四井为甸，甸方八里，居一成之中，成方十里，出兵车一乘以为赋法。""甸""成"为井田的单位，是知"甸之"即规划为井田，"南山"即终南山，在陕西境内，此为关中平原行井田之证。

《诗·大雅·韩奕》："奕奕梁山，唯禹甸之。""王命韩侯，……实墉实壑，实亩实藉。""甸之"已如上言。而对"实墉实壑，实亩实藉"，郑玄笺亦云："实，当作寔。……寔，是也，藉，税也。……故筑治是城，浚修是壑，井牧是田亩，收敛是赋税，使如常故。"此亦行井田之证。而韩侯分国在河北平原上，[①] 是河北平原行井田之证。而"梁山"，据《禹贡》，应指吕梁山。[②] 韩侯所在河北地区，亦有梁山，[③] 应为夏人迁徙带来之地名。此为借用禹甸吕梁之事。禹既甸于吕梁山下，则是汾河平原行井田之证。

既然古代黄河流域的关中平原、汾河平原、华北平原都行井田制，则是黄河流域平原地区普遍实行井田之证。

井田制普遍实行于大河流域的平原地区，这首先是古代原始排灌的产物。最先是出于排水的需要，继而才发展到灌溉。在商代以前，黄河流域气候温暖，雨量充沛，所以平原地区湖泊、沼泽众多。古人为了在平原地区进行生产，排水是一项很重要的任务。例如，《左传》昭公元年子产讲："昔金天氏有裔子曰昧，为玄冥师，生允格、台骀。台骀能业其官，宣汾、洮，障大泽，以处大原。"杜预注："宣犹通也。"就是疏通沟渠，排水入汾洮二水，大湖泊边上，则筑起堤防，防止湖水淹没农田。传说中的大禹治水，也主要是疏通水道，排地上的水入川，排川中的水入海。所以孔子讲："禹，吾无间然矣……卑宫室而尽力乎沟洫。"[④]《左传》昭公元年刘定公劳赵孟于雒汭，赞美说："美哉禹功，明德远矣。微禹，吾其鱼乎！"所以，禹的功绩主要是"尽力乎沟洫"。由于长期的摸索，逐渐建立了一套完整的沟洫系统。《周礼·小司徒·遂人》讲：

凡治野，夫间有遂，遂上有径；十夫有沟，沟上有畛；百夫有洫，洫上有涂；千夫有浍，浍上有道；万夫有川，川上有路，以达

---

① 见《日知录》"韩城"条和高亨《诗经今注》（上海古籍出版社，1980）第459页，"韩侯受命"注。

② 《禹贡》"冀州"云："既载壶口，治梁及岐。"此"梁"即吕梁山，其说见李民《〈禹贡〉"冀州"与夏文化探索》，《社会科学战线》1983年第3期。

③ 见《日知录》"韩城"条和高亨《诗经今注》（上海古籍出版社，1980）第459页，见"奕奕梁山"注。

④ 《论语·泰伯》。

于畿。

这是讲的井田上的遂、沟、洫、浍，都是各种沟渠之名。川则是大河。《周礼·考工记·匠人》所载与此同，最后讲，这些沟渠"以达于川"，证明沟渠的主要目的是排水入川。因为沟洫的主要任务是排水，所以必须顺着地势的脉理："凡沟逆地防，谓之不行。水属不理孙，谓之不行。"[①] 郑玄注："沟，谓造沟；防，谓脉理。……孙，顺也。不行，谓决隘也。"所以，不顺地势，就要造成灾害。为了顺地势，于是就有"东亩"和"南亩"的区别。《左传》成公二年记载鞌之战，齐败，使宾媚人致赂求成，晋人提出的条件之一就是"使齐之封内尽东其亩"。宾媚人对曰：

> 先王疆理天下，物土之宜，而布其利。故诗曰："我疆我理，南东其亩。"今吾子疆理诸侯，而曰："尽东其亩"而已，唯吾子戎车是利，无顾土宜，其无乃非先王之命也乎？

对这里的"物"字，杜注："物，相也。"郑玄注《仪礼》"冢人物土"亦云："物犹相也。"所谓"物土之宜，而布其利"，从下文的意思看，就是相看地势的高低，顺其地势而规划沟洫的方向。所以，井田制是由于原始农业排灌的需要而逐渐产生的一种田制。

其次，井田制还是一种农村公社分配土地的制度。西周时代，我国黄河流域大平原地区已经普遍处于农村公社阶段。当然，这种农村公社，已经不是原生意义的农村公社，而是在被征服之后，经过了改造和变化的公社。但这种经过改造的公社，还存在农村公社的基本特征，平分土

---

① 《周礼·考工记》"匠人"条。

地的制度，就是其特征之一。如《周礼·大司徒》中讲："不易之地家百亩，一易之地家二百亩，再易之地家三百亩。"《小司徒·遂人》中也讲："上地夫一廛，田百亩，莱五十亩，余夫亦如之；中地夫一廛，田百亩，莱百亩，余夫亦如之；下地夫一廛，田百亩，莱二百亩，余夫亦如之。"就是这种情况。有人说，这是爱田制，而不是井田制。井田制只实行于衍沃地区，所谓"井衍沃"者是。井田制只是一夫百亩，没有二百亩、三百亩、莱田的区分。这种说法，表面上看来有理，实际是机械地看问题。所谓一易、再易、莱田，其实都是从"井衍沃"发展来的。在古代，人口稀少、土地广大的时候，人们是只种衍沃之地的，而衍沃之地是划为"井"字形田的。"井田"之名，当起于衍沃之地。后来，随着人口的增长，非衍沃之地也逐渐开发出来，这样，才有上、中、下地之分，才有夫二百、三百亩的设置。但这二百亩、三百亩，不是同时耕种，而是"一易""再易"，目的是进行轮流换耕，用以抵消地力不同的差别。所以，无论是不易，还是一易、再易之田，都是每夫耕种百亩，"井"这时还是一个编制单位，即"九夫"或"十夫"编制成一井。因此，这仍是井田制。这点，何休讲得最清楚：

> 是故圣人制井田之法而口分之，一夫一妇受田百亩，……司空谨别田之高下善恶，分为三品，上田岁一垦，中田二岁一垦，下田三岁一垦，肥饶不得独乐，垆埆不得独苦，故三年一换土易居，财均力平。①

这里，他把井田制与上、中、下田有机地联系在一起，分配仍是按"井田之法"，但有三等田的区别，还要"三年一换土易居"，其目的是

---

① 《公羊传》宣公十五年何休注。

使任何人也不能独占最好的耕地。这种分配原则，无疑就是农村公社平分土地的制度。

另外，井田制有"公田"和"私田"的区分，在分配上体现了农村公社"公有"和"私有"的二重性原则。所谓"公田"就是"藉田"，所谓"私田"就是公社临时分配给社员的份地。公社社员除以"井"协作耕种各自的"私田"百亩之外，还要集体助耕公田百亩。这种助耕"公田"的制度，就是藉田制度。《礼记·王制》云："古者公田，藉而不税。"《左传》宣公十五年曰："初税亩，非礼也。谷出不过藉，以丰财也。"《国语·周语上》则记载了整个藉田制度。这都说明，古有公田制，公社社员有助耕公田的义务。这种"公田"上的收获物，在原生公社阶段，是作为公社内部的公共开支和贮备。当公社被征服以后，这些收获物就被国家或贵族所攫取。所以，这种"公田"和"私田"的划分，表明公社土地上的收获物是分为两部分，"私田"上的收获物归公社社员所有，"公田"上的收获物，在其原生形态，归公社所有，在其次生和再生形态，则归公社的占有者所有。这种分配方式，正是体现了公社内部公有和私有的二重性原则。

鉴于以上两点，可以说井田制是农村公社分配土地的制度。当然，井田制除了这两点与农村公社相同外，还有与其不同的特点，这就是，井田制是以"井"为编制单位，而农村公社分配土地是不必以井为单位的，所以，以井为单位的编制形式，是我国村社土地制度特殊的一面。因此，必须对井的意义作一定的分析。

我认为，"井"的编制的存在，主要在于它的协作意义，以后才演变成国家计算剥削量的单位。一井的劳动者，是一个协作单位。这种协作，包括两层意思，一种是共耕公田的协作，一井之力共耕公田百亩。这种协作，记载明确，无须多辩。另一种协作，则是井内劳动者之间的相互协作。这点争论颇大，需要简单谈谈自己的看法。要解决这一问题，关键还要从生产力水平入手。现在，对井田制是否进行协作，争论的焦点，就是西周时的劳动者（即公社社员）是实行一家一户的个体生产，还是实行一井之间互相协作生产。当然，争论西周的社会性质，必须以西周为立足点。但作为井田制，则不能仅仅限于西周。根据记载，井田制并不是产生在西周时代，而是更早的夏商时代。在夏商时代，无论从生产工具还是从生产技术上讲，都还是比较原始的。在这种时代，人们之间是协作进行生产，当是不会有太大问题的。何况，井田制的起源，可能比这还要早，所以，井田制也就是这个时期人们长期进行协作生产摸索出来的、符合生产需要的编组形式，这是不成问题的。这是其一。

其次，西周时代的生产力水平虽比夏商有明显进步，但没有质的变化，因而仍不能离开协作进行生产。西周时代，虽然从生产经验、耕作技术上讲，都比前代有较大提高，即使生产工具上，也已有少量的金属工具于农业生产，如《诗·周颂·臣工》所载："庤乃钱镈，奄观铚艾"就是明证。但这种工具还是青铜所制，青铜为贵金属，因此，这种工具在农业生产中所占比重是极微小的，很难作为这个时代生产力的代表。工具是衡量生产力水平的主要依据，在古代就更为重要。西周时代，在工具上并没有根本的变化。据《中国农学史》研究，西周时代，农业工具与商代相比，区别主要在于商代以石器为主，而西周以木器为主。木器质地比石器要差，但木器易于加工，只要金属手工工具发达，则易于加工的木器要胜于石器。西周与商代比，手工工具无疑要发达一些，比如青铜斧，既是武器，又是一种普遍使用的手工工具。由于金属手工工具使用比较普遍，就使制造农业生产工具的能力得到了提高，从而间接地转化成了农业生产力。这是西周时代生产力水平比商代要高的一个重要原因。但这还只表现在量的增长上，还没有体现在质的变化上。在决定性的生产部门——农业生产工具没有质的变化之前，社会生产力是不会产生质的变化的。正是这种同原始社会有着同样质的生产工具决定了西周时代的劳动者还离不开协作进行生产。我国奴隶社会的生产力水平，长期以来的根本特点，就是量的相对较高和质的相对较低。所谓量的相对较高，是指在工具相对落后的情况下，由于自然地理条件以及人口发展的状况等，使我国能够积累相对较多的剩余劳动，从而使我国能够较早地产生社会分工和建立国家。所谓质的相对较低，是指工具的相对落后，造成了劳动者之间长期不能脱离协作进行社会生产。井田制之所以长期保留，就是这种质的相对较低的必然产物。工具的落后，之所以使人离不开协作，是因为只有在协作中才能充分发挥每个劳动者的生产能力。马克思指出：协作就是生产力。① 在落后的工具下，是否进行协作，差别是非常明显的。这点，我们可以通过《淮南子·主术篇》的记载，作一点比较。《主术篇》讲："一夫跖耒而耕，不过十亩"。这是反映汉代一些落后地区或缺少耕牛、铁器的地区农民耕作的状况。他们使用耒耜耕作，一夫独力只能耕种十亩。汉承秦制，秦亩十亩为二十四周亩。同样使用耒耜工具，西周时代，一夫之力能够耕种百亩，效率比汉代使用耒耜的劳动者的四倍还高。为什么使用同样的工具，效率会有这么大的差别呢？没有别的原因，关键就在于西周时代，劳动者之间是实行协作，而汉代是实行单干。所以，在简陋的木石工具下，不进行协作，是不能充分发挥每个劳动者的生产效率的。因此，井田制应当是人们在长期进行社会生产中摸索出来的，符合客观经济规律的，能够最大限度发挥每个劳动者生产能力的，易于实行管理的协作生产的组织形式。这种

---

① 《资本论》"协作"中说："单个劳动者的力量的机械总和，与许多人手同时共同完成同一不可分割的操作（例如举重、转绞车，清除道路上的障碍物等）所发挥的社会力量有本质的差别。在这里，结合劳动的效果要末是个人劳动根本不可能达到的，要末只能在长得多的时间内，或者只能在很小的规模上达到。这里的问题不仅是通过协作提高了个人生产力，而且是创造了一种生产力，这种生产力本身必然是集体力。"引自《资本论》第一卷，人民出版社，1975，第 362 页。

协作组织，又是以平分土地为基础的，是与农村公社土地分配制度结合在一起的，因而，它又是我国农村公社土地制度的一个独有特征。后来，这种协作单位就被统治阶级所利用，成为其进行剥削的计算单位。孔子所云"其岁收，田一井"就是证明。

根据以上所述井田制的特点，我们就来分析一下晋国早期实行井田制的情况。晋国除了前边所引《诗·韩奕》记载的禹甸于梁山的情况之外，关于存在井田制的材料还有如下一些：首先，晋国的封地是在夏墟，居民主要是夏遗民。据《左传》哀公元年记载，夏少康复国前，逃到有虞氏之地，"有田一成，有众一旅"。杜注："方十里为成，五百人为旅。""成"是井田规划单位，"旅"是井田上劳动者的编制单位。这是夏人很早就实行井田制的证据。其次，夏人的农村公社制度，可以通过《夏小正》得到反映。据夏纬英、范楚玉研究，《夏小正》当成于商周之际①，因此，其内容基本可以反映此前沿用夏时的农业民族的生产状况。如：其中"正月"中有"农纬厥耒"的记载，《大戴礼记》传曰："纬，束也"。这是春耕前准备农具的情况。这时的农具主要是耒，商代的生产工具也是以耒为主，证明其生产力水平与商周之际的情况是相符的。其中又有"初服于公田"的记载，证明这时的土地已有"公田"和"私田"的划分。《孟子》所说井田上的劳动者先耕公田，后耕私田，与这种情况也是相符的。其中还有"农率均田"的记载，说明春耕前首先要进行规划土地的工作，"均田"则代表规划土地时要按劳动力平均分配。这种有"私田"和"公田"的划分，按劳动力平均分配土地的制度，正是和我国井田制的基本特征相一致的。因此，这无疑就是井田制。另外，晋国有"千亩"的地名，② 这是周王室在宣王以前举行藉田典礼的地方，因"藉田千亩"，故后来演变成地名。宣王三十九年，战于千亩，败于姜

---

① 夏纬瑛、范楚玉：《〈夏小正〉及其在农业史上的意义》，《中国史研究》1979 年第 3 期。
② 《左传》桓公二年；《史记·晋世家》。

氏之戎。此地后归于晋。"千亩"地名的存在，也说明西周时代，这里是行井田制的。春秋时代，晋国还有"甸人"①的记载，杜预注曰："甸人，主为公田者。"甸人既是公田上的劳动者，则是晋国有公田之证。这条材料虽晚出，但甸的设置必是早期的事。所以，晋国早期实行井田制是没有问题的。下面就具体分析其实行的情况。

据《周礼》的记载，井田制有"九夫为井"和"十夫为井"两种规划。《周礼·小司徒》云：

> 乃经土地而井牧其田野。九夫为井，四井为邑，四邑为丘，四丘为甸，四甸为县，四县为都，以任地事，而令贡赋，凡税敛之事。

这是"九夫为井"制。《考工记·匠人》记载与此同。《周礼·遂人》则云：

> 凡治野，夫间有遂，遂上有径；十夫有沟，沟上有畛；百夫有洫，洫上有涂，千夫有浍，浍上有道；万夫有川，川上有路，以达于畿。

这是"十夫为井"制。

既然有两种井田规划制度，那么，晋国早期是行何种制度呢？我认为，晋国早期行的是"九夫为井"制。因为"九夫为井"与"十夫为井"的区别在于，"九夫为井"实行的是劳役剥削，即劳动者共耕公田。而"十夫为井"则实行实物剥削，"税夫无公田"，②即每夫耕种百亩，交纳十亩的实物以为税。这种实物剥削晚出，一般要到春秋时代才出现。

———————

① 《左传》成公十年。
② 《周礼·考工记·匠人》郑玄注。

所以，晋国早期应行"九夫为井"制。

"九夫为井"是比较原始的井田，实行助法。这点，《孟子》说得最清楚："请野九一而助"，① "文王之治岐也，耕者九一。"② 助法亦称"藉"，孟子说："助者，藉也。"③ 因此，所谓"藉田千亩"，"古者藉而不税"，都是指"九夫为井"制度。"古者藉而不税"，是说助耕公田制在前，而实行实物剥削的"十夫为井"制在后。

"九夫为井"早于"十夫为井"，还因为"十夫为井"制是由"九夫为井"转变而来的。"九夫为井"之所以能转化成"十夫为井"，是因为二者都是以"千亩"为单位。"九夫为井"是九夫在井外共耕公田百亩，所以是千亩。后来共耕公田制取消，公田百亩亦为一夫所种，于是就变成了"十夫为井"制。关于这点，杨向奎先生说得最清楚。他说："两者的面积是一样大，在乡遂是'十夫有沟'，而都鄙是'九夫为井'，其中有沟。这'九夫为井'，不能理解为一井九百亩，仍是千亩，其中百亩为公田。……两者土地的面积相同，分别在于都鄙有公田，乡遂没有公田，都鄙九夫耕千亩，乡遂十夫耕千亩。"④ 这一说法是非常正确的。"九夫为井"是公田在井外。但是，历来的解经家都沿用孟子的说法，认为公田在井中，其实，孟子的说法是自相矛盾的。他一方面说："夏后氏五十而贡，殷人七十而助，周人百亩而彻，其实皆什一也。"⑤ 另一方面又说："方里而井，井九百亩，其中为公田，八家皆私百亩，同养公田。公事毕，然后敢治私事，所以别野人也。"⑥ 前者是"什一"制，应当是"九夫为井"之外还有公田百亩才合比率。后者是"九一"制，八家各耕百

① 《孟子·滕文公上》。
② 《孟子·梁惠王下》。
③ 《孟子·滕文公上》。
④ 杨向奎：《先秦时代中国东部地区的社会经济》，见《中国古代社会与古代思想研究》上册，上海人民出版社，1962，第57页。
⑤ 《孟子·滕文公上》。
⑥ 《孟子·滕文公上》。

亩，共耕其中的公田百亩。这两者是相矛盾的。由于两者矛盾无法弥合，故后人加以附会解释。如《汉书·食货志》讲："六尺为步，步百为亩，亩百为夫，夫三为屋，屋三为井，井方一里，是为九夫。八家共之，各受私田百亩，公田十亩，是为八百八十亩，余二十亩为庐舍。"这明显是为了弥合《孟子》说法中的自相矛盾之处，而加以附会的解释。《孟子》并没有"公田八十亩"之说，且这里所言"余二十亩为庐舍"，更不合《孟子》原意。孟子从来都是说"五亩之宅""百亩之田"，若八家以二十亩为庐舍，岂不是每家二亩半？所以"公田八十亩""庐舍二十亩"之说，纯属无根据的臆度之说。既然孟子的说法自相矛盾，其"九夫为井"，公田在井中之说，就值得怀疑。这很可能是由于他与行"九夫为井"制的时代已远，只是闻其"大略"，加以理想化而形成。至于真正的"九夫为井"制，应该是公田在井外。

之所以说"九夫为井"制公田在井外，是可以通过其他文献得到证明的。《国语·郑语》记载史伯的话说："故王者居九畡之田，收经入以食兆民。"《国语·楚语下》观射父亦说："天子之田九畡，以食兆民；王取经入，以食万官。"《太平御览》卷七五〇引《风俗通》说："十亿谓之兆，十兆谓之经，十经谓之畡。"[1] 俞樾《群经评议》解释说："民之数曰兆，而田之数曰畡，正一夫百亩之制。田之数曰畡，而王取之数曰经，正什而取一之制。"史伯为郑桓公时人，郑桓公于公元前 806 年至公元前 770 年在位，故史伯所说为西周以前之情况。证明"什一"之制为当时对劳动者剥削的比率。而且在文献中，也有以千亩为单位记载。如《诗·小雅·甫田》："倬彼甫田，岁取十千。""十千"即十个"千亩"。再如："藉田千亩""不藉千亩""庶人终于千亩"，[2] 都是以"千亩"为单位。只是由于经常在某地举行"藉田千亩"典礼，以后"千

---

① 引自杨宽《古史新探》，中华书局，1965，第 112 页。
② 《国语·周语上》。

亩"才演变为地名。既然以"千亩"为单位，也就是行"什一"制之证。而西周是行助法的，孟子本人就是这么说的。他说："诗云：'雨我公田，遂及我私'，由是观之，虽周亦助也。"① 既然行助法，就是"九夫为井"助耕公田制，而当时的剥削率又是"什一"之制，那么，"公田"只能在井外，而不能在井中。之所以说公田在井外，还因为当时的公田大都是集中一起的。像《诗经》中所讲的"大田""甫田"，② 《周颂·噫嘻》中所反映的情况，都是集中在一起的大块公田。因为公田上的劳动是王室的，所以周王还要派人监督奴隶劳动。所谓"田畯"就是专司监督奴隶劳动的官吏。如果公田在井中，如此分散的公田，周王如何去进行监督呢？可见，公田只能在井外，而且是集中在一起的。以上就是"九夫为井"仍以千亩为单位的根据。因此，"九夫为井"与"十夫为井"都是以"千亩"为单位，"九夫为井"转变成"十夫为井"，只需将共耕之公田改由社员耕种即可，不需要再改变剥削比率。

以上为两种"井田"规划制度的关系。在井田制下，国家和奴隶主贵族对劳动者的剥削有三种方式，这就是孟子所说的贡、助、彻。一般说来，是贡、助在前，彻法在后。贡法和助法，都是"九夫为井"制下的剥削形式，都是实行劳役剥削。而彻法则行于"十夫为井"制下，是实行实物剥削。彻法是春秋时代的产物。晋国早期是行"九夫为井"制，在剥削形式上是贡、助并用。因此，我们在这里只分析贡、助的情况，不分析彻法。

关于贡法的概念，用得比较混乱，所以首先要做一点廓清的工作。有人把贡法理解为"职贡"，所谓"尔贡苞茅不入，王祭不共"，③ "天子

---

① 《孟子·滕文公上》。
② 《诗·小雅·甫田》《诗·小雅·大田》。
③ 《左传》僖公四年。

班贡，轻重以列，列尊者贡重"① 者是。甚至认为"贡"就是军赋，所谓"有禄于国，有赋于军"② 者是。但"职贡"只表示下级贵族对天子、诸侯和上级贵族承担的义务，是剥削物的再分配，不反映国家或各级贵族对劳动者的剥削，这不是孟子所讲的三代井田制下对劳动者的剥削的"贡"，因此，这种所谓"贡"是"职贡"，不是"贡、助、彻"之"贡"，不能把二者混为一谈。

也有人把"贡"理解为原始的贡纳，这种理解有一定的合理成分，后世的"贡"是由原始的贡纳发展来的。但这种理解，把"贡"这种剥削形式说得太原始，则不可取。原始的贡纳，一般是国家对那些还不能完全征服的部落的一种剥削方式。所谓"要服者贡"，③ 就是这种情况。《兮甲盘》中记载的周人对南淮夷的征讨中所讲的情形，也是如此。南淮夷被周王朝征服过，但周王朝鞭长莫及，不能直接统治，所以，只能采取贡纳的方式。然而，这种"贡"也不是井田制下的"贡"，井田制下的"贡"是对劳动者的直接剥削。

那么，井田制下的"贡"到底是一种什么样的剥削方式呢？我认为，井田制下的"贡"，它的实质仍然是助法，因为《夏小正》提到"初服于公田"，证明贡法之下有公田制。但它在形式上保留了原始贡纳的外壳，所以仍沿用"贡"的名称。也就是说，国家征服了一些部落之后，不但仍把这些部落的公社组织保留了下来，而且，仍由这些部落、公社的头人代为管理这些公社，他们实际上成了被奴隶公社的奴隶头子。他们按期把每个公社公田上的收获物交纳给国家。由于不是国家直接派人管理，所以要规定每个公社定期交纳剥削物的数量。但公社内部的人口是不断增长的，而且有天灾和丰歉的不同，所以，这种剥削方式很不准

① 《左传》昭公十三年。
② 《左传》昭公十六年。
③ 《国语·周语上》。

确，伸缩性很大，需要每隔数年调整一次，故孟子称之为"不善"。① 这些代理国家管理被奴役公社的头人，逐渐就演变成了国家的官吏，如晋国怀姓九宗的"九宗五正顷父"和其子"嘉父"，② 就是这种情况。"怀姓九宗"是奴隶，而其头人"顷父"和"嘉父"却成了国家的重要官吏。既然是国家的官吏，那么"贡"这种形式，虽然交纳给国家的是实物，但代表国家的头人（即官吏）对其社员进行的剥削，则是实行共耕公田的劳役剥削方式，在公社内部，行的仍是助法。所以，贡法只是保留了原始贡纳制的外壳，但实际行的还是共耕公田的助法。

至于助法，则是国家或各级奴隶主贵族直接去剥削被奴役的公社社员。国家或贵族直接管理公田，按期把被奴役的公社社员赶到公田上劳动，而他们则在公社的组织下，以井为单位，集体助耕公田，这就是"藉田以力"。③ 公田上的收获物全部归国家和贵族。这种剥削方式是集中的，由国家或贵族直接监督进行，所以有"监农不易"④ 的记载。所谓"千耦其耕"⑤ "十千维耦"⑥ "王大藉农于諆田"⑦ "大田""圃田"，都是集中起来的公田。晋国有"甸"的设置，也是集中起来的公田。国家或贵族，就是在这集中起来的公田上，直接监督被奴役公社的社员进行生产，这就是助法。由于这种监督下的奴隶劳动，规模越大，就越不好管理，所以，周王室从宣王起，就废除了这种制度。到春秋以后，各国也逐渐废除了这种制度。于是，这种"助耕公田"的"九夫为井"制度就被"十夫为井"制度所代替，也就是劳役剥削被实物剥削所代替。

晋国早期是贡、助两种形式并用。一般对于新征服地区、边远地区

① 《孟子·滕文公上》。
② 《左传》隐公六年。
③ 《国语·鲁语下》。
④ 《国语·周语上》。
⑤ 《诗·周颂·载芟》。
⑥ 《诗·周颂·噫嘻》。
⑦ 《令鼎》。

和戎狄族，多采用贡法。这既是传统的形式，也是现实的需要。从传统来说，夏人有采用贡法的习惯，晋人来到这里，"启以夏政"，即"因其风俗，开用其政"，①保留了这种习惯与传统。而且，在新征服区、边远地区，统治力量薄弱，也不易很快推行助法，所以，多采用贡法。尤其在戎狄地区，还可能采用更原始的贡纳形式，所谓"疆以戎索"，当是指这种情况。"政"一般训为"制"，"索"一般训为"法"，从广义来看，"政"与"索"实际是互文，是一个意义上的东西，即都可以理解为包括风俗、习惯、制度在内的统治方式和剥削方式。所以，"疆以戎索"不能像杜预解释得那样狭隘："疆理土地以戎法"。"疆理"一词，原始意义是"疆理土地"，但可引申为"治理"。例如，《诗》序有"先王疆理天下"的说法，《左传》成公二年则除此还有"疆理诸侯"的说法。二者都可以理解为"治理"。因此，"疆以戎索"可以理解为治理戎人用戎法。那么，"启以夏政"，也就是沿用夏人的办法治理夏人。夏人习惯于贡法。所以对夏人的剥削，沿用贡法。戎狄族则更落后，所以，对他们可能采取原始的贡纳形式。

至于中心地区，则一般多采用助法。这是由于中心地区政权巩固，统治力量强大，一般便于直接对劳动者进行管理和监督。而且，直接由国家管理公田，剥削来源更有保障，所以中心地区一般多采用助法。比如，"甸"的设置，就证明公室有直接管理的公田。并且，随着统治力量的加强，采用助法的地域也会逐渐扩大。在劳动者对小块土地的永久使用权出现之前，这种局面是不会改变的。

三 晋国早期的贵族土地所有制

晋国早期的贵族土地所有制是分封制的产物。国君分封贵族为官，

---

① 《左传》定公四年："启以商政，疆以周索"杜注。

同时授予土地。贵族则根据爵位的高低，享受不同的待遇。例如：《国语·晋语八》载，韩宣子问二公子之禄，（叔向）对曰："大国之卿，一旅之田，上大夫，一卒之田"可证。在早期，贵族的爵位与应享受的待遇之间，有比较严格的规定。如《左传》襄公二十七年载："（卫献）公与免余邑六十，辞曰：'唯卿备百邑，臣六十矣。下有上禄，乱也。'"由于早期（西周和春秋早期）贵族土地主要靠分封得到，所以分封制的状况，可以代表贵族土地所有制的状况。

西周和春秋早期，周王室或诸侯国分封的贵族，基本或主要是宗亲贵族。这种分封制度，是这个时期普遍存在以财产共有（主要指土地）为基础的、以血缘为纽带的家长制大家庭在国家土地财产分配上的反映。王或诸侯把全国土地视为己有，然后按照"亲亲"的原则，大宗、小宗的关系，把土地分封给宗亲贵族。这就是"天子建国，诸侯立家"①的宗法分封制度。贵族享有土地，并按占有土地的多少，对国家承担义务，所谓"有禄于国，有赋于军"就是这种权利和义务的反映。国君企图用义务来维护其全国范围的土地所有权，但实际是办不到的。贵族通过世袭的占有，逐渐把这些分封的土地变为其私有土地。于是，国君只能把剩下的国有土地不断地进行分封，从而造成了贵族土地的日益发展和国有土地的日益减少。为了防止土地所有权的转移，国君总是企图把这种土地的分配限制在狭小的宗亲贵族范围内。当王室还比较强大的时候，诸侯国地方狭小，于是分封就更是主要限制在公族范围内。正是因此，故晋国早期的贵族土地所有制，可称之为公族贵族土地所有制。

所谓公族，有广义和狭义之分。广义的公族，指诸侯之同姓子弟，不计其代数。如《左传》昭公三年叔向对晏婴谈道："栾、郤、胥、原、狐、续、庆、伯降在皂隶，政在家门，民无所依。"杨伯峻先生注

---

① 《左传》桓公二年。

曰："此八氏之先，……本皆姬姓。"叔向又说："晋之公族尽矣，肸闻之，公室将卑，其宗族枝叶先落，则公室从之。肸之宗十一族，唯羊舌氏在而已。"这是说，上边所说八氏与羊舌氏十一族都是公族。根据记载：栾氏出自晋靖侯，[①] 郤氏见于献公时代，[②] 胥臣见于文公时代，[③] 原氏见于武公时代，[④] 狐氏为唐叔之别在戎狄者，[⑤] 续氏出自狐氏，[⑥] 庆氏见于献公时代，[⑦] 伯氏见于景公时代，[⑧] 羊舌氏出自武公。[⑨] 这说明，广义的公族，可以指诸侯的所有同姓之族。而狭义的公族，则指诸侯五庙之子孙。《礼记·文王世子第八》曰："五庙子孙，祖庙未毁，虽及庶人，冠取妻必告，死必赴，不忘亲也。"所谓五庙，就是五代之祖庙，也就是常说的五服。按照周礼，天子七庙，诸侯五庙，卿大夫三庙。[⑩] 所以，狭义的公族，就是诸侯五代以内之同宗子弟。五代以后，宗庙乃迁，同姓子弟可以别立为宗。这种别立为宗之子弟，就不算在狭义的公族之中了。我们这里所说的"公族贵族"是指狭义的公族。因为出了五服的公族，除了血缘上的共同观念外，已经没有必要的经济联系了。而狭义的公族，则有其内部的共同生活："公族朝于内朝，内亲也。虽有贵者，

① 《左传》桓公二年。
② 《国语·晋语一》有郤叔虎。《元和姓纂》云："晋大夫郤文生豹，豹生芮，芮生缺，缺生克，克生锜。"程公说《春秋分记》云："豹字叔虎。"引自《增订春秋世族源流图考》。
③ 《左传》僖公二十三年。
④ 《古本竹书纪年辑证》载："《汲冢古文》：晋武公灭荀，以赐大夫原氏黯，是为荀叔。"另：《左传》庄公十八年有原庄公，世为周卿士。僖公二十五年，晋文公伐原，"迁原伯贯于冀"，此为原庄公之后。昭公十二年有原伯绞，十八年有原伯鲁，此又其后。这是另一原氏。未知何者为叔向所指之原氏，姑取最早者。
⑤ 《国语·晋语一》韦昭注："狐突，晋同姓，唐叔之后，狐偃之父狐季伯行也。"并"案：'狐突伯行'，公序本作'大戎伯行'。"故《春秋世族谱》云："唐叔之后别在戎狄者。"
⑥ 《左传》文公二年有续简伯，颜师古《急就篇》注曰："续简伯号狐鞠居，以食续地，更为续氏。"引自《增订春秋世族源流图考》。
⑦ 《左传》僖公十四年。
⑧ 《左传》宣公十五年。
⑨ 《国语·晋语一》有"羊舌大夫"，《左传》闵公二年亦见。《新唐书》云："晋武公子伯侨生文，文生突，羊舌大夫也。食邑于羊舌，因以为氏。"引自《增订春秋世族源流图考》。
⑩ 《礼记·王制》。

以齿，明父子也。外朝以官，体异姓也。宗庙之中，以爵为位，崇德也。宗人授事以官，尊贤也。登馂受爵以上嗣，尊祖之道也。丧纪以服之轻重为序，不夺人亲也。公与族燕则以齿，而孝弟之道达矣。其族食世降一等，亲亲之杀也。"① 这里的"内亲""序齿""连结异姓""尊祖崇德""贵適""丧纪饮食以亲疏为序"，正像一个大家庭一样地生活在一起。在这个"大家庭"中，公族子弟有专人管理，这就是"公族大夫"。公族子弟受着共同的教育："庶子之正于公族者，教之以孝弟睦友之爱，明父子之义，长幼之序。"② 这里所谓的"公族"，则是公族大夫之省称。这种狭义的公族之所以像一个大家庭一样生活在一起，关键是由于有着共同的经济作为连接的纽带。《仪礼·丧服传》在讲到宗法制的特点时说："子不私其父，则不成为子。故有东宫、有西宫、有南宫、有北宫，异居而同财，有余则归之宗，不足则资之宗。"这里关键的是"同财"，"同财"是以共同占有生产资料为基础，所以，"同财"也就表明土地共有。也就是说，公族内的土地是共有的，由家长，即诸侯或適长子掌握。而诸侯或適长子，则有赈宗和收族的义务，在诸公子没有立宗之前，公室有义务养活他们，所谓"大宗者，尊之统也，大宗者，收族者也"，③ 就是这个意思。因此，公族土地是归诸侯或適子掌握的，这原是公室掌握的一部分土地（这时的公室土地应包括两部分，一部分作为国有土地，征收赋税以作为国家的开支；一部分作为公族土地，以为公族内部生活的开支，所以，这时立社有"国社"和"侯社"之分）。公族子弟就是由于这种"同财"的纽带，才能"异居"而不分开地生活在一起。我们所讲的"公族"，这是这种有着共同经济纽带的狭义的公族。故作为土地制度来说，我们把没有这种经济联系的广

① 《礼记·文王世子第八》。
② 《礼记·文王世子第八》。
③ 《仪礼·丧服传》。

义的公族排除在外，而算作非公族之列。以下凡称公族，皆指狭义的公族。

晋国早期分封的贵族，基本是公族成员，例如，献公以前分封的公族贵族见于记载的有：桓（《左传》桓公二年）、栾宾（同上）、栾共子（桓公三年）、韩万（桓公三年）、羊舌氏（出自武公，见《新唐书》），这些都是明确记载出自五服之内的公族贵族。另外，有一批姬姓旧族，最早不知封于何时，如原氏（见于武公时代）、郤氏（见于献公时代），他们都是受封于献公以前，故可推知他们的祖先初封时，必为公族成员。其他晚于献公时代出现于文献上的姬姓贵族还多，其先当亦是早期所封之公族成员。因为自献公以后，就没有再分封公族成员的记载。根据宗法分封制的原则，在早期，公族成员都有做官的权利，只有那些无能的人，才列于平民："亲未绝而列于庶人，贱无能也。"① 而受封的公族成员，则根据职位的高低，得到大小不等的采邑，这就是"大夫食邑"。② 一部分低于大夫的士，也食有田，这就是"士食田"。③ 由于晋国早期国土狭小，机构简单，所以分封制并不是很发达，公室土地除了安排少数公族成员之外，再没有余力来安排其他非公族成员。因此，晋国早期的公族贵族土地所有制，是宗法分封制和国土狭小的必然产物。

晋国早期由于分封的主要是公族贵族，虽然人数并不是很多，但分封对象单一，故矛盾很集中。当时，晋国国内的主要矛盾集中在公族贵族与公室之间。随着公族贵族经济力量的日益发展，在此基础上增长起来的政治权力和社会势力也日益壮大。晋穆侯以后，终于爆发了长达一百多年的公族贵族与公室之间的支庶夺嫡的激烈斗争。这些斗争的大致

---

① 《礼记·文王世子第八》。
② 《国语·晋语四》。
③ 《国语·晋语四》。

经过是这样的：

晋穆侯二十七年（周宣王四十四年，公元前784年），穆侯卒，弟殇叔自立，太子仇出奔。这是晋国初次发生的支庶夺嫡的斗争，说明公族中的支庶经济政治力量已经发展起来，有能力发动篡夺君位的斗争了。殇叔立四年，"太子仇率其徒袭殇叔而自立，是为文侯"。[1] 文侯在位三十五年，是一个比较有能力的君主。他在位时干了两件大事，一是辅佐周王室东迁，[2] 一是杀携王。[3] 足见晋国当时地位之重要，它正在向一个大国的地位迈进。但好景不长，文侯的努力，很快被新一轮的支庶夺嫡斗争所代替。《左传》桓公二年载："惠之二十四年，晋始乱，故封桓叔于曲沃。靖侯之孙栾宾傅之。""惠之二十四年"，即公元前745年，这年文侯死，"子伯立"。[4] 而这里记载"晋始乱，故封桓叔于曲沃"。证明封桓叔是由于晋内乱引起。乱为何事，虽无明指，但时间正好在文侯死后，故必为争夺君位的斗争。在这场斗争中，桓叔或因拥立昭侯有功而受封，或作为争位的一方，双方妥协而受封。从记载看，后者可能性较大。《左传》桓公二年记载师服劝告晋侯的话说：

> 吾闻国家之立也，本大而末小，是以能固。故天子建国，诸侯立家，卿置侧室，大夫有贰宗，庶人、工、商，各有分亲；皆有等衰，是以民服事其上，而下无觊觎。今晋，甸侯也，而建国，本既弱矣，其能久乎？

---

[1] 《史记·晋世家》。

[2] 《国语·周语中》："我周之东迁，晋、郑是依。"

[3] 《左传》昭公二十六年正义："《汲冢竹书纪年》：二十年，携王为晋文公所杀，以本非适，故称'携王。'"《通鉴外纪》则云："《汲冢纪年》曰：余为晋文侯所杀，是为携王。"引自方诗铭、王修龄《古本竹书纪年辑证》，上海古籍出版社，1981。此"晋文公"为"晋文侯"之误。

[4] 《史记·晋世家》。

说明这次对桓叔是一次破格的分封，相当于建立一个新的侯国。《晋世家》亦载其事：

> 昭侯元年，封文侯弟成师于曲沃。曲沃邑大于翼。翼，晋君都邑也。成师封曲沃，号为桓叔，靖侯庶孙栾宾相桓叔。桓叔时年五十八矣，好德，晋国之众皆附。君子曰："晋之乱，其在曲沃矣。末大于本，而得民心，不乱何待！"

这一记载，有两点值得注意。一是"曲沃邑大于翼"。对于非国都的卿大夫封邑都城的大小，古代是有一定制度的："先王之制，大都不过参国之一，中五之一，小九之一。"① 为什么要这样规定呢？因为采邑都城过大，就可以和国君抗衡。一方面，都城大，必然人口多，因而剥削收入多，经济力量强。另一方面，都城大，必然军赋多，军队多，城市坚固，易于和国君对抗。《左传》桓公十八年讲："并后、匹嫡，两政、耦国，乱之本也。"所谓"耦国"，就是大城市足以与国都抗衡。这就是"都城过百雉，国之害也"② 在经济、军事、政治上的原因。古人是充分认识到这一危害的。但这里，晋昭侯却不听谏议，而封桓叔于大于国都的曲沃为采邑，这并非他不知道大都城的利害，一定是双方斗争，达成协议的结果。其次，这里讲到：桓叔"好德，晋国之众皆附焉"。证明桓叔是经过长时间收买人心的准备的，所谓"好德，晋国之众皆附"，决非仅仅是一种道德上的声望，必有经济手段作为后盾。联系齐国后来的田氏代齐的斗争——厚施于民，而得齐国之政的历史，我们就可以想见桓叔"好德"的经济原因了。《诗·唐风·扬之水》记载了昭侯一系的一位贵族赞扬桓叔的诗：

---

① 《左传》隐公元年。
② 《左传》隐公元年。

扬之水，白石凿凿，素衣朱襮，从子于沃。既见君子，云何不乐。

扬之水，白石皓皓。素衣朱绣，从子于鹄。既见君子，云何其忧。

扬之水，白石粼粼。我闻有命，不敢以告人。

这首诗说明，桓叔的势力已相当大，连昭侯一边的贵族都被他收买了，以致"我闻有命，不敢以告人"，甘心为桓叔充当昭侯这边的内奸。果然，六年之后，昭侯这边的贵族潘父就"弑昭侯而迎立桓叔"。[1] 无独有偶，《诗·郑风》中也有两首赞扬当时与郑庄公展开夺位斗争的公叔段的诗，[2] 证明当时的公族贵族利用收买人心的手段与公室展开斗争，已成了一种普遍现象。所以，桓叔"好德"，正是他利用经济手段收买人心的证据。于是，在桓叔封于曲沃之后，以桓叔为代表的一支公族贵族，就与公室展开了长达六十七年之久的争夺晋政权的斗争。

斗争的结果，以曲沃一系的胜利而告终。随着这场斗争的结束，原公室一系的公族成员就被消灭殆尽。而随着这支主要以公室为代表的公族势力被消灭，公族贵族土地所有制大大地削弱了。这种削弱，加强了新公室的经济力量，有利于政治上的集权，为晋国走上大国地位打下了良好的基础。

经过这场斗争之后，晋国的公族只剩下桓庄族了。到献公时代，鉴于以前的教训，就没有再分封贵族。但是，这时又出现了新问题，公室与桓庄之族的矛盾又激化起来。《左传》庄公二十三年载："晋桓、庄之族偪，献公患之，士蒍曰：'去富子，则群公子可谋也已。'公曰：'尔试其事。'士蒍与群公子谋，谮富子而去之。"这里讲的是"群公子"，说

---

① 《史记·晋世家》。
② 《诗·郑风·叔于田》《诗·郑风·大叔于田》。

明这些人并不在官。而这里讲到"桓庄之族偪，献公患之"，杜注："桓叔、庄叔之子孙，强盛逼迫公室。"若按以前的特点，公族土地掌握在国君和适子手中，群公子没有经济上的大权，何以能形成逼迫公室的力量呢？证明在这个阶段，公族土地发生了重要的变化。这个变化，就是由原来的"同财"走向了"分财"。这里值得注意的是"富子"一词，杜注："富子，一族之富强者也。"在注"谮富子而去之"则曰："以罪状诬之，同族恶其富强，故士蒍得因而间之，用其所亲为谮，则以信。离间其骨肉则群党弱，群公子终所见灭。"也就是说，"富子"是群公子中最有财有势者，士蒍利用群公子的嫉妒心理，先除掉富子，从而除掉了群公子中最有经济力量的人。财富自土地出，则此必为群公子已经直接掌握了土地的结果。而这从社会的发展来说，也是一种必然的趋势。由于春秋时代生产力和私有制的迅速发展，必然要冲决一切土地共有制的墙垣。公族土地既已分散到群公子手中，则群公子就可以利用经济力量来收买人心，以与公室对抗。正是在这种情况下，献公决心消灭公族。士蒍在用离间的办法除掉了"富子"之后，又用离间的办法除掉了游氏之族。《左传》庄公二十四年载其事曰："晋士蒍与群公子谋，使杀游氏之二子。士蒍告晋侯曰：'可矣，不过二年，君必无患。'"庄公二十五年又云："晋士蒍使群公子尽杀游氏之族，乃城聚而处之。"在做了这么多离间诛杀的准备之后，"冬，晋侯围聚，尽杀群公子"。[1] 于是，桓庄之族被消灭。至此，公族只剩下献公一族了。晋献公宠骊姬，骊姬欲立其子，谮杀太子申生，又诬告重耳、夷吾，结果重耳奔狄，夷吾奔梁，"尽逐群公子"[2]。从此，国内再没有公族了。于是献公"始为令，国无公族焉"。[3]《左传》宣公二年亦记载其事曰："初，骊姬之乱，诅无畜群公

---

[1] 《左传》庄公二十六年。
[2] 《国语·晋语二》。
[3] 《国语·晋语二》。

子，自是晋无公族。"也就是说，晋国从此再没有设置公族（后来所设之公族，已是卿之子弟，其性质完全不同，不在此列）。晋惠公时，秦穆姬（秦穆公夫人，惠公姐姐）曾要求纳群公子回国，但被惠公拒绝。到文公以后，公之子弟已是送到国外谋生，国内已无其安身之地。^① 这样，晋国最终消灭了公族贵族。公族的消灭，就为贵族土地所有制的变化奠定了基础。从此，晋国的贵族土地所有制就进入了一个新阶段。

在晋国早期公族贵族与公室之间一百多年的斗争中，奴隶队伍也出现了新的变化，这里也有必要附带加以说明。这种变化，就是见于晋献公时的"隶农"。《国语·晋语一》载："吾观君夫人也，若为乱，其犹隶农也。虽获沃田而勤易之，将不克饷，为人而已。""隶农"一词出现在献公时代，证明这种身份的劳动者此前已经普遍存在。那么，"隶农"到底是一种什么身份的劳动者，又是怎样产生的呢？由于先秦文献仅此一见，没有旁证，历来分歧颇大。这里仅谈谈个人的看法。我认为，"隶农"是一种打散了血缘关系与公社组织的农业奴隶，这种奴隶的主要来源是在公族贵族与公室之间一百多年的斗争中，身份下降的罪隶。之所以这么说，有以下几条理由。

第一，"隶农"不是那种保留了血缘关系和公社组织的集体奴隶。因为这种奴隶有其专门名称，即"野人""众""甿""萌""民"等，没有称为"隶"或"隶农"的。因此，"隶农"应该是打散了血缘关系和公社组织的劳动者。

第二，既然"隶农"是打散了血缘关系和公社组织的劳动者，那么，根据文意来看，这种人只能是奴隶。因为这种人只能为主人白尽义务，而得不到任何报酬（"将不克饷，为人而已"）。只有奴隶的劳动，才全

---

① 《左传》文公六年："晋襄公卒，灵公少"，晋人欲立长君，赵盾欲立公子雍，公子雍仕于秦。而贾季欲立公子乐，公子乐在陈。二公子皆文公子。证明文公之子，除适子为继承君位之人在国内外，其余公子则仕于他国，不能在国内立足了。

部"表现为无酬劳动"，[1] 所以证明这种人不是农奴，而是奴隶。因为农奴从剥削形式来说，也不是白尽义务，而是有报酬的。

第三，既然"隶农"是奴隶，那么，这是一种什么类型的奴隶呢？韦昭注曰："隶，今之徒也"。徒，就是服劳役的罪人，也就是罪隶。虽然韦昭只解"隶"，而未解"隶农"，但其所指，则是"隶农"。因此，按照韦昭的说法，"隶农"就是"罪隶"。《周礼·司厉》讲："其奴，男子入于罪隶，女子入于舂槁。"《周礼·司隶》亦云："司隶掌五隶之法，辨其物而掌其政令，帅其民而搏盗贼，役国之中辱事。"郑玄注云："五隶，谓罪隶，四翟之隶也。""民，五隶之民也。""四翟之隶"是指"蛮隶""闽隶""夷隶""貉隶"，他们的主要职业是放牧牛马，养鸟兽，守卫王宫等事情。独有"罪隶"是干各种贱事之人。《说文解字》段玉裁注亦云："《周礼》注：隶，给劳辱之役者。汉始置司隶，亦使将徒治道沟渠之役，后稍尊之"。说明"隶"的本意就有"罪隶"的意思。所以，从字意来说，韦昭解"隶农"为罪隶，是有一定道理的。

从事实来说，韦昭的解释也是有一定道理的。"隶农"这种打散了血缘关系和公社组织的奴隶，只能有两种来源，一种是由战俘转化而来，一种是由同族人负债、犯罪，身份下降而来。从晋国早期的历史看，这两者都有可能。晋国从武公才开始大规模向外扩张，但武公灭翼后，在位只有两年，所灭之国，见于记载的只有荀国，此事发生在武公三十九年（即在位最后一年）。[2] 晋国的大规模扩张，主要在献公时代。然而，献公娶骊姬，是在献公初年。[3] 当时，扩张也才刚刚开始。而"隶农"

---

① 《资本论》第一卷，人民出版社，1975，第591页。
② 关于晋武公灭荀年代，清朱右曾《汲冢纪年存真》列于晋武公九年，但云："此未详何年事，姑附于此。"王国维《古本竹书纪年辑校》则列于三十九年。从王氏。
③ 关于献公娶骊姬年代，《左传》列于庄公二十八年，即献公在位十年。而《晋世家》及《年表》皆列于献公五年。《左传》所记，当为追忆，不是当年事。故从《世家》，所以说武公娶骊姬为在位初年事。

这条材料，正是出于郭偃当时对骊姬的比喻，说明"隶农"这种奴隶早已存在。如果把"隶农"理解为当时扩张产生的战俘转化而来，显然是不合适的。因为，当时扩张才刚刚开始，战俘奴隶有限。即使比较多，也不过是那几年之内发生的事情，不能说明以前就有大批战俘奴隶转化成"隶农"。而"隶农"若不是早已存在的事物，就不会以它作为比喻的对象。显然，"隶农"不是由那几年征服中的战俘转化而来。如果说"隶农"是由战俘转化而来的话，那么，这种战俘只能是在一百多年的晋公室与公族贵族之间的残酷斗争中产生出来。而这种战俘奴隶，其实都是本族人。所以，这种战俘奴隶，实际就是"罪隶"。斗争失败的一方，其族人和所属劳动者，当时就大规模降入"罪隶"的行列。除了这种"罪隶"之外，负债下降的"罪隶"，更是本族人。因此，"隶农"的身份，即使不能全部说成是"罪隶"，但其主要成分必然是"罪隶"。所以说，韦昭的说法，在事实上，也是有道理的。

"罪隶"按《周礼》的说法，一般多用于贵族的家内劳动和为官府服各种贱役，很少用于农业。而"隶农"的出现，则证明这种罪隶已大量地用于农业生产了。这说明，晋早期公族贵族与公室之间的斗争十分激烈，以致"罪隶"的人数众多，贵族的家内劳动和为官府服贱役已容纳不下这么多罪隶了，于是他们被大批赶到田野，从事田间劳动，这正是在晋国早期持续一百多年的争夺君位的斗争中出现的新现象。俞樾在《群经评议》中指出："隶农"即"耕官田之农"。"官田"，依郑玄注，就是"公田"。① 在"公田"上为国家种地的劳动者，这时自然就是奴隶。俞樾的这种解释是很有见地的。这种耕种"官田"的劳动者，是在官吏的监督和强制下进行生产的，因此，没有公社作为组织者，仍然能够进行生产。所以说，"隶农"是打散了血缘关系和公社组织的农业奴

---

① 《周礼·地官司徒·载师》"官田"郑注："官田者，公家之所耕田。"

隶，这种奴隶的主要来源，是在晋国早期公族贵族与公室之间持续一百多年的斗争中，身份下降的"罪隶"。

第二部分　中期土地制度的变化

晋国自献公以后，进入了一个新的历史阶段，从此晋国就以一个大国的面貌出现在春秋舞台上了。据卫文选考证，晋国在春秋时代共灭二十九国，而献公一代就独灭十五国。[①]《韩非子·难二》则说："昔吾先君献公，并国十七，服国三十八，战十有二胜。"证明献公时代，晋国在消灭公族贵族之后，国力空前强盛，领土迅速扩大，从而一跃成为春秋舞台上的大国。而文公以后，又成了华夏霸主，从此，开始了晋主夏盟的历史。

从献公开始，到晋主夏盟的一百多年，是我国历史上一个辉煌的时期。这个时期的根本特点，就是各国的社会制度都在发生着重大的变革。马克思在《资本主义生产以前的所有制形态》中指出："为要使旧社会在旧方式下继续存在，那就需要在原有的客观条件下再生产社会成员。但生产自身，人口底增长（也属于生产范围之内）必然要一步一步地扬弃这些条件，破坏这些条件，而不是再生产这些条件，于是社会制度便和它所依据的财产关系一起瓦解了。"[②] 马克思的这一论述，可作为我们

---

① 卫文选：《晋国灭国考略》，《晋阳学刊》1982 年第 6 期。案：卫文选考证漏翟柤一国。《晋语一》："献公田，见翟柤之氛，归而不寐。郤叔虎朝，公语之。对曰：'床第之不安邪？抑骊姬之不存侧邪？'公辞焉。出遇士蒍，曰：'今夕君寝不寐，必为翟柤也。夫翟柤之君，好专利而不忌，其臣竞谄以求媚，其进者壅塞，其退者拒违。其上贪以忍，其下偷以幸，有纵君而无谏臣，有冒上而无忠下。君臣上下各餍其私，以纵其回，民各有心而无所据依。以是处国，不亦难乎！君若伐之，可克也。吾不言，子必言之。'士蒍以告，公悦，乃伐翟柤。郤叔虎将乘城，其徒曰：'弃政而役，非其任也。'郤叔虎曰：'既无老谋，而又无壮事，何以事君？'被羽先升，遂克之。"韦昭亦注曰："翟柤，国名也。"因此，献公之时，据文献所载，共灭十六国。与《韩非子》所载"并国十七"只差一国。因此，《韩非子》所说是可信的。
② 马克思：《政治经济学批判大纲（草稿）》第三册，人民出版社，1963，第 103 页。

认识这个大变革时代的指南。我国奴隶社会的存在，是由于再生产其社会成员的客观条件的存在。这种客观条件，最基本的就是协作生产，土地共同占有。因而才能生产出作为协作单位的"井"的编制和作为社会经济细胞的公社，以及"异居同财"的家长制大家庭，从而才能生产出这种公社的社员，生产出两类不同性质的公社，生产出在宗法血缘关系下的国家土地分配制度，以及这种制度下的贵族和贵族土地制度。春秋时代之所以是一个革命的大变化时期，就在于它在破坏和弃扬了奴隶社会再生产其社会成员的这些客观条件，并在这个基础上产生了新的社会因素，从而引起了整个社会关系的大变化。这种大变化，就为我国春秋战国之际封建生产关系和封建社会制度的确立，奠定了实现的客观基础。

晋国是这个时期最重要的国家，它不但是华夏各国的盟主，而且其在社会制度方面的变革，尤其是土地制度的变化，都堪称是当时一面旗帜。因此，有必要着重分析晋国这个时期的土地制度。下面，就分四个方面，论述其中期土地制度的变化。

一 "作爰田"和小土地占有制的兴起

晋国中期土地制度的重大变化，首推小土地占有制的形成。而小土地占有制开始形成的标志，就是晋惠公时期的"作爰田"。

公元前645年，秦晋两国发生了韩原之战，晋国遭到惨败，甲兵丧尽（"兵甲尽矣"），连国君惠公也做了俘虏。韩原之败，并非由于当时晋国的力量不如秦国，根本原因是惠公"背内外之赂"，[①] 失信于国内所造成的。作为阶下囚的惠公，为了重新回国复位，重整军备，抗衡秦国，在和重臣郤乞、吕甥的策划下，进行了一次带有土地制度变革性质的收

---

① 《国语·晋语三》。

买人心的重要活动，这就是"作爰田"。由于"作爰田"得到了国人的普遍支持，从而达到了重整军备（即"作周兵"）和惠公复位的目的。那么，"作爰田"为什么会受到国人的普遍支持呢？下面，我们就来看看它的具体内容。关于"作爰田"及相关的"作州兵"，《左传》《国语》都有记载，现均征引如下：

《左传》僖公十五年：

晋侯使郤乞告瑕吕饴甥，且召之。子金教之言曰："朝国人而以君命赏。且告之曰：'孤虽归，辱社稷矣，其卜贰圉也。'"众皆哭，晋于是乎作爰田。

吕甥曰："君亡之不恤，而群臣是忧，惠之至也，将若君何？"众曰："何为而可？"对曰："征缮以辅孺子。诸侯闻之，丧君有君，群臣辑睦，甲兵益多。好我者劝，恶我者惧，庶有益乎？"众说，晋于是乎作州兵。

《国语·晋语三》：

公在秦三月，闻秦将成，乃使郤乞告吕甥。吕甥教之言，令国人于朝曰："君使乞告二三子曰：'秦将归寡人，寡人不足以辱社稷，二三子其改置以代圉也。'"且赏以悦众，众皆哭，焉作辕田。

吕甥致众而告之曰："吾君惭焉，其亡之不恤，而群臣是忧，不亦惠乎？君犹在外，若何？"众曰："何为而可？"吕甥曰："以韩之病，兵甲尽矣。若征善以辅孺子，以为君援，虽四邻之闻之也，丧君有君，群臣辑睦，兵甲益多，好我者劝，恶我者惧，庶有益乎？"众皆说，焉作州兵。

"作爰田"是晋国历史上划时代的事件，故历来引起人们的极大重视。但由于这段文字记载简单，所以一直争论极大，众说各异，莫衷一是。从争论的内容看，主要焦点集中在这样三点上：一是这次赏赐的对象是什么人？通过这点才能反映"作爰田"的"田"是什么性质。二是"作爰田"的"爰"（或"辕"）字作何解释？三是"作爰田"到底是一种什么制度？是一种耕作制度，还是一种土地制度和征收赋税的制度，或者仅仅是一种权宜之计的临时措施？下面，仅根据我的认识，作一点粗浅的分析。

我认为，"作爰田"是土地制度的大变化，是三代以来进行协作生产的井田制在晋国开始解体，小土地占有制开始确立的标志。之所以这样说，首先是以春秋时代社会生产力的大变化为依据的。

如前所述，我国夏、商、西周时代，由于生产工具以木、石器为主，所以，劳动者仍离不开协作进行社会生产。因此，《诗经》《周礼》中仍有这方面的记载。《诗经》中所谓的"千耦其耘""十千维耦"是一种协作，自不用说。《周礼·地官司徒》"里宰"职条有"以岁时合耦于锄"的记载。"耦"就是"二人为耦"。"锄"，据夏纬瑛解释，"是一井相助之义。"① 所以，"合耦于锄"就是一井之中合众耦进行协作生产。《地官司徒》"旅师"职条亦有"旅师掌聚野之锄粟"，郑玄注云："锄粟，民相助作，一井之中，所出九夫之税粟也。"这都说明"九夫为井"制，是一种协作生产制度，三代以耒、耜为主要生产工具。张政烺先生谈到"跖耒而耕"的情况时也说："使用这种耕具就只能用这种耕法。如果一个人自己经营，工作很慢，效率很小，罢劳而无兴趣，必须彼此互助，集体耕作，才可以得到好的收成。所以，土地虽是平均分配给各家，而耕作却是集团的。"② 这是从另一角度，对使用耒耜这种落后的耕具必须进行协作生产的很好说明。

---

① 夏纬瑛：《〈周礼〉书中有关农业条文的解释》，农业出版社，1979，第 123 页。
② 张政烺：《中国古代十进制氏族组织》，《历史教学》1951 年第 3 期。

　　但是，到了春秋时代，由于铁器和牛耕登上了历史舞台，就使农业生产力水平产生了质的变化。恩格斯指出：铁"是在历史上起过革命作用的各种原料中最后的和最重要的一种原料"。[①] 由于铁的来源丰富，加上当时冶炼技术的迅速发展，金属工具就普遍用于农业生产了。而金属工具普遍用于农业生产，则使劳动者的生产能力成倍提高，从而造成了原来需要集体协作才能完成的百亩之田的耕作，现在单独的一个人已经可以胜任了。这种生产力迅速提高的状况，随着银雀山竹简《孙子兵法·吴问》篇的被发现，得到了证实。原来人们以为，只有到了战国商鞅变法的时代，生产力水平才大为提高，所以商鞅变百步为亩制为二百四十步为亩制。而《孙子兵法·吴问》篇则证明，到春秋中后期，晋国的亩制已普遍扩大，其中范氏、中行氏的亩制最小，也是一百六十步为亩，而赵氏的亩制最大，已经是二百四十步为亩。这就证明，当时农业劳动者的实际耕作能力，已达到西周时代每个农业劳动力的 2.4 倍。农业劳动产率在短短的一二百年中提高了这么多，如果没有铁器的出现，没有金属工具在农业上的普及，这是不可想象的。除了铁器已普及外，当时还有牛耕的出现。牛耕是用畜力代替人力，是一种动力上的变革。所以，二者同时出现，就使农业生产由协作向个体生产过渡。当时，单个劳动者不但能够独立完成百亩的耕作量，而且还可以增加。这样，就必然发生像《吕氏春秋·审分》中所说的情况："今以众地者，公作则迟，有所匿其力也；分地则速，无所匿迟也。"所以，在铁器、牛耕出现之后，农业劳动者要求分地而作，普遍提出对小土地的要求，就成了一种历史的需要。在这种情况下，小土地占有制的产生，就是一种必然的结果。晋国的"作爰田"正是处在这个时代转折点上的土地制度的大变化。而当时参加韩原之战的国人主要是劳动者。故"作爰田"必然要反

────────────

① 恩格斯：《家庭、私有制和国家的起源》，人民出版社，1976，第 160 页。

映广大劳动者的要求。不然，就无法重整军备。综合这两点，所以"作爰田"应该是小土地占有制在晋国开始确立的标志。下面，我们就来分析"作爰田"的具体内容。

要明了"作爰田"的性质，必须先辨清这次受赏的对象到底是些什么身份的人。关于这点，基本有三种意见：一种认为是自由民（其中包括劳动者），主要是根据"国人""众"来判断其身份；一种认为是贵族，主要是根据"二三子""群臣"来判断其身份；还有一种，认为也是贵族，但这种贵族包括"士"在内。"士"是甲士，是贵族的下层，因为他们可以参与国家大事，所以是统治阶级。这种意见，实际是调和了上面的两种看法。因此，对于这三种意见，我们只要辨明前两种，第三种意见也就自然明确了。

我同意第一种意见，即这次赏赐的对象是全体自由民，其中包括劳动者和贵族。理由有如下几点：

首先，这次赏赐明确记载是"朝国人而以君命赏"。"国人"在我国古代是有确切含义的概念，它并不是贵族的代名词，而是对征服族人的称呼。这种征服族人，自然是自由民，包括自由民的全体劳动者。所谓"国""野"分治，就是对征服族和被征服族进行管理的区划。在"国"中生活的人都称为"国人"，其中自然有许多从事农业生产的劳动者。如《左传》闵公二年载："狄人伐卫。卫懿公好鹤，鹤有乘轩者。将战，国人受甲者皆曰：'使鹤！鹤实有禄位，余焉能战？'"这里明确指出，甲士是国人中的一部分，"国人之受甲者"是国人中地位较高的人。这条材料，《吕氏春秋·忠廉篇》亦有引证："翟人攻卫。其民曰：'君所予位禄者，鹤也；所贵富者，宫人也，君使宫人与鹤战！余焉能战？'遂溃而去之。"《吕氏春秋》在这里把"国人"和"受甲者"都称为"民"，说明其地位是平民，而不是贵族。再如《左传》文公十六年载："公子鲍礼于国人，宋饥，竭其粟而贷之。年自七十以上，无不馈饴也。"在饥荒的年头，受饥饿的基本是劳动者，贵族一般有积蓄，不会受饥饿的威胁，而公子鲍在这里贷以救济的是"国人"，也证明国人主要是劳动者。

其次，这次"朝国人而以君命赏"，是由于国内发生了非常事件，败于韩原，国君被俘，国家处于危亡状态。根据《周礼·小司寇》的记载，"小司寇之职，掌外朝政，以致万民而询焉。一曰询国危，二曰询国迁，三曰询立君。"晋国这次败于韩原，有"询国危"与"询立君"两件大事，故必须"致万民而询"。那么，"万民"是一些什么身份的人呢？根据《周礼·大司徒》的记载："大军旅，大田役，以旗致万民，而治其徒庶之政令。国有大故，则致万民于王门。"可知，这里的"国有大故"所致之"万民"，与服军旅、田役之"万民"是一回事。证明这里的"万民"主要是国人中的劳动者。既然"国有大故"所致之"万民"主要是劳动者，也就是说明"朝国人而以君命赏"的"国人"也主要是劳动者。因此，"国人"必然包括自由平民在内。

最后，韩原之战，晋国虽然国君被俘，大臣也多有死伤，但受损失最大的是服兵役打仗的广大自由平民。如果受赐的对象不包括这些人，何以能收买人心，何以能鼓舞士气、重整军备？所以，"朝国人而以君命赏"首先要赏赐的，就是那些冲锋陷阵当兵打仗的自由平民，没有他们的支持，晋国就不可能重整军备。有意思的是，惠公的主要谋臣吕甥到秦国去会秦穆公，和他有一段重要的谈话：

> 秦伯曰："晋国和乎？"对曰："不和。小人耻失其君而悼丧其亲，不惮征缮以立圉也，曰：'必报仇，宁事戎狄。'君子爱其君而知其罪，不惮征缮以待秦命，曰：'必报德，有死无二。'以此不和。"秦伯曰："国谓君何？"对曰："小人戚，谓之不免；君子恕，以为必归。小人曰：'我毒秦，秦岂归君？'君子曰：'我知罪矣，秦必归君。贰而执之，服而舍之，德莫厚焉，刑莫威焉。服者

怀德，贰者畏刑，此一役也，秦可以霸。纳而不定，废而不立，以德为怨，秦不其然。'"秦伯曰："是吾心也。"改馆晋侯，馈七牢焉。①

《国语》的记载，基本与这差不多。这里提到的"君子"与"小人"两种身份的人，从全文反映的情况看，"君子"当指贵族，"小人"当指自由平民。因为这里提到"小人耻失其君而悼丧其亲"。"亲"指的是阵亡的亲人，主要指士兵。这点《国语》中记载得最清楚："其小人不念其君之罪，而悼其父兄子弟之死丧者。"②证明"小人"的身份应是有资格参军打仗的人。在古代，凡自由民都有资格参军打仗，故"小人"当指自由平民。平民之所以称为"小人"，还因为古代平民受的教育程度较低，一般缺乏政治远见，多只顾眼前利益。故韦昭注"小人忌而不思"③云："忌，怨也。不思，不思大义。""小人"又称"贱人"。《吕氏春秋·爱士》中对韩原之战有这样一段记载：

昔者秦缪公乘马而车为败，右服失而埜人取之。缪公自往求之，见埜人方将食之于岐山之阳。缪公叹曰："食骏马之肉而不还饮酒，余恐其伤女也！"于是偏饮而去。处一年，为韩原之战，晋人已环缪公之车矣，晋梁由靡已扣缪公之左骖矣，晋惠公之右路石奋投而击缪公之甲，中之者已六札矣。埜人之尝食马肉于岐山之阳者，三百有余人，毕力为缪公疾斗于车下，遂大克晋，反获惠公以归。此《诗》这所谓曰："君君子则正，以行其德；君贱人则宽，以尽其力"者也。人主其胡可以无务行德爱人乎？行德爱人则民亲其上，

① 《左传》僖公十五年。
② 《国语·晋语三》。
③ 《国语·晋语三》。

民亲其上则皆乐为其君死矣。

高诱注《诗》曰："为君子作君，正法以行德，无德不报。为贱人作君，宽饶之以尽其力，故缪公战以胜晋。"这里的"君子"与"贱人"和上面所说的"君子"与"小人"是相同的两个对立概念。"贱人"即类于"小人"，"贱人"在这里显然是劳动者，故"小人"亦是劳动者。所不同的是，"小人"是"国"中的劳动者，"贱人"是"野"中的劳动者。所以，吕甥所讲到的"君子"与"小人"当指贵族和平民。而这里谈到"小人"与"君子"两种意见极其对立，竟要吕甥这样的重要人物进行调解："比其和之而来，故久。"这证明"小人"与"君子"一样有参与讨论国家大事的权利。因此，这次"朝国人而以君命赏"征询意见的对象也必然包括"小人"。而"小人"这时情况这样激烈，决心要报君国之仇，证明"小人"必是"作爰田"赏赐的重要对象，不然不会这样情绪振奋。而"小人"就是自由平民，是国人中的劳动者，所以说，"朝国人而以君命赏"，赏的是包括劳动者在内的所有国人。

既然赏赐的是所有国人，那么，为什么又提出来"二三子"与"群臣"呢？这是因为虽然所朝的是所有国人，但参加议事的必是一些头面人物，由他们共同商议之后，才在国人大会上通过。这点，我们可以从《孟子·梁惠王下》中找到说明：

滕文公问曰："滕，小国也。竭力以事大国，则不得免焉，如之何则可？"孟子对曰："昔者大王居邠，狄人侵之。事之以皮币，不得免焉；事之以犬马，不得免焉；事之以珠玉，不得免焉。乃属其耆老而告之曰：'狄人之所欲者，吾土地也。吾闻之也：君子不以其所以养人者害人。二三子何患乎无君？我将去之。'去邠，逾梁山，邑于岐山之下居焉。邠人曰：'仁人也，不可失也。'从之者如归市。"

根据《周礼》"询国迁"的记载，凡遇到这种大迁居的大事，是要召集所有的自由民共同商量的。比如盘庚迁殷，就是如此。而孟子提到，太王迁岐只跟其"耆老"商量，证明和国君共同议事的人，主要是一些头面人物。但商讨这种大事时，一般所有的自由民都在场。这就相当于原始的公民大会，具体议事，一般公民是不参与的，但是公民有表决权。因为这种关系整个部落或国家命运的大事，没有全体公民的支持，则必然不能成功。西周和春秋时代，还保留着这种原始的民主遗存，所以"询国危""询国迁""询立君"的大事，还必须全体国人共同参加。比如《左传》哀公元年载："吴之入楚也，使召陈怀公。怀公朝国人而问焉，曰：'欲与楚者右，欲与吴者左。陈人从田，无田从党。'"这是关乎陈国是不是叛楚的大事，故召集全体国人共同商量。所谓商量，就是站站队，表明自己的态度。所以，晋国的"朝国人而以君命赏"也是这种情况。但具体参加议事的人都是一些头面人物，这就是"二三子"和"群臣"。这与太王迁岐时所说的"二三子"是一样的情况。太王迁岐，具体参与议事的是"耆老"，即"二三子"，但表明态度的则是全体国人。太王迁岐，全体周人也跟着来了。关于这点，从《周礼·小司寇》也能得到证明。《小司寇》在讲到三询之后说："其位，王南乡，三公及州长百姓北面，群臣西面，群吏东面。"这是三询开会的场面。王面南而站，左右两边是群臣和群吏，三公和州长百姓面君而立。百姓就是按血缘族姓为类的"万民"，"三公"和"州长"之所以不列入群臣的行列，因为他们就是六乡国人的头人。征询意见，必然是国君先和这些头人商量，做出了决定，然后才通过全体国人表决。所以吕甥"朝国人而以君命赏"，必然也是先与一些头面人物商定，然后才通过所有国人，故谈话是以对"二三子"和"群臣"的口吻出现。

　　既然"二三子"与"群臣"的意义已明，我们也就可以说，这次"作爰田"赏赐的对象是所有国人，既包括贵族，也包括平民。由于赏赐的对象不同，因此，所赏之田的内容也不同。下面，试根据不同身份的人分析一下所受之田的具体情况。

　　首先，这次"作爰田"赏赐的对象应包括三部分人，一部分是贵族，即卿大夫；一部分是士，主要是服常备兵役的甲士；一部分是有权服兵役的自由平民。对于各部分人如何得赏，我们可以从"作爰田"之后不久晋文公的施政纲领中得到反映。这就是："公食贡，大夫食邑，士食田，庶人食力，工商食官，皂隶食职，官宰食加。"[①] 这里提到的"大夫食邑"，就是卿大夫占有土地的形式。卿大夫原来就有食邑，现在对他们行赏，不过是增加他们食邑的土地而已。对于卿大夫的赏田，根据《周礼·夏官·司勋》的记载，一般有两种情况："凡颁赏地，参之一食，惟加田无国征。"郑玄注云："赏地之税三分，计税，王食其一也，二全入于臣。加田，既赏之，又加赐以田，所以厚恩也。郑司农云：正，谓税也。禄田亦有给公家之赋贡，……独加赏之田无正耳。"也就是说，卿大夫一般初分之地，是其禄田，禄田之税，要交纳三分之一给公室。而以后之赏田，乃额外的恩赐，不属于禄田之列（因禄田有制，加田无制），故这部分土地称为加田。加田公家不征税，收入全部归卿大夫所有。文公的施政纲领中也有"官宰食加"的记载，韦昭注曰："官宰，家臣也。加，大夫之加田。"证明晋国卿大夫除了有禄田之外，还有加田。因此，可知"作爰田"对卿大夫的赏赐是"加赏之田"，也就是"加田"。这种"加田""无国征"，所以，这种赏赐是对土地所有权的转让，是把公室的土地赐给了卿大夫。

　　其次，对于甲士的赏赐。文中有"士食田"的记载，韦昭注曰："受

---

① 《国语·晋语四》。

公田也。"说明甲士是"受公田"的人。为什么要"受公田"？因为甲士是国家的重要武装力量，其中不少人是常备军，故在服役期间，必须补偿其脱离劳动带来的损失，这就相当于孟子所说的情况："上士倍中士，中士倍下士，下士与庶人之在官者同禄，禄足以代其耕也。"[①] 甲士应相当于下士的待遇，即"禄足以代其耕"。在当时，是一夫耕百亩，"禄足以代其耕"，就是甲士在所受公田上的收入，要相当于自耕百亩的收入。在这以前，是实行藉田制度。相当于自耕百亩的收入，实际就是"公田百亩"的收入。"公田百亩"由一井的藉田农民代耕。当藉田制度破坏以后，"公田百亩"的收入，就为一井的税收所代替。而高于甲士（即下士）的中士和上士，则可以按照比例增加他们"食公田"的数量。但这种"食公田"还是一般的惯例，甲士不服役了，公田要收回，仍然回到公社中去，作为公社社员的财产。而这次则不同，不是按照一般的惯例，是在甲士或中士、上士一般应享受的待遇之上，又额外加以赏赐。这种赏田，从上面大夫的"加田"情况看，也应当是"加赏之田"，赏出以后，不再随职务的变动而取消，因此，在其不当甲士之后，也有了一块自己能够占有的土地。这种田，实际就相当于后世的"永业田"。

对于自由民中的一般劳动者，文公的纲领中没有单独提到，但"士食田"，也代表了他们的情况。这点，可以从《国语·齐语》中得到解释。《国语·齐语》中记载管仲对国中的改革，一方面说："昔圣王之处士也，使就闲燕；处工，就官府；处商，就市井；处农，就田野。"实行四民分治。在这里，"士"和"农"是分开的。但同时又讲："管子于是制国以为二十一乡，工商之乡六，士乡十五。"韦注："唐尚书云：'士与农共十五乡。'昭谓：此士，军士也。十五乡合三万人，是为三军。农，野处而不昵，不在都邑之数，则下云五鄙是也。"这是对"士乡"的两种解释。唐

---

① 《孟子·万章下》。

尚书认为士与农共处于士乡；而韦昭则认为，士乡全是军士，农是鄙野之人，不在其内。何者为是呢？以《国语·齐语》的整个结构来讲，前面所讲都是国中之事，当以唐尚书所讲为是。若以"作内政而寄军令"的编制而言，似乎又以韦注为是。其实，这里韦昭所说是错误的。"士"与"农"对于古代的"国人"来说是一而二，二而一的事情。国人都有当兵和当甲士的权利，一般劳动者和甲士、士兵，实际身份都差不多，这就是二而一的情况。但是国人并非都当兵和甲士，尤其常备武装，只有一部分，大部分国人是"三时务家而一时讲武"，[①] 不遇非常事情，不得干扰农事。故务农与当常备兵，又是有区别的，这就是一而二的情况。关于士乡包括农，这点还可以从《管子·小匡》得到证明。《管子·小匡》中说："管子对曰：'制国以为二十一乡，商工之乡六，士农之乡十五。'"其他文字与《国语·齐语》同，独"士乡"在这里作"士农之乡"，证明"士乡"与"士农之乡"是一样的。所以，《国语·齐语》中的士乡，实际包括了从事农业劳动的自由平民和甲士。因此，"士食田"的情况，也包括了从事劳动的自由平民。既然如此，"士食田"就不仅表明甲士或其他的士取得了对土地的占有权，也表明国人中的一般劳动者也取得了对小块土地的占有权。这些不当常备兵和甲士的自由平民，也是国家的基本兵源，所以，他们也和甲士一样，是国家这次"作爰田"赏赐的重要对象。这些从事劳动的自由平民，此前都生活在公社中，土地还是共同占有的生产资料。但是，由于生产力水平发生了质的飞跃，造成了劳动者独立耕作能力的实现，从而产生了对小块土地的普遍要求。国家正是适应了这种需要，以赏赐的形式，把公社的土地分配给这些平民永久使用和占有，从而使国人中的广大劳动者获得了对小块土地的永久使用权和占有权。一般劳动者与甲士的不同之处是，甲士所受之田，当是从公田中受给，

---

① 《国语·周语上》。

而一般平民所受之田，则是将原来公社之田分配给社员永久使用和占有。

从上可知，由于"作爰田"所赏的对象是全体国人，故存在三种形式的赏田。对于大夫以上的贵族，则是增加他们的食邑。对于甲士及大夫以下之士，则是在他们的职分田之外，另赏一部分公田归他们永久占有。而对于国人中的一般劳动者，则是把公社的土地分配给他们，使他们获得了对自耕小块土地的永久使用权和占有权。如通观，则这三种形式的土地，行赏之后都有疆界的变化。东汉贾逵注"作爰田"云："辕，易也。为易田之法，赏众以田。易者，易疆界也。"[1]《左传》僖公十五年孔颖达疏引服虔、孔晁注亦云："爰，易也。赏众以田，易其疆畔。"贾、服、孔三注同。三注都近古，故"作爰田"概言之，当为"赏众以田，易其疆界"。三注"爰"与"辕"均作"易"解。"易"字有三解，一为"换土易居"之"易"，这一"易"作"换"解（见段玉裁《说文解字注》"趄"字条）。但这种解释不合三注之意，故不取。另有两解：其一为"治"，《国语·晋语一》："虽获沃田而勤易之"，韦注："易，治也。"《孟子·尽心上》："易其田畴"，赵岐注："易，治也。畴，一井也。"《吕氏春秋·辨土》："农夫知其田之易也。"高诱注："易，治也。"可见"易其疆界"就是"治其疆界"。疆界变化，故必须重新治之，其意可通。

其二为"场"，"场"字的本意是"疆界""田界"之意。《诗·小雅·信南山》云："疆场翼翼，黍稷或或""田中有庐，疆场有瓜"，郑玄笺："场，畔也。""畔"即田界。是知"疆场"即"疆界""田界"。而《荀子·富国篇》则云："观国之治乱臧否，至于疆易而端已见矣。"杨倞注："易与场同。"可见"疆易"与"疆场"都是指疆界，故"易"与"场"通。"易其疆界"，也就是"场其疆界"，"场"在这里可以转化

---

[1] 《国语·晋语三》"作爰田"韦昭注。

成动词，即疆理、治理之意。则"場其疆界"也为"治理疆界"之意，意亦可通。

另外，彭益林先生在《晋作辕田辨析》一文中对"爰""辕"之意又作新解，他证明"爰"与"寽"通，侯马盟书中"㲂爰"，又作"㲂寽""㲂捋""㲂逤""㲂狩"，此为互通之明证。1975 年四川出土之青川秦国木牍，记载有秦国的田律，其文云：

> 二年十一月己酉朔日，王命丞相戍（茂）、内史匽：民顤（愿）
> 更脩为田律：田广一步，袤八，则为畛，亩二畛；一百（陌）道。
> 百亩为倾，千（阡）道，道广三步。封高四尺，大称其高。捋
> （埒）高尺，下厚二尺。以秋八月脩封捋（埒），正疆（疆）畔，及
> 袋（发）百（陌）之大草。（于豪亮考释。引自彭益林《晋作辕田
> 辨析》，《华中师院学报（哲学社会科学版）》增刊，1982）

其中"捋"为"埒"字之假借。"埒"，《说文》云："埒，卑垣也。"即连接田四角封堆之矮墙，故封埒连言，为田界之通称。这就证明，爰、捋、埒互通，因而"作爰田"也为划定、治理田界之意。

彭先生另又证之，"辕"与"垣"通。历史上所称之"行辕"亦作"行垣"。《尉缭兵法·兵教下》有："垣车为固"，《尉缭子·分塞令》亦有："方之以行垣"，可证。故"辕田"亦作"垣田"，"垣"为田四周之矮墙，所以，"垣"与"埒"又通。

合上数解，故"作爰田"概言之，是重新划定疆界之意。这种解释可以概括所有赏赐的田的疆界的变化。但是，这种解释还不能完全准确地表达"作爰田"的意义。因为"作爰田"之"作"，乃"始作"之意。古代是行井田制，分封行赏，以井为单位，故有"改邑不改井"之说。若为行赏改易疆界，则何时无有，何称"始作"？故"作爰田"

必为以前没有之制度。何为以前没有之制度呢？根据春秋时代生产力发展的特点，我认为，所谓"作爰田"，应是打开井界，适应小生产的需要来划定土地的疆界。这种制度，以前没有过，故称"始作"。但由于这次"作爰田"是以赏众的面貌出现，因此，"作爰田"可以理解为以破坏井田疆界、确立小块土地疆界为主的，对所有国人进行赏赐的一次土地疆界的大变化。而小块土地疆界的确立，则是"作爰田"的中心内容。也就是说，"作爰田"实际是确立了国人中的广大劳动者对小块土地的永久使用权和占有权。所谓"士食田"，正是代表了这种性质。

历来在解"作爰田"时，存在两种倾向的意见。一种认为是耕作制度的变化。所谓的复古换田说、休耕轮作的自爰其处说，为这种意见的代表；另一种认为是土地制度或赋税制度的变化。所谓"固定授田"说，[①]"以田出车赋"说，[②]"分公田之税以赏众"说，[③]"解放农奴，改革税制"说，[④]"赏群臣以备车马之用田"说，[⑤]"土地买卖"说等，[⑥]为其代表。其实，如果正确理解，耕作制度变化说与土地制度、赋税制度变化说，是互相联系的。如果围绕着"作爰田"的前前后后作一通观的话，大约是有这样一个发展过程的：首先是生产力的变化，引起了耕作制度的变化，而耕作制度的变化又引起了土地分配和所有制关系的变化，而土地所有制关系的变化，又引起了赋税制度的变化。

所谓耕作制度的变化，就是由"三年一换土易居"的集体耕作制度变成"自爰其处"的个体休耕制。我国古代存在着"三年一换土易居"

① 《汉书·地理志》注引张晏云："令民各有常制"。孟康云："爰自在其田，不复易居也。"
② 《国语·晋语三》"作爰田"韦昭注。
③ 《左传》僖公十五年："作爰田"杜注。
④ 高亨：《周代地租制度考》，高亨《史文述林》，中华书局，1982。
⑤ 王毓铨：《爰田（辕田）解》，《历史研究》1957年第4期。
⑥ 赵光贤：《晋"作爰田"解》，赵光贤《周代社会辨析》，人民出版社，1980。

制，此说见于《公羊传》宣公十五年何休注：

> 司空谨别田之高下善恶，分为三品，上田一岁一垦，中田二岁
> 一垦，下田三岁一垦，肥饶不得独乐，硗埆不得独苦，三年一换土
> 易居，财均力平。

此为古之爰（辕）田制。爰、辕都是趄之假字。许慎《说文解字》云：
"趄田易居也。"可证"爰田"即"趄田"。故俞樾《群经评议》云：
"说文走部有趄，篆曰：'趄田易居'，即谓此。《左传》'爰田'，《国
语》'辕田'，皆其假字。"因此，古之"三年一换土易居"即"趄田易
居"。李贻德《左传贾服注辑述》认为，"作爰田"是复古爰田制。俞樾
《群经评议》亦持古爰田制说。

除了古爰田制外，《汉书·食货志》又有"自爰其处"的爰田制之
说。其云：

> 民受田，上田夫百亩，中田夫二百亩，下田夫三百亩。岁耕种
> 者为不易上田，休一岁者为一易中田，休二岁者，为再易下田。三
> 岁更耕之，自爰其处。

这就是后世的"爰田制"。《汉书·地理志》"制辕田"注引张晏云："周
制三年一易，以同美恶，商鞅始割裂田地，开立阡陌，令民各有常制。"
这就是商鞅变法时所作之"爰田"。

为什么"三年一换土易居"制为"爰田制"，"自爰其处"制亦为
"爰田制"呢？近人多有怀疑。其实，这是能够理解的。主要的原因是后
人把"易居"的概念混在里边了。段玉裁《说文解字注》"趄"字条云：
"孟康说古制易居为爰田，商鞅自在其田不复易居为爰田，名同实异，孟

说是也。"这种对"爰田"的解释，既有正确的一面，又有不正确的一面。古制的"爰田"和商鞅变法以后的"爰田"是意义不一样的"爰田"，这是正确的。但说"古制易居为爰田"，商鞅以后"不复易居为爰田"，把"易居"与"爰田"等同起来是错误的。《说文解字》段玉裁注明言"趄田易居"，说明二者不是一回事，何以得出"易居为爰田"，"不复易居为爰田"的结论呢？"爰田"从耕作制度讲，实际就是一种休耕制度。在古代土地相对较多，而耕作还不甚精进的情况下，一般都还要存在一定的休耕土地，以定期恢复地力。这种爰田制在协作共耕的阶段还普遍存在。后来虽不复"易居"了，但每夫仍配备一定的休耕土地，故仍叫"爰田"。不过，古制之"爰田"，实际上有不易、一易、再易三等田。现在不复易居了，实际上是由于生产能力提高了，深翻土地、施肥等措施也逐渐跟上来，那么，原来认为是再易下田，经过不断地投资改变地力，其土地质量也会逐渐发生变化，上地和下地的差别必然已不如古。故窃疑所谓"作爰田"者，可能在把小块土地分给个体生产者之时，一律配以休耕之地，此或为"作爰田"之本意。由于都有可爰之田，所以，逐渐每夫的耕作能力就超过了百亩。这样，国家为了保证和增加税收，就随着生产力水平的不断提高而逐渐改变亩制。《孙子兵法·吴问》篇所反映的情况，大约如此。

以上为"作爰田"与休耕的关系。"作爰田"从本质上来说，是小农耕作能力的提高，要求改变旧有田制的产物。在旧有的进行协作生产的井田制下，劳动者的生产能力已经不能全部发挥出来了，阻碍了劳动者生产积极性的发挥和生产力的发展。所以在这个时候，为了适应社会生产力的变化，不得不改变旧有的土地制度。战国时期，秦国商鞅变法的"制辕田"，虽然时代与晋国的"作爰田"距离较远，但基本的形式和特点当近似。《汉书·地理志》云："孝公用商君，制辕田，东雄诸侯。"秦国"制辕田"而"东雄诸侯"，晋国"作爰田"而称霸中原，二者起因和结果何其相似乃耳！秦国"制辕田"是"开阡陌"，即打开旧有的田界。而张晏则云："商鞅始割裂田地，开立阡陌。"则是破坏旧的田界，立新的田界。这从青川木牍反映的情况得到了证实。故从秦国"制辕田"的情况也可推知，晋国的"作爰田"必是废除旧的田界，确立新的田界。所谓旧的田界就是"井界"，而所谓新的田界，就是小块土地占有制的田界。这就是"作爰田"为始作的原因。

"作爰田"之后，晋国的田制发生了大变化，所以不得不同时改变征收赋税的制度。所谓"作州兵"，就是为了适应"作爰田"而产生的新的军赋制度，故"作州兵"亦称"始作"。关于"作州兵"为何种军赋制度，历来争论颇大，但各说都不能圆满解释其意义，故很难明其具体制度。不过从"始作"的特点看，以前征军赋，当不是以"州"为单位，不然"作州兵"不为始作。这次"作州兵"的目的是增赋，因此，此前可能是以"乡"为征赋单位，现将这种单位降为"州"，故为增赋。或为另立"州"这种征赋单位，以增加军赋。由于"作爰田"调动了劳动者的积极性，生产能力和负担军赋的能力相应提高，故"作州兵"能够收到"兵甲益多"的效果。而"作州兵"以后，晋国国力复盛，在惠公时期，晋国还只有二军，而到文公时代，竟达五军、六军，终打败楚国，称霸于诸侯，这不能不说是"作爰田"后，"兵甲益多"的结果。

总之，晋国的"作爰田"表明小土地占有制开始确立。"作爰田"之后，晋国的国人获得了对小块土地的永久使用权和占有权。但是，这种变化在当时还只限于国人，野中则还没有发生这种变化，因为这次赏赐的对象不包括"野人"。但是，也必须看到，野人虽未获得小块土地的占有权，而能够独立地耕种百亩之地的能力，却是跟人一样的。只是由于野中的土地都是国家和贵族的，野人当时还是被奴役的对象，他们要获得对小块土地的占有权，首先必须摆脱被奴役的身份。故对于野人来说，小块土地占有制的产生还需要较长的时间。然而，野人虽然没有对小块土地的占有权，但独立耕种小块土地的情况，却随之产生了。产生的标志，一个是"十夫为井"制的兴起。"十夫为井"没有公田，每夫耕种百亩，交纳十亩实物以为税。这是由助法向彻法过渡，由劳役剥削向实物税过渡的标志。根据《周礼·地官司徒·遂人》载，"遂"中已是"十夫为井"，此为野人已实现独立耕种百亩之田的记录。这种制度只有到春秋时代才能产生，所以这可以证明"作爰田"之后，野人的耕作制度已经发生了变化。另一个证据，就是鲁国的"初税亩"。《左传》宣公十五年载："初税亩，非礼也。谷出不过藉，以丰财也。""初税亩"而以"税"言，则证明"税亩"的区域是野中。因为国人只出军赋，不出田税。这证明，"初税亩"以前，行的是藉法，即共耕公田制。而"初税亩"则是废除藉法，履亩而税，改变了"先王之制"，故曰"初税亩，非礼也"。在共耕公田制下，是实行协作生产；在"税亩"制下，则是实行个体生产。所以，"初税亩"也标志着野人已普遍实现了个体生产。鲁国"初税亩"距晋国"作爰田"只有几十年，而野中已普遍实现了个体生产，则可证，晋国"作爰田"之后，野中不久必然也随之实现了个体生产。

野人实现了个体生产，就为野人摆脱奴隶身份提供了条件。这是因为，随着协作生产不再成为必要，人们的迁徙获得了一定自由。一方面，当时公社组织和血缘纽带松弛或遭到破坏，离异比较自由了。另一方面，人们可以独立生产，逃亡迁徙到新的地方，也就可以独立谋生了。而恰恰当时各国都用优惠条件招徕流亡，以壮大自己的力量，于是，通过逃亡、迁徙，就成了野人地位上升的重要途径。其证据，就是"甿"这种身份的劳动者的出现。如《周礼·地官·旅师》讲："凡新甿之治皆听之，使无征役。"郑注："新甿，新徙来者也。治，谓有所求乞也。使无征役，复之也。""新甿"即新迁徙来之居民，其中大部分应是迁徙来之野人。统治者为了让他们安心于新地方，所以在一定时间内，尽量满足他们的要求，不对他们进行征役。这说明野人逃跑或迁徙，地位逐渐可以上升。由于迁徙的人很多，故"甿"这种身份的人，成了进行社会生产的重要力量。如《周礼·地官·遂人》载："凡治野以下剂，致甿以田里，安甿以乐昏，扰甿以土宜，教甿稼穑以兴锄，利甿以时器，劝甿以彊予，任甿以土均平政。"郑玄注曰："变民曰甿，异内外也。"因"甿"这种身份的人本是从别处迁徙来的，因此，改变称呼，不称为民，而称为甿。"异内外也"，就是要和当地的平民和奴隶身份的人加以区分。说明这时，"甿"这种身份的人和本地平民，奴隶的身份已不同了。所以，逃亡、迁徙，成了这时野人地位上升的重要渠道。除了逃亡和迁徙外，随着战争的扩大，野人逐渐也被征入伍，通过军功而获得地位的上升。比如，晋齐鞌之战中，晋国军队中已有狄人参加，就是证明。这种情况，越往后就越普遍。正是通过逃亡、迁徙、当兵打仗等途径，野人的地位逐渐提高，这就为他们最后占有小块土地，成为新型的摆脱奴隶身份的小生产者提供了实现的条件。例如：《左传》哀公十七年所载之戎州，戎人已居于国郊。证明春秋后期，被征服的戎人已与国人混居。说明其地位已不再是奴隶，而是新型的小生产者。而这种变化，又是随着劳动者独立生产能力的实现而迅速发展起来的。野人这种能力的形成和独立耕种小块土地的情况的出现，在晋国，是在"作爰田"之后，故晋国的"作爰田"，既使国人获得了对小块土地的占有权，同时又为野人身份的变化，以至最后成为占有小块土地的小农开辟了道路。所以，"作爰田"是小块土地占有制开始在晋国形成的标志。

二 晋文公的大分封和晋国中期贵族土地所有制的变化

晋国从献公到成公阶段，为了适应当时生产力和土地私有制的迅速发展、国内政治经济的变动、对外的军事扩张和争霸的要求，自上而下进行了一系列改革。在这些改革的过程中，土地制度发生了重大的变化。这些改革，与土地制度紧密相关的最主要的是如下几件大事：一，晋献公的废除公族；二，晋惠公的"作爰田"；三，晋文公的大分封；四，晋成公的宦卿之適为公族。其中，除"作爰田"主要是解决广大自由平民对小块土地的需要外，其他都是为了解决当时非常尖锐的贵族土地所有制问题。所以，通过这些改革，使晋国中期的贵族土地所有制发生了重大变化。

在这个时期的改革活动中，有一个关键性的人物，必须特别提一下。这个人就是郭偃。他从献公即位起，就担任公室的卜官，故名卜偃，直至晋文公去世，他还在。这个人对这个时期的改革有着在理论上指导作用。《商君书·更法》云："郭偃之法曰：'论至德者不和于俗，成大功者不谋于众。'"即主张不因循守旧，而要变法图强。所以他的主张被商鞅倍加推崇，可谓法家思想的重要来源。《战国策·赵策四》亦有"郭燕之法"（燕与偃，古字通），证明郭偃曾有法书传于世。郭偃辅佐四君（献、惠、文、襄），尤其在文公时代，起的作用最大。如《墨子·所染》云："晋文染于舅犯、高偃"（高与郭，声之转），《吕氏春秋·当染》亦云："文公染于咎犯、郗偃"（郗与郭，形近而误），证明郭偃是与舅犯（即狐偃）地位一样重要的人物。而《韩非子·南面》则谓："管仲毋易齐，郭偃毋更晋，则桓、文不霸矣。……故郭偃之始治也，文公有官事。管仲之始治也，桓公有武车。"这里把郭偃对于晋国的作用与管仲对于齐国的作用并提，说明了郭偃在文公时代地位之重要。而这里的"易"与"更"都是指改革和变法。《国语·晋语四》亦记载有郭偃与文公的对话："文公问于郭偃曰：'始也吾以治国为易，今也难。'对曰：'君以为易，其难也将至矣。君以为难，其易也将至焉。'"从这种充满哲理的对话和《韩非子》的记载，可见郭偃确实是在理论上指导文公进行改革和治国的人。郭偃是最早的法家人物，他的思想即是这个时期晋国社会大变革在其头脑中的反映。同时，在他的这种思想指导下的晋国的改革，实际上又具有变法的性质。到文公时代，逐渐形成以法治国的方法和从功利出发的新的贵族土地所有制。因而，从献公起，特别是到文公时代，晋国的贵族土地所有制发生了重大变化。下面，我们就以晋文公的大分封为出发点，来分析这个阶段贵族土地所有制的大变化。

首先，晋文公的大分封反映了分封制的变化。晋文公时期的分封制是不同于早期的宗法分封制的新的分封制度，它是晋国废除宗法分封制的产物，是对宗法分封制的否定。在早期的宗法分封制下，晋国全国的土地是按照"亲亲"的原则，大宗、小宗的关系在国君和各级宗亲贵族之间进行分配的，即土地的分配基本限制在国君与同宗的公族范围之内，分配的标准不是按功劳的大小，能力的高低，而是按亲疏的关系。这种分封制在西周时代，尤其早期，曾起到了团结周族成员、统治广大殷人和其他被征服族群的作用。但到了春秋时代，随着生产力和土地私有制的迅速发展，这种分封制就过时了。一方面，"异居同财"的家长制大家庭，随着个体生产的出现而走向解体，从而使这种分封制失去了存在的社会基础。另一方面，随着异居分财而来的私有土地的迅速发展，使宗法血缘的纽带再也维护不住统治阶级内部的团结了。相反，倒是私有财产，人们对土地的贪欲——这种"恶的杠杆"[①] 在推动着公族贵族与公室之间的自相残杀。春秋时代，不少国家都发生了弑君夺位的斗争，大多是公族贵族与国君之间的斗争。而这种互相残杀造成的动荡局面，不但造成了统治的不稳定，也造成了对社会生产的破坏作用。因此，宗法分封制和这种分封制下的贵族土地所有制已经过时了，成了社会的堕力。在这种情况下，还死守着宗法分封制不放的国家，必然要走向衰落。比如，鲁国就是明显的例子。

---

① 《路德维希·费尔巴哈和德国古典哲学的终结》，《马克思格斯选集》第四卷，人民出版社，1972，第 233 页。

鲁国是西周时代分封的大国，进入春秋时代后，经济制度的变化也不慢，然而鲁国在春秋时代的实际地位却日趋下降，不得不屈居于一个小国的地位。为什么鲁国在经济制度变革并不慢的情况下，反而地位日益下降呢？其根本原因就是鲁国没有改变宗法分封制，死守周公之典，从而造成了国家经济制度的主要环节，即贵族土地所有制没有根本变化。例如：鲁孝公（公元前796～769年）时分封的公族贵族有藏氏、众氏、展氏、郈氏，以后惠公分封的公族有施氏，桓公分封的有三桓（季孙、叔孙、孟孙），庄公时分封的有东门氏，文公时分封的有叔氏。而且，鲁国的公族贵族还有一个重大的特点，即不管公族与公室或公族与公族之间的内乱如何发展，如一些公族贵族被杀，但总不绝其后，其族不灭。[①] 这样，就必然造成土地所有权的极其分散，而这种土地的分配，又无益于国家的发展和强大。所以，尽管公族贵族的支系、旁支特别多，以致"鲁之群室众于齐之兵车"，[②] 却不能改变经常受齐国这样的大国欺侮的局面。这说明，在春秋时代，宗法分封制已成了社会前进的阻力，因此，废除宗法分封制是有极大进步意义的。

宗法分封制是靠宗法血缘纽带来维持的，所以，废除宗法分封制，就必须斩断宗法血缘纽带。晋国在献公时代就废除了公族制度，消灭了公族贵族，从而使晋国最早在公室一级斩断了维护奴隶制的宗法血缘纽带。这就意味着公族贵族土地所有制的被消灭，同时也意味着宗法分封制的被废除。但是，由于时代的限制，这时的贵族土地所有制还不能消灭，因而分封制也不能废除。因此，宗法分封制的被废除，只能用新的分封制来代替它，公族贵族土地所有制的被消灭，也只能产生新的贵族土地所有制。所以，这时用新的分封制来代替宗法分封制，是一个历史的进步。献公消灭公族贵族以后，就没有再分封公族

---

① 见孙曜《春秋时代之世族》，中华书局，1931，第67页。
② 《左传》哀公十一年。

成员。新封的贵族，都是非公族的同姓或异姓贵族。但是献公时代，虽然分封对象产生了重大变化，却没有形成一种制度。惠公的"作爰田"，虽然普遍行赏，但主要解决的是当时最紧迫的广大自由平民对小块土地的要求。对贵族虽也进行了赏赐，但还是一种应急措施，也没有制度化。新的、制度化的、有利于国家稳定和发展的分封制，是经献、惠、文三代的摸索，尤其是文公在郭偃、咎犯的指导下，进行了重大的改革和变法，才确立起来的。这就是以"尚贤使能""论功行赏"为原则的新的分封制度。这种制度，从《史记·晋世家》文公答贱臣壳叔的话中，反映最明显。他说："夫导我以仁义，防我以德惠，此受上赏。辅我以行，卒以成立，此受次赏。矢石之难，汗马之劳，此复受次赏。若以力事我，而无补吾缺者，此（复）受次赏。"关于这条材料，《吕氏春秋》和《说苑》中均有记载。[1] 这里所谓的赏，实际就是分封，封给一定爵位，并同时赏给一定土地。所谓"导我以仁义，防我以德惠"，这就是"贤"；所谓"辅我以行，卒以成立"，这就是"能"；所谓"矢石之难，汗马之劳"，这就是"功"；所谓"以力事我，而无补吾缺者"，这就是"劳"。这就是以"贤""能""功""劳"为标准的"尚贤使能""论功行赏"的新的分封制度。这种分封制度改变了原来"亲亲"原则下无功受禄、无能而居高位的局面。于是就把贵族对

---

[1] 《吕氏春秋·当赏》："晋文公反国，赏从亡者，而陶狐不与。左右曰：'君反国家，爵禄三出，而陶狐不与。敢问其说。'文公曰：'辅我以义，导我以礼者，吾以为上赏。教我以善，彊我以贤者，吾以为次赏。拂吾所欲，数举吾过者，吾以为末赏。三者所以赏有功之臣也。若赏唐国之劳徒，则陶狐将为首矣。'"《说苑·复恩》："晋文公亡时，陶叔狐从，文公反国，行三赏而不及陶叔狐，陶叔狐见咎犯曰：'吾从君而亡十有三年，颜色黎黑，手足胼胝，今君反国行三赏而不及我也，意者君忘我与！我有大故与！子试为我言之君。'咎犯言之文公，文公曰：'嘻，我岂忘是子哉！夫高明至贤，德行全诚，耽我以道，说我以仁，暴浣我行，昭明我名，使我为成人者，吾以为上赏；防我以礼，谏我以谊，蕃援我使我不得为非，数引我而请于贤人之门，吾以为次赏；夫勇壮强御，难在前则居前，难在后则居后，免我于患难之中者，吾又以为之次。且子独不闻乎？死人者，不如存人之身；亡人者，不如存人之国；三行赏之后，而劳苦之士次之，夫劳苦之士，是子固为首矣，岂敢忘子哉！'"案：此二处所记，除人名、所说之事略有出入外，基本内容与《史记》所载同。可佐证文公行赏之原则。

国家所做贡献与应享受的待遇，通过新的分封制有机地联系起来了，从而使贵族土地所有制起到了维护国家利益、推动国家发展的重要作用。同时，这种分封制打破了血缘关系，为广大的非公族的同姓贵族和异姓贵族，尤其为广大的中下级贵族，甚至基层的士开辟了上升的道路。比如，文公时代，不但分封了大批非公族的旧的同姓贵族，而且分封了不少异姓贵族，如先氏、士氏、荀氏、赵氏。甚至连卿大夫的属大夫也提拔到了高位。如阳处父，本是赵衰的属大夫，赵衰推荐他给文公的太子讙（即襄公）作太傅，从而列于上大夫，位同于卿。再如，襄公时，赵盾又出其属臾骈，亦列为卿。这说明，这种分封制，面向的是所有贵族，因而，是对宗法分封制的否定。正是因此，从文公起，就为"食有劳而禄有功"的"以法治国"的制度开了先河。

其次，晋文公的大分封造成了公室土地所有权的迅速下移和贵族私有土地的迅速发展。晋文公的分封不是个人主观意愿的产物，而是当时晋国国内各级贵族对土地普遍要求的结果。晋国从献公以后，国内贵族对土地的要求普遍增长。惠公由于"背内外之赂"，结果导致了韩原之败。而"作爰田"，则又起到了使惠公重新复位和重整军备的作用。这说明，能否满足国内对土地的要求，已经关系到国君的命运和国家的兴衰了。尤其"作爰田"之后，虽然解决了国人中的劳动者对小块土地的要求，但却远远没有满足各级贵族对土地的要求，相反，由于"异居同财"的家长制大家庭的解体，土地迅速走向私有化，这就更加刺激了他们对土地的欲望。流亡在外十九年的晋文公，目睹了从骊姬之乱到"作爰田"这一段历史，深知国内各级贵族和从亡的一大批贵族对土地的强烈欲望，因此，回国以后，首先就要满足他们对土地的要求，以取得他们对自己的支持。而作为经过了五代争位之乱的国内贵族和抛家弃土从亡的一批贵族，则深知自己对重耳上台执政的支持与否是十分重要的，故都注视着重耳如何行赏。尤其从亡的一批贵族，则干脆公开要求禄田。例如，狐偃就是典型。《左传》僖公二十四年载：

> 及河，子犯以璧授公子曰："臣负羁绁从君巡于天下，臣之罪甚
> 多矣，臣犹知之，而况君乎？请由此亡。"公子曰："所不与舅氏同
> 心者，有如白水！"投其璧于河。

这是狐偃未入国就公开求禄。而重耳深知，不满足他的要求，就会失去
从亡贵族的支持，故指河为誓。这点《韩非子》亦有记载，而《说苑》
的记载则更明确。① 这种公开要禄求赏的行为，子犯不过开其头，以后要
禄赏者则络绎不绝。例如：《史记·晋世家》记载的贱臣壶叔要赏，就是
又一典型例子：

> 从亡之贱臣壶叔曰："君三行赏，赏不及臣，敢请罪。"公报曰：
> "夫导我以仁义，防我以德惠，此受上赏。……若以力事我而无补吾
> 缺者，此（复）受次赏。三赏之后，故且及子。"晋人闻之，皆说。

连壶叔这样的贱臣都公开要赏，可见公开要禄要赏的人之多。这种露骨
的行为，曾遭到了介子推的批评，他说："献公之子九人，唯君在矣。
惠、怀无亲，内外弃之。天未绝晋，必将有主。主晋祀者，非君而谁？
天实置之，而二三子以为己力，不亦诬乎？窃人之财，犹谓之盗，况贪
天之功以为己力乎？"② 介子推从亡，对重耳有割股之恩，但是，"晋侯
赏从亡者，介子推不言禄，禄亦弗及"。③ 连他这样重要的人物都给忘记
了，这说明，当时要禄人之多，以致文公无暇顾及那些不公开言禄之人。

---

① 见《韩非子·外储说左上》和《说苑·复恩》。
② 《左传》僖公二十四年。
③ 《左传》僖公二十四年。

介子推虽自命清高，但也受不了这种冷遇，于是，逃入绵山以示反抗。文公为了取信于各级贵族，在找不到他的情况下，只好"以绵上为之田，曰：'以志吾过，且旌善人'"① 才算了之。像介子推这种情况，《说苑·复恩》中还记载有一例："晋文公出亡，周流天下，舟之侨去虞而从焉。文公反国，择可爵而爵之，择可禄而禄之，舟之侨独不与焉。文公酳诸大夫酒，酒酣，文公曰：'二三子盍为寡人赋乎？'舟之侨曰：'君子为赋，小人请陈其辞。'辞曰：'有龙矫矫，顷失其所；一蛇从之，周流天下，龙反其渊，安宁其处，一蛇耆乾，独不得其所。'文公矍然曰：'子欲爵耶？请待旦日之期；子欲禄耶，请今命廪人。'舟之侨曰：'请而得其赏，廉者不受也；言尽而名至，仁者不为也。今天油然作云，沛然下雨，则苗草兴起，莫之能御。今为一人言施一人，犹为一块土下雨也，土亦不生之矣。'遂历阶而去。文公求之不得，终身诵甫田之诗。"即使受赏之后，还有从亡之人嫌赏轻为乱的情况。如《左传》僖公二十八年，晋君伐曹以救宋，且报重耳亡曹，曹君不礼之辱："入曹，数之以其不用僖负羁，而乘轩者三百人也，且曰献状。令无入僖负羁之宫，而免其族，报施也。"但魏犨、颠颉则嫌赏轻，职务低，"怒曰：'劳之不图，报于何有？'爇僖负羁氏。"这是故意违抗命令，烧了僖负羁家。

以上情况深刻说明，文公回国，遇到了各级贵族普遍要求土地和禄位的情绪。所以，文公上台后，对各级贵族广泛进行分封，是势在必行的，不然就不能在国内站住脚。

既然文公顺应了国内各级贵族对土地的需要，广泛地进行分封，就必然造成公室土地所有权的迅速下移。这种情况，在两个方面反映最明显。

其一是从命氏制度上反映最明显。在分封制下，土地和贵族的爵位是

---

① 《左传》僖公二十四年。

联系在一起的，国君分封贵族为官，同时赐予食邑，并且可以根据分封的情况赐姓命族，这就是"天子建德，因生以赐姓，胙之土而命之氏。诸侯以字为谥，因以为族。官有世功，则有官族。邑亦如之。"① 这里指出了赐姓命氏的几种方式，但最常见的一种是赐予食邑，然后以食邑为氏。例如：荀氏食邑于荀，因以为氏；② 韩万食邑于韩，因以为氏；③ 狐射姑封于贾，因称贾季；④ 毕万封于魏，以魏为氏；⑤ 先且居封于霍，称霍伯；⑥ 士会封于随和范，因称随会和范会；⑦ 胥臣食邑于臼，称臼季；⑧ 郤氏食于郤，因以为氏；⑨ 后又食于冀，又以冀为氏；⑩ 步扬本郤氏，食于步，以步为氏；⑪ 魏钧食于厨，因称厨武子；⑫ 赵衰之子同、括、婴齐食于原、屏、楼，故称原同、屏括、楼婴；⑬ 先轸食邑于原，因称原轸；⑭ 解扬食邑于解，因以为氏；⑮ 詹嘉封于瑕，故称瑕嘉；⑯ 士鲂食于彘，因称彘季。⑰ 这种现象，从记载看，献公以前所见寥寥，献公以后渐多，而文公以后则迅速增加。这种情况，除时代越久失载越严重的因素外，最根本的原因就在于，到文公时代，分封制达到了顶峰。这也就说明了文公的大分封造成了非公族的贵族土地所有制的大发展和公室土地所有权的迅速下移。

---

① 《左传》隐公八年。
② 《古本竹书纪年》："晋武公灭荀，以赐大夫原氏黯。"
③ 《左传》桓公三年。
④ 《左传》文公六年。
⑤ 《左传》闵公元年。
⑥ 《左传》僖公三十三年。
⑦ 《左传》僖公二十八年。
⑧ 《左传》僖公三十三年。
⑨ 见常茂徕《增订春秋世族源流图考》，《续修四库全书》第148册。
⑩ 《左传》僖公三十三年。
⑪ 《左传》僖公十五年。
⑫ 《左传》宣公十二年。
⑬ 《左传》僖公二十四年。
⑭ 《左传》僖公二十七年、二十八年。
⑮ 《左传》文公八年。
⑯ 《左传》文公十三年，成公元年。
⑰ 《左传》成公十八年。

其二，从文公的施政纲领看，这种贵族土地所有制的迅速发展就更明显。文公的施政纲领见于《国语·晋语四》：

> 元年春，公及夫人嬴氏至自王城。秦伯纳卫三千人，实纪纲之仆。公属百官，赋职任功。弃责薄敛，施舍分寡。救乏振滞，匡困资无。轻关易道，通商宽农。懋穑劝分，省用足财。利器明德，以厚民性。举善援能，官方定物，正名育类。昭旧族，爱亲戚，明贤良，尊贵宠，赏功劳，事耇老，礼宾旅，友故旧。胥、籍、狐、箕、栾、郤、柏、先、羊舌、董、韩，寔掌近官。诸姬之良，掌其中官。异姓之能，掌其远官。公食贡，大夫食邑，士食田，庶人食力，工商食官，皂隶食职，官宰食加。政平民阜，财用不匮。

在这个纲领中，最主要的内容是如何分封各级贵族，故这个纲领可以看作是文公进行大分封的纲领。其中，所谓"公属百官，赋职任功""举善援能，官方定物，正名育类"，意思是说：公会百官，根据其功劳，授予各职事，设立各种常官，选拔有才能的人担任，以安定百事。并规定各种待遇的上下名分制度，以培养良好的风气。那么，这种"举善援能""赋职任功"的对象是一些什么人呢？这里包括了"旧族""亲戚""贤良""贵宠""功劳""耇老""宾旅""故旧"等各种不同身份的贵族。证明这次分封的范围非常广泛。除了没有公族成员外，各种身份的贵族都照顾到了。然而，对各种身份的人如何进行分封呢？即按下面的三条原则。第一是"胥、籍、狐、箕、栾、郤、柏、先、羊舌、董、韩，寔掌近官。"韦注："十一族，晋之旧族，近官朝廷者"。说明这十一族都是原来的旧族。所谓旧族，其中大部分是姬姓，但其列为贵族，都是在献公之前。其中，确知为姬姓的有胥、籍、狐、栾、郤、羊舌、韩七族。在武、献大量消灭公族贵族之后，姬姓旧族尚如此之多，可见早期主要分封的是公族贵族。而确知为异姓的有先、董两族。所谓"近官",这里解释不清楚,其确切含义,可从《战国策·赵策一》中得到说明:赵襄子的谋臣张孟谈辅佐襄子灭了智氏之后,为了避谗而向襄子告退说:"故贵为列侯者,不令在相位,自将军以上,不为近大夫。"这里所谓的"相位""近大夫",地位就相当于"近官"。也就是说,是经常和国君在一起,辅佐国君发号施令、治理国家的重要权臣。这十一族,在文公时代,不但是近官选择的对象,而且是实际都进行了分封的对象。如:

> 《左传》僖公二十五年:"赵衰为原大夫,狐溱为温大夫。"
>
> 僖二十七年:"于是乎搜于被庐,作三军,谋元帅。赵衰曰:'郤縠可。……'乃使郤縠将中军,郤溱佐之。使狐偃将上军,让于狐毛,而佐之。命赵衰为卿,让于栾枝、先轸。使栾枝将下军,先轸佐之。荀林父御戎,魏犨为右。"
>
> 僖二十八年:"晋郤縠卒。原轸将中军,胥臣佐下军,上德也。"
>
> 僖二十八年:"晋侯作三行以御狄,荀林父将中行,屠击将右行,先蔑将左行。"
>
> 《国语·晋语四》:"晋饥,公问于箕郑曰:'救饥何以?'对曰:'信。'……公使为箕。及清原之搜,使佐新上军。"
>
> 《晋语四》:"狐毛卒,使赵衰代之。辞曰:'城濮之役,先且居之佐军也善,军伐有赏,善君有赏,能其官有赏。且居有三赏,不可废也。且臣之伦,箕郑、胥婴、先都在。'乃使先且居将上军。"

以上都是文公行赏中分封的部分重要贵族。十一族见于这里的有胥、狐、箕、栾、郤、先。另外,羊舌大夫见于献公时代,[①] 韩简见于惠公时代,[②]

---

① 《国语·晋语一》《左传》闵公二年。
② 《左传》僖公十五年。

籍、董是司典籍者和史官。除了这十一族之外，还有赵、士、荀、魏、阳处父等重要大贵族。从这些最重要的近官可以看出，文公时代，分封的贵族，面确实是很宽的。

第二是"诸姬之良，掌其中官。"韦注："诸姬，同姓。中官，内官。""中官""内官"就是管理公室事务之官。这种职务不参与外事，所以必须由同姓贵族来充任，不能任用异姓贵族。

第三是"异姓之能，掌其远官。"韦注："远官，县鄙。"县鄙就是边鄙地区，包括边境要塞和设县地区等。边鄙地区的官吏由"异姓之能"担任。因为边鄙地区难以治理，而且在军事扩张中，常负有开边拓土的任务，没有能力是不行的。因此，这些地方的官吏不能靠门第和世袭的关系，而必须靠实际的能力。这样，就为各种异姓贵族和低级贵族的崛起创造了条件。

另外，晋文公在这个阶段还迅速扩大机构和编制。最明显的是军事编制的扩大。文公以前，晋国只设二军。《左传》僖公二十八年，文公"作三军"。同年，又"作三行"，即在三军之外，又设三支步兵部队以御戎狄。僖公三十年，又"作五军"。从二军扩大到五军，又有三行的设置，这种编制的迅速扩大，必然带来官吏设置的迅速扩大。如：《左传》襄公二十五年，晋率诸侯伐齐，齐人"赂晋侯以宗器、乐器。自六正、五史、三十帅、三军之大夫、百官之正长师旅及处守者皆有赂。"这里的"六正"即六卿，是三军将佐。三军之官吏就这么庞大，那么文公作五军，平添三军之官吏，可想而知，这种编制的迅速扩大，也必然造成分封制的大发展。除了扩大军事编制外，文公又作"执秩之官"① 和在地方增设县。所以，这种编制和机构的迅速扩大，也证明文公之时，实行了大分封。

---

① 《左传》僖公二十七年。

　　以上就是晋文公实行大分封的纲领和编制机构扩大的情况。通过这个纲领和机构编制的变化，可以看出，到文公时代，分封制达到了顶峰。因此，这就必然造成非公族的贵族土地所有制的迅速发展。这种情况在《说苑·理政》中说得最清楚："晋文公时，翟人有献封狐文豹之皮者，文公喟然叹曰：'封狐文豹何罪哉？以其皮为罪乎？'大夫栾枝曰：'地广而不平，财聚而不散，独非狐豹之罪乎？'文公曰：'善哉，说也。'栾枝曰：'地广而不平，人将平之；财聚而不散，人将争之。'于是列地以分民，散财以赈贫。"所谓"列地以分民，散财以赈贫"，说明其对土地的分封行赏，性质与"作爰田"差不多。但"作爰田"主要是解决广大平民对小块土地的要求，而文公的大分封，则主要解决广大贵族对土地的要求。不过，在这种分封中，也附带着解决了一部分失掉土地的贫民对土地的要求，如文公施政纲领中的"匡困资无"，当指这种情况。然而，这时离"作爰田"没多久，平民的分化当不会太大，故广大平民对土地的要求已是次要矛盾，主要矛盾是那些没有土地或嫌土地太少的贵族对土地的普遍要求。这点在《说苑·理政》中亦有记载："晋文公问政于舅犯，舅犯对曰：'分熟不如分腥，分腥不如分地；割地以分民而益其爵禄，是以上得地而民知富，上失地而民知贫，古之所谓致师而战者，其此之谓也。'"所谓"割地以分民而益其爵禄"，说明这次土地分配的对象主要是贵族，即有"其爵禄"之"民"。因此，"上得地"，"上失地"都与他们的切身利益相关。所以，当把土地分配给广大贵族之后，就可以调动他们的积极性，"致师而战"。这就是晋文公能够顺利得国，登上君位，夺取霸权的经济原因。而这点在《吕氏春秋·不苟》中揭示得最清楚："晋文公将伐邺，赵衰言所以胜邺之术，文公用之，果胜。还，将行赏。衰曰：'君将赏其本乎？赏其末乎？赏其末则骑乘者存，赏其本则臣闻之郤子虎。'文公召郤子虎：'衰言所以胜邺，邺既胜，将赏之，曰："盖闻之于子虎，请赏子虎。"'子虎曰：'言之易，行之难。臣言之者也。'公曰：'子无辞。'郤子虎不敢固辞，乃受之。凡行赏欲其博也，博则多助。今虎非亲言者也，而赏犹及之，此疏远者之所以尽能竭智者也。晋文公亡久矣，归而因大乱之余，犹能以霸，其由此欤？"这说明，晋文公的大分封，确实是其称霸的主要原因。当然，这种大分封的结果，必然造成公室土地所有权的迅速下移。在这种下移的过程中，还有两个现象，特别值得注意。第一是，晋文公的大分封，不但把大量的公室土地赐予各级贵族，而且把公室本身的土地也交给了卿大夫代管，于是就形成了"公食贡"的局面。"公食贡"决不能理解为公室的土地全部分封给贵族了。这点通过以后的记载可以证明。比如，晋公室一直到平公时代，还能大兴土木，过着奢侈无度的生活。如果公室土地都分封给卿大夫了，何来这么多剥削收入呢？但公室这时能够直接掌握的土地却又极少，这也是事实，不然就不会有"公食贡"的记载。既然公室还具有很多的剥削收入，但手中又不直接或很少掌握土地，这种情况就只能得出这样的结论，即公室本身的土地也是交给卿大夫代管的。而这点是可以从记载中找到证明的。例如，《国语·晋语八》记载韩宣子忧贫，他说："吾有卿名，而无其实。"就是说，居卿位而没有卿的待遇。按照规定，是"大国之卿，一旅之田，上大夫，一卒之田"。所谓没有卿的待遇，就是说食邑不足一旅之田。而同是一个韩宣子，《左传》昭公五年则讲："韩赋七邑，皆成县也。"有七县的地方，何为无一旅之田？足见这七县之地，大部分是代管的公室土地。《晋语八》还讲："夫郤昭子，其富半公室，其家半三军。"说明郤氏的土地的必是非常多。但是，按规定，他也不过是卿的地位，何来这么多土地？即使有"加田"，也绝不会有这么多。这说明，其中绝大部分，也必然是代管的公室土地。不过是由于他侵吞了这部分公室土地上的收入，因而特别富而已。这两例说明，晋文分的大分封，是连同公室的土地也交给卿大夫代管了，公室不过企图坐享其成而已。但这样一来，实际就造成了私门的力量更加强大。卿大夫利用代管的公室土地，额外增加剥削，于是就造成卿大夫特别富有的现象。而且，公室的土地交给卿大夫代管后，时间一久，就收不回来了，从而失去了部分土地的支配权力。公室不能收回代管的公室土地，就没有土地再用来实行分封行赏，而这就是造成以后晋厉公企图收回公室土地时和卿大夫发生冲突的根本原因。所以，晋文公把公室的土地交给卿大夫代管，就进一步加速了公室土地所有权下移的速度。

第二是，这时的贵族不但按规定、按等级享有一定数量的禄田，而且还普遍有加田。所谓"官宰食加"证明了这点。关于禄田、加田的区别，已如前述。禄田，开始只是占有，而无所有权。只是时间一久，这种占有才转变为所有权，从而土地上的收入也不再交给公室了。而加田是在禄田之外的"加赏之田"，这种土地上的收入全部归己。马克思指出："地租的占有是土地所有权借以实现的经济形式。"① 既然"加田"上的剥削收入全部归贵族所有，就标志着其所有权从赏出之日起即归卿大夫所有。因此，"加田"的迅速发展，打破了旧有分封制对贵族土地的限制，使贵族土地不但可以过制，而且使贵族土地私有化的速度加快了。

从上可见，晋文公的大分封，确实是适应当时贵族土地所有制发展需要的大变化。经过晋文公的大分封，公室的土地基本分散到了各级贵族手里，从而造成了公室土地所有权的迅速下移。尤其是公室自己的土地也交给了卿大夫代管，进一步加速了公室土地下移的速度。而"加田"的普遍出现，则不但普遍出现了贵族土地过制的现象，而且使贵族土地私有化的速度大大加快了。在春秋舞台上，公室土地所有制（即奴隶制国有土地所有制）是奴隶制最顽固的堡垒。因此，公室土地所有权的迅速下移，贵族私有土地的迅速发展，对于奴隶制土地制度的破坏，促成

---

① 《资本论》第三卷，人民出版社，1975，第 714 页。

奴隶制加快向封建制转化，从客观上讲，是有进步意义的。

最后，晋文公的大分封还是晋国中期形成新的世卿制度的根源。

世卿制度本是西周宗法分封制的产物。天子和诸侯不过是家族关系扩大后的大家长，其国家财产和权力基本是在亲族范围内分配。其权力和土地待遇结为一体。权力即世卿和世大夫，而土地则是世禄。世卿世禄互为表里，有世卿必有世禄，有世禄则必有包括世卿在内的世官制度。周王朝是有世卿制度的，如周公旦之后、召公奭之后，都世为王朝卿士。卫国有世卿，如其"九世之卿"① 宁氏，出自卫武公四世孙。② 齐国有世卿，如其"天子之二守国高"，③ 高氏出自齐太公六世孙，国氏亦出自西周时之公族。④ 这种制度，许多国家一直延续到春秋时代不变。如宋国之六卿、郑国之七穆、鲁国之三桓，都是出自公族的世卿。晋国早期亦当有世卿，只是不见于记载而已。但是史书记载了晋国早期的世禄制度。如《左传》襄公二十四年："穆叔如晋，范宣子逆之，问焉，曰：'古人有言曰："死而不朽"何谓也？'穆叔未对。宣子曰：'昔匄之祖，自虞以上为陶唐氏，在夏为御龙氏，在商为豕韦氏，在周为唐杜氏，晋主夏盟为范氏，其是之谓乎！'穆叔曰：'以豹所闻，此之谓世禄，非不朽也。'"范氏之祖在周宣王时奔晋，献公时为士氏，是晋国早期有世禄之证。有世禄必有世官，而有世官，亦必有世卿。但早期之世卿，都是出于公族。前所举之世卿可证。世卿权重禄重，是国君的重要辅佐和执掌国政之人。为了防止异姓的"觊觎"，早期，诸侯国不见有异姓之卿。到了春秋时期，有的国家由于好用异姓之人为官，还曾引起动乱。如周之卿士巩简公因弃其子弟，好用远人而被群公子所杀。⑤ 单献公好用羁，亦

---

① 《左传》襄公二十五年。
② 见常茂徕《增订春秋世族源流图考》，《续修四库全书》第 148 册。
③ 《左传》僖公十二年。
④ 见《增订春秋世族源流图考》。
⑤ 《左传》定公元年、二年。

为公族所杀。① 所以传统的看法是："亲不在外，羁不在内"，② 为的是防止异姓夺取政治经济大权。晋虽然早期当有分封公族为世卿的制度，但不久就发生了连绵不断的内乱，这种世卿很难保留下来。所以，从记载上，见不到晋国早期的世卿和世卿制度。

见于记载的晋国的世卿，是在文公以后形成的。但这已经是非旧式公族的和异姓的世卿。这种世卿是一种新型的世卿，他们不再维护宗法关系，而是经常"楚材晋用"，③ 在政治上，多采取改革的态度。如齐国的管仲、陈（田）氏，晋国的六卿。晋国形成这种世卿的原因，一方面是由于废除了旧式公族制度，使旧式的世卿已不可形成，这样，形成的就只能是非旧式公族的新的世卿。而另一方面，是因为文公以后，国内政治局面长期比较稳定，因而能产生一些比较稳定的卿大夫家族。再加上文公的大分封造成了卿大夫经济政治力量的壮大，而公室力量相对衰弱，无力量任意剥夺这些卿大夫的经济政治权力。因此，随着卿大夫势力的发展，就必然形成新的世卿。后来世卿又制度化，于是就形成了新的世卿制度。所以，晋国新的世卿制度的形成，从根本来说，也是文公大分封的必然产物。

晋国的世卿，从文公时代已经开始出现。根据《礼记·王制》的记载："天子三公九卿"，"大国三卿，皆命于天子"，"次国三卿，二卿命于天子，一卿命于诸侯"，"小国二卿，皆命于其君"。但是，文公上台以后，为了争霸的需要，设卿日多。被庐之搜，作三军，设六卿；清原之搜，作五军，设十卿，超过了天子设卿的数量。凡军之将佐，皆列为卿。除此之外，贵族立了大功，虽非将佐，亦可特立为卿。如：《左传》僖公三十三年，郤缺破白狄，立了大功，所以襄公"以一命命郤缺为卿，复

---

① 《左传》昭公七年。
② 《左传》昭公十一年。
③ 《左传》襄公二十六年："虽楚有材，晋实用之。"

与之冀，亦未有军行"。这种立有功勋的大贵族，其职位已经可以传诸子孙。所谓"狐赵之勋，不可废也"[①] 就是证明。因此，这时世卿已经开始出现。例如：先轸将中军，先轸死，子先且居将上军，这就是父子世为卿。赵衰和赵盾，也是父子世为卿。不过，世卿的出现，这时还不是一种规律，国君权力还较大，卿的变动也还很大。因而，文、襄两代，未能形成实际的世卿制度。但是，由文公的大分封造成的贵族土地所有制的迅速发展，却日益增强着卿大夫的经济政治实力。于是，到灵公时期，由于国君幼弱，终于造成了赵盾专权的局面。及灵公被杀之后，上台的成公看到卿大夫这种咄咄逼人的架势，为了笼络卿大夫，消除卿大夫与公室的对立，进一步出让权力，即以卿之子弟为公族，企图使卿大夫与公室的利益结合在一起，起到消灭内乱的作用。但这样一来，也就标志着晋国新的世卿制度形成了。《左传》宣公二年记载了这一重大事件：

> 初，丽姬之乱，诅无畜群公子，自是晋无公族。及成公即位，乃宣卿之适而为之田，以为公族。又宣其馀子，亦为馀子，其庶子为公行。晋于是有公族、馀子、公行。

这里的公族、馀子、公行都是官名。公族，就是"公族大夫"之省称，是掌管教育公族成员和公族事务的官。馀子是掌管国君用车的官。而公行则是掌管国君卫队的官。其中，馀子之职又称公路。如《诗·卫风·汾沮洳》载：

> 彼汾沮洳，言采其莫。彼其之子，美无度；美无度，殊异乎

---

① 《左传》成公八年。

公路。

　　彼汾一方，言采其桑。彼其之子，美如英；美如英，殊异乎
公行。

　　彼汾一曲，言采其藚。彼其之子，美如玉；美如玉，殊异乎
公族。

这里所说的公路、公行、公族，就是宣公二年所说的馀子、公行、公族。因此，馀子也叫公路。献公以前，这三种职务都由公族成员充当，管理的成员，都是公族子弟，他们享有世袭为卿大夫、充当内官和公室近卫武装的权利。所以，公族大夫、馀子、公行原本是公族成员的特权。现在，这三种职务都由卿之子弟充当，说明卿的特权的上升，卿之子弟从此取得了和公子一样的待遇。尤其"宦卿之适而为之田，以为公族"，使卿之适子取得了世袭为卿大夫和占有土地的权力。于是，就使正在形成中的新的世卿制度合法化了。因而，从这时起，晋国的新的世卿制度正式形成了。

晋国新的世卿制度的确立，是晋国贵族土地所有制的又一重大变化。它标志着卿大夫，尤其是地位最高的卿可以世袭占有土地，从而使他们的禄田、加田、代管的公室土地成了他们合法占有的世袭领地。这样，就为以后贵族垄断大土地所有制的形成和卿大夫专权的局面奠定了基础。这种局势的形成，是这个时期私门经济力量的进一步上升和公室力量衰退的必然结果。而造成私门经济权力上升的原因，又是晋文公的大分封。所以，晋文公的大分封，是晋国形成新的世卿制度的根源。

三　采邑制的衰亡和县制的确立

采邑制的衰亡和县制的确立，是晋国中期土地制度的另一重大变革。晋国早期实行采邑制，这是以公社为基础的、实行宗法分封制的贵族占

有土地的制度。周人克商，实行"国""野"分治。这时，普遍存在着"国""野"和"都""鄙"的对立，这种对立是建立在以公社为基本经济细胞、以两类不同性质的公社为基础的社会结构上的。其中，"都""鄙"就是采邑制下的两类不同性质公社的对立。在这种社会结构中，井田制和公社制牢固存在，对劳动者还是实行劳役剥削。因此，奴隶主贵族要得到剥削收入，就必须同时占有土地和劳动者。所以，裂土分封就成为当时一种必然的需要。而周人在征服商人之初，还保留着很强的部落血缘关系，为了统治广大被征服人口，保卫周人利益，拱卫王室和公室，又只好采用分封宗亲贵族的方式。采邑制正是这种公社制度和裂土分封宗亲贵族的产物。

采邑是贵族的封地。采邑内有卿大夫的都邑，是卿大夫及其族人居住的地方和宗庙所在地，所谓"邑有宗庙先君之主曰都，无曰邑"，[①] 即此谓也。都邑外的鄙野地区，分布着卿大夫占有的若干被奴役的公社。卿大夫占有采邑内的所有公田，驱使被奴役的公社社员为其耕种公田。《周礼》中所载都鄙的"九夫为井"制度，正是这种剥削情况的反映。采邑内实行独立的行政管理，管理采邑的属吏为卿大夫的家臣，他们只隶属于采邑主，而"不敢知国"。[②] "家臣而欲张公室"，[③] 当时是有罪的。采邑实行独立的防务，有自己的"私乘"和武装。例如，《左传》襄公十年，郑国内乱，子产即以其家之武装"兵车十七乘""攻盗于北宫"。采邑世代相传。《尚书大传》云："古者诸侯始受封，必有采地：百里诸侯以三十里，七十里诸侯以二十里，五十里诸侯以十五里。其后子孙虽有罪黜，其采地不黜，使其子孙之贤者守之，世世以祠其始受封之人。"[④]《礼记·礼运》亦云："天子有田以处其子孙，诸侯有国以处其子孙，大

---

① 《左传》庄公二十八年。
② 《左传》昭公二十五年。
③ 《左传》昭公十四年。
④ 引自吕思勉《先秦史》，上海古籍出版社，1982。

夫有采以处其子孙。"所以，采邑是一个独立的经济、政治、军事单位，相当于一个小国，采邑主即其封君。例如：晋献公时，封大子申生于曲沃，重耳于薄，夷吾于二屈，《左传》僖公五年士蒍即赋曰："狐裘龙茸，一国三公，吾谁适从。"此"三公"即指申生、重耳、夷吾。证明采邑主就相当于一个国君。采邑主是以君主的身份，君临其采邑内的臣民。所谓"三世事家，君之，再世以下，主之"，即是证明。采邑与国家之间的关系，主要通过卿大夫对国君承担的义务体现出来。

采邑具有独立性和闭塞性的特点。因为这时的公社是自给自足的封闭性的社会经济细胞，所以，由若干这种公社组成的采邑，也就必然带有封闭性的特点，与外界缺乏必要的经济联系。

采邑是奴隶制性质。占有采邑的卿大夫与国君之间，从血缘上讲，是小宗与宗主之间的关系。从隶属上讲，是奴隶主贵族与共主之间的关系，而不是后世封建专制君主与臣仆之间的关系。在这种关系下，采邑与国家之间，是一种松散的从属结构，很容易闹独立和分裂。所以，在采邑制下，必须保证"本大于末"，即公室力量强于卿大夫才行，否则采邑就会分裂出去或成为内乱的根源。

采邑制在西周时代，起到了重要的积极的作用。即通过采邑制，有效地统治了广大被征服人口，使周人的统治及于广袤之地，并起到了发展奴隶制经济、拱卫王室和公室的作用。但是，到了春秋时代，采邑制就逐渐成了社会发展的障碍。一方面，经过西周二百多年的发展，周人的统治已经巩固，奴隶制也得到了极大的发展，采邑制已完成了它应有的作用。另一方面，春秋时期，社会生产力迅速发展，井田制和公社制逐渐走向瓦解，使采邑制存在的社会基础逐渐丧失。而社会经济的发展，又加速了社会分工和各地之间的经济联系，独立的手工业者和商人的出现就是证明。于是，就日益要求打破阻碍经济发展的各种封闭的社会壁垒。采邑制度已和这种社会发展的要求相违背。因此，采邑制就开始走向衰落，而新型的社会组织结构——县制则代之而起。

县制取代采邑制，是我国封建制取代奴隶制的重大社会变革。春秋时代，由于社会经济的发展，那种互相隔绝的"小国寡民"的时代已结束。诸侯国这时纷纷突破了"地方百里"的限制，消灭和兼并了大量的部落方国，由小国林立的时代走向了大国争霸的时代。这一发展是符合社会要求的。而采邑制却违背了这一要求。从经济上来说，采邑封闭隔绝，不利于各地经济的联系和发展。从政治上来说，采邑制的迅速发展，已成了分裂动乱的根源，尤其公族贵族占据采邑，经常发动弑君夺位的斗争，更是成了祸乱的源头。例如：《左传》昭公十一年，楚申无宇讲："郑京、栎实杀曼伯，宋萧、亳实杀子游，齐渠丘实杀无知，卫蒲、戚实出献公"，就是这种情况的反映。而晋国则发生了曲沃与翼之间长达六十七年的斗争，更是深刻的教训。从军事上来说，春秋时期，各大国都在迅速扩张，国土数倍或数十倍地扩大。因而，镇守边鄙、治理新开辟地区，成了亟待解决的问题。所谓"宗邑无主，则民不威，疆场无主，则启戎心"，[1] 反映了这种急迫的要求。而采邑制是不能为国家出军赋、镇守边境的。例如，《左传》成公七年讲：楚"子重请取于申、吕以为赏田，王许之。申公巫臣曰：'不可，此申、吕所以邑也，是以为赋，以御北方。若取之，是无申、吕也，晋、郑必至于汉'"。申、吕为楚国北方门户，楚国在此设县，子重请改为赏田（即改为采邑），巫臣指出，若为赏田，就不能出军赋以御北方。说明采邑制是不能为国家出军赋的。正是在这种情况下，各大国开始设县，逐渐用以取代采邑制。

晋国从献公起，废除了分封公族占有采邑的制度，并开始设县。《左传》闵公元年：晋"灭耿、灭霍、灭魏，……赐赵夙耿，赐毕万魏，以为大夫"。这里虽未明言设县，但实际相当于县。以后又逐渐在秦晋争夺的黄

---

[1] 《国语·晋语一》。

河天险地区、① 南阳地区（温、原）、② 与戎狄交界的地区（箕、郜、瓜衍等），③ 相继设县。晋国虽不算设县最早的国家，④ 但其县制发展最快，影响最深。晋国县制的设立和发展，不但是这个时期土地制度变革的产物，同时又给予土地制度以极大的影响。

首先，晋国的县，从设立之初起，已经不同于旧式的采邑，引起了奴役关系和卿大夫地位的部分变化。初设的县，目的主要是出军赋。西周时代，诸侯国都很小，"列国一同"也不过方百里。这种狭小的范围，基本靠国都的自由民建立的武装来保卫，不需另设武装力量。而春秋时期，迅速扩张的各大国，领土已数十倍于前。这就引起了兵源的不足和财政的困难，且国都离边境日远，鞭长莫及；传统的采邑又不能为国家出军赋（虽然采邑主"有赋于军"，即战时须带私人武装从军作战，但这种武装不属国君直接所管，不属为国家出军赋），所以，必须设县为国家出军赋，组织地方武装来解决这一问题。县始设于新征服区和交战地区，起着军事重镇的作用。这点杨宽、冉光荣都予以指出。⑤ 晋国所设之县，一般是每县出百乘兵车之赋。《左传》昭公五年所云"因其十家九县，长毂九百"可证。所谓百乘之赋，就是出百乘之军事装备与军事人员。据

---

① 《国语·晋语二》：夷吾谓秦使者曰："君实有郡县。"一般认为，这是沿黄河秦晋争夺的天险地区，晋曾设有县。

② 《左传》僖公二十五年：晋文公使"赵衰为原大夫，狐溱为温大夫"。晋之县宰称大夫，故此为设县。

③ 《国语·晋语四》：晋文公使箕郑"为箕"，韦昭注："以为箕大夫。"《左传》成公十三年又云："入我河县，焚我箕、郜。""河县"与"箕、郜"对文，证明箕、郜都应为县。《左传》宣公十五年："亦赏士伯以瓜衍之县。"

④ 晋设县在公元前661年，即《左传》闵公元年。此前楚、秦已设县。《左传》庄公十八年载："初，楚武克权，使斗缗尹之。"楚武王于公元前740～689年在位，故楚在公元前689年前已设县。秦初设县在公元前688年，即秦武公十年。《史记·秦本纪》载武公十年"伐邽、冀戎，初县之"。

⑤ 杨宽在《春秋时代楚国县制的性质问题》中指出：当时的楚县都设在边境的交战地区，起着边境重镇的作用。见《中国史研究》1981年第4期。冉光荣在《春秋战国时期郡县制的发生与发展》中也指出"县初多置于新征服地区"，目的是"建县以巩固国防"。见《四川大学学报》1963年第1期。

《司马法》记载，当时每乘为三十人组成的一个作战单位，百乘即三千人的一支军队。但在以车战为主的战争中，军队的主力不是奴隶，而是自由民。所以，这种设县出军赋的制度，就带来了奴役关系的变化。即当时对于被征服的居民，不再采取传统的办法，比如，像《左传》定公四年所载周初封建的情况，将被征服的自由民及其所属奴隶一律变为征服者的奴隶，[①] 而是基本保持了设县地区居民的身份不变，自由民仍为自由民，奴隶仍为奴隶。设县只是简单地改变其原有的政权机构，然后利用被征服自由民出军赋。所以，设县从一开始就带来了奴役关系的变化。之所以能够这样做，是因为当时各大国征服的对象，除了蛮夷戎狄之外，已在大量吞并华夏小国。例如，晋所灭之耿、霍、魏，不但是华夏小国，而且是姬姓小国；温、原两县，本是周之南阳都邑；瓜衍之县，虽设于戎狄地区，但居民都是被征服的虞、虢之移民。[②] 所以，这些被征服的国家和地区，与征服国的经济处于同一发展阶段，政治制度相同，故可以不再采取传统的奴役方式。例如：《左传》僖公二十五年，文公围阳樊，阳人"苍葛呼曰：'德以柔中国，刑以威四夷，宜吾不敢服也。此谁非王之亲姻，其俘之也？'乃出其民。"这说明，南阳地区的自由民乃"王之亲姻"，俘获都是不应该的，何况加以奴役呢？因此，对于被征服的华夏小国或都邑的自由民，可以以德柔服，不再降为奴隶。但对落后地区的居民，即被征服的"四夷"之民，则仍是"威之以刑"，全体变为奴隶。如宣公十五年："晋侯赏桓子以狄臣千室，亦赏士伯以瓜衍之县"，就是证明。所谓"狄臣千室"，即全部降为奴隶。而"瓜衍之县"，则是采用设县这种新的剥削和统治方式。

① 《左传》定公四年："分鲁公以……殷民六族，条氏、徐氏、萧氏、索氏、长勺氏、尾勺氏，使帅其宗氏，辑其分族，将其类丑，以法则周公。用即命于周，是使之职事于鲁，以昭周公之明德。"这里的"宗氏"即六族之大宗，"分族"即小宗，这都是自由民。"类丑"即六族之奴隶，"职事于鲁"即全体变为鲁国的奴隶。

② 见冉光荣《春秋战国时期郡县制的产生与发展》，《四川大学学报》1963 年第 1 期，第 26 页。

　　由于设县引起了奴役关系的变化，因而，同时也就引起了贵族身份的变化。在采邑制下，占有采邑的贵族是采邑内的全权主人，国家对采邑内的事务没有干预权力。而县制则不同，县必须为国家出军赋，于是，出军赋的劳动者，县大夫已不能占有其人身。这样，县大夫的身份已和旧式的采邑主有所区别，开始发生了部分的变化，与国家的关系也相对紧密了。

　　由上可知，县是由于采邑制不适应社会发展需要而逐渐出现的一种新的制度。从设县时起，县与采邑相比，已有区别，开始发生了部分的变化。但是，也必须指出，这种早期的县，和采邑制还有着紧密的联系。这正像杨宽先生所指出的，这种"县制是与分封制并行的，都是属于奴隶制性质"。[①] 因为，当时的县虽不再奴役被征服的自由民，但原来的奴隶身份仍未变，所以，县仍是奴隶制性质。而且，初期的县，公社制度还存在，因此，县中的自由民与奴隶的对立，仍同于采邑制下"都""鄙"的对立。这时的县，虽然必须为国家出军赋，但独立性仍很大。有的县还形同采邑，是作为赏赐臣下的一个单位。比如：《左传》僖公三十三年："以再命命先茅之县赏胥臣"，宣公十五年："亦赏士伯以瓜衍之县"，可证。有的地方虽设县，但还明显看得出采邑的特点。比如，南阳地区的温、原，从文公起就设县。但是，这两县又常和食邑混称。如其中温数易其主，时称县，时又称邑。再如，前述楚之申、吕二县，申公巫臣却说："此申、吕所以邑也，是以为赋"，也是县邑混称。说明当时的县制与采邑制在组织结构上还有着相当大的联系。在这种情况下，县大夫虽然不再能奴役被征服的自由民，但其对县的支配权力仍很大。他们一般仍食有一县之"税"，如所赏之县，就是如此。因此，县中的奴隶仍隶属于县大夫。并且，早期的县，管辖的范围一般都比较大，设置较

　　[①]　杨宽：《春秋时代楚国县制的性质问题》，《中国史研究》1981年第4期。

少，所以，县大夫都由有影响、有地位的大贵族担任，或由其代管。比如，赵衰、狐溱分别为温、原大夫，胥臣领有先茅之县，士伯领有瓜衍之县，他们地位都很高，像赵、狐、胥都列于卿位。这种大贵族，都是占有采邑的贵族。因而，这时的县大夫还是半采邑主性质的奴隶主贵族。所以，这种县制还是处于过渡状态之中，其性质仍是奴隶制。这种性质的县，只能与采邑制共存，还不能排挤采邑制度。

但是，到了春秋后期，县的性质就发生了根本性变化，从奴隶制性质转变成了封建性质。造成这一变化的根本原因是春秋时代生产力的发展和土地制度的变革。晋国从"作爰田"之后，小生产开始兴起。野中的劳动者在小生产兴起后，逐渐由"助耕公田"的"九夫为井"制向"十夫为井"制过渡。《周礼·遂人》中的"十夫有沟"和鲁国"初税亩"所反映的情况，应是"十夫为井"制确立的标志。"十夫为井"制不过是一种过渡状态，很快就随着个体生产的发展而走向解体，向编户制过渡。在这种情况下，公社只是在形式上还残留着它的外壳（这点将在第三部分论述）。于是，当时就迫切要求有新的管理编户齐民的地方行政组织出现。县制正是适应这一需要而发生了性质上的变化。但是杨宽先生在《春秋时代楚国县制的性质问题》一文中却认为："春秋时代的楚县以及其他国家的县，都是和战国、秦汉以后的县性质不同的。县制性质的发生变革，当在春秋战国之际。整个春秋时代县制和分封制是并行的，都是属于奴隶制性质。"这一结论，从整体来说是正确的。但对于晋国来说，却似乎太保守了些。晋县制性质上的变化，是发生在春秋后期，而不是战国时代。其标志就是，春秋后期，晋已普及了县制。例如，《左传》昭公五年楚薳启疆答楚王问中，谈到晋国这时已有"十家九县""其余四十县"，说明晋国这时已设有四十九县。而昭公二十八年又载：晋灭祁氏、羊舌氏，"分祁氏之田以为七县，分羊舌氏之田以为三县"，是晋国这时设县又有增加。这时，除一部分县还设在边鄙地区外，大部分县已设在内地。内地设县，除边界外延导致县的治所自然内移外，像分祁氏、羊舌氏之田为十县，则是有意地将县制推广到内地。县制由边境向内地推广，证明其职能已经发生了重大变化，即从军事重镇的性质，向地方行政单位转化。这种变化之所以能够发生，是因为经过春秋中期一百多年的发展，劳动者基本都成了占有小块土地的个体生产者，成了依附于国家或形同国君的大贵族的小农，从而就使县制向管理编户齐民的行政单位转化。据《国语·晋语九》载："赵简子使尹铎为晋阳。请曰：'以为茧丝乎？抑为保障乎？'简子曰：'保障哉！'尹铎损其户数。"说明赵简子时，晋国早已实行编户制了。所以，县制的推广到内地，证明其职能已经变成了管理编户齐民的地方行政单位。同时，在县制推行过程中，县大夫也逐渐从食邑的贵族转变成了领取俸禄的官吏。如前所述，晋国县大夫的身份，从设县之初，已开始发生变化。而且，由于早期的县都设于边鄙地区，负有镇守边疆、开发边鄙的作用，这就使统治者对于县大夫的人选由重世系转为重能力。所谓"异姓之能，掌其远官"，就是这种要求的反映。这样，就使县大夫的选择对象社会地位逐渐下降。而"实掌近官"的卿大夫的势力恰恰日益上升，他们为了控制政权，壮大自己的力量，打着荐贤举能的旗号，相继把自己控制或隶属于自己的人推选为县大夫。尤其在这些卿大夫直接控制的范围内，则直接由卿大夫选择县大夫的人选。于是，随着县的不断增设，尤其当县由边境向内地推广以后，就引起了县大夫身份向食禄官吏的转变。晋国后期的县大夫，已经不再由大贵族担任，而是由卿之余子、属大夫、家臣、士阶层的人担任。例如，《左传》襄公三十年，晋悼夫人食舆人之城杞者，绛县有老人往食，"赵孟问其县大夫，则其属也"。绛县设在国都，其地位很重要，而其县大夫则为赵孟之属吏，说明县大夫的身份已很低。再比如：昭公二十八年，分祁氏、羊舌氏之田为十县，所任命的十个县大夫，四人为余子，六人由举贤上任，都是地位很低的贵族。所举六人中，除两人为勤王室有功外，其余四人很可能是从士阶层上升的。而卿大夫直接控制的地方，尤其明显，如昭公五年所载："韩赋七邑，皆成县也"，这是韩氏控制的地方改为县制，但七县大夫都是韩氏余子、庶子和族人。而有的县大夫则是卿大夫家臣。如"尹铎为晋阳"，即是这种情况。这时，随着卿大夫的专国命，家臣地位已很高，他们已经可以出任重要官吏了。家臣、士、属大夫之类，对卿大夫都有很强的依附性，一般没有自己独立的经济地位。在前期，他们虽也有食一部分田的现象，比如，《左传》成公十七年载："施氏之宰有百室之邑"，但非常有限。到后期，则不再食邑和田，而是领取俸禄了。比如：孔子不少弟子为家臣或出任低级官吏，他们领取报酬的形式就是"谷"。如《论语·雍也》云："原思为之宰，与之粟九百。"《论语·泰伯》："三年学，不至于谷，不易得也。"《论语·宪问》："邦有道，谷，邦无道，谷，耻也。"在这种情况下，由低级贵族和家臣充任的县大夫，对于授县予他们的国君或卿大夫，就纯粹成了从事管理的官吏。这种官吏随着奴隶的解放，劳动者都成了依附于国家或形同国君的大贵族的小农，而逐渐走向制度化。从此，县大夫对县中的土地和人民都无占有权力了。所以，随着县制向管理编户齐民的地方行政单位转化，县大夫成了食禄的官吏，就标志着县制的性质发生了变化，由奴隶制性质转变成了封建性质。而这一变化，在晋国是发生在春秋后期，所以说晋国在春秋后期，县制已经发生了性质上的变化，标志着晋国的县制已基本确立。

随着县制的确立，就排挤了采邑制。已经设县的地方，再也不能回到采邑的道路上去了。摆脱了奴隶身份的劳动者，逐渐成了县制下的编户齐民。而原来的采邑，由于劳动者身份的变化，也不得不向县制转化。像"韩赋七邑，皆成县也"，就带有这种性质。韩赋七邑，虽是代管的公室土地，但公室已无能力收回，形同采邑。但是，韩氏在这里不再保留采邑制度，而是推行县制，说明采邑制已经过时了，县制取代采邑制，已是一种必然的结果。关于这点，这里有一个生动的例子，可以清楚地看到采邑制当时的命运了。《左传》昭公二十八年载："梗阳人有狱，魏戊不能断，以狱上。其大宗赂以女乐，魏子将受之。魏戊谓阎没、女宽曰：'主以不贿闻于诸侯，若受梗阳人，贿莫甚焉。吾子必谏！'皆许诺。退朝，待于庭。馈入，召之。比置，三叹。既食，使坐。魏子曰：'吾闻诸伯叔，谚曰："唯食忘忧。"吾子置食之间三叹，何也？'同辞而对曰：'或赐二小人酒，不夕食。馈之始至，恐其不足，是以叹。中置，自咎曰："岂将军食之而有不足？"是以再叹。及馈之毕，愿以小人之腹为君子之心，属厌而已。'献子辞梗阳人。"这个例子反映，魏戊为梗阳大夫，其治下有人出来打官司，魏戊管不了，上交给魏献子，说明此人地位很高。又言讼者之"大宗"，"大宗""小宗"之关系，止于大夫一级，大夫以下，无大、小宗的区分，说明打官司的人地位不下于大夫。但大夫本是有采邑的，不受县的辖制。而这里，这个人却成了魏戊下的编户，这深刻说明，大夫以上的人，也已经没有采邑了。所以，县制的确立，就最终排挤了采邑制。这时，不但县大夫，而且其他贵族，也逐渐在向食禄的封建官吏转化。比如，孔子本人是大夫，但《史记·孔子世家》则云："卫灵公问孔子：'居鲁得禄几何？'对曰：'俸粟六万。'卫人亦致粟六万。"即是证明。而随着县制对采邑制的排挤，就逐渐为封建专制主义中央集权制的形成开辟了道路。童书业先生在论及《春秋后期各国政权之变化》时指出："大夫之'小宗''宗人'甚至'庶人'中接近贵族者势力亦渐发展，遂由家臣而变为官僚，大夫则渐化为集体之君主，战国时代新兴政权之雏形已肇基于春秋之末。"[1] 这是晋国春秋后期县制确立，采邑制走向灭亡必然产生的情况。

---

① 童书业：《春秋左传研究》，上海人民出版社，1980，第95页。

四 贵族土地所有制的急剧发展与晋公室的衰弱

晋国的贵族土地所有制是分封制的产物。进入中期以后，这个总的特点不变。但随着发展，也逐渐出现了一些新的动向和变化，即这时的贵族土地摆脱了单一的来源，而逐渐走向多样化。这种变化主要体现在以下三个方面。

第一是兼并。土地兼并是春秋时代（即中期以后）贵族土地所有制发展中出现的重要特征，并且越往后越激烈。这时土地兼并主要有两种形式：一种是争田、夺田的形式，另一种是兼室、纳室、分室的形式。

争田、夺田，最早是由田界争端引起，逐渐发展成兼并性质。春秋时代，凡夺田都属兼并，争田也大部分带有兼并性质。从记载看，当时争田、夺田的斗争，以晋国发生得最多。现分述如下。

晋国最早的争田、夺田事件见于《左传》文公八年、文公九年：

夷之蒐，晋侯将登箕郑父、先都，而使士縠、梁益耳将中军。先克曰："狐、赵之勋，不可废也。"从之，先克夺蒯得田于堇阴。故箕郑父、先都、士縠、梁益耳、蒯得作乱。

九年春王正月己酉，使贼杀先克。乙丑，晋人杀先都、梁益耳。

三月甲戌，晋人杀箕郑父、士縠、蒯得。

这次事件，晋丧四卿二大夫，而先克夺蒯得田，是夷之蒐的乱源之一，说明这场斗争具有兼并与反兼并的性质。成公十一年，亦载争田一事：

晋郤至与周争鄇田，王命刘康公、单襄公讼诸晋。郤至曰："温，吾故也，故不敢失。"刘子、单子曰："昔周克商，使诸侯抚封，苏忿生以温为司寇，与檀伯达封于河，苏氏即狄，又不能于狄而奔卫。襄王劳文公而赐之温,狐氏、阳氏先处之,而后及子。若治其故,则王官之邑也,子安得之?"晋侯使郤至勿敢争。

郄是温的别邑。刘子、单子打着天子的旗号,利用"王官之邑"的诡辩手法,不承认郤氏对郄邑的所有权而夺取了郄邑,实际也是一种土地兼并。成公十七年,厉公杀三郤之乱,同时记载了争田、夺田事各一件:

> 郤锜夺夷阳五田,……郤犨与长鱼矫争田,执而梏之,与其父母妻子同一辕。

这两件事均属兼并性质。昭公三年亦有争州田之事:

> 初,州县,栾豹之邑也。及栾氏亡,范宣子、赵文子、韩宣子皆欲之。文之曰。"温,吾县也。"二宣子曰:"自郤称以别,三传矣。晋之别县不唯州,谁获治之?"文子病之,乃舍之。二宣子曰:"吾不可以正议而自与也。"皆舍之。

州县是温之别县,原属栾氏。栾氏灭族,三子皆争。这是大至一县的土地所有权,自非疆界之争可明。虽然没酿成互相争夺,但具有兼并倾向。昭公九年又载争阎田事:

> 周甘人与晋阎嘉争阎田。晋梁丙、张趯率阴戎伐颍。王使詹伯辞于晋。

结果晋侯只好又"致阎田"于周。这一斗争仍属兼并。阎田是晋阎县之地，周人争闫田引起晋人率阴戎伐颍。但周人仍用的是老办法，打着天子的招牌，使晋侯不得不又把闫田给周人。另外，晋邢侯与雍子争田的斗争，造成了三大夫杀身的结局。昭公十四年载其事：

> 晋邢侯与雍子争鄐田，久而无成。士景伯如楚，韩宣子命断旧狱，罪在雍子。雍子纳其女于叔鱼，叔鱼蔽罪邢侯。邢侯怒，杀叔鱼与雍子于朝。宣子问其罪于叔向。叔向曰："三人同罪，施生戮死可也。雍子自知其罪，而赂以买直；鲋也鬻狱；邢侯专杀，其罪一也。……"乃施邢侯，尸雍子与叔鱼于市。

对于这次争田的性质，杨伯峻注曰：

> 马宗琏《补注》云："襄二十六年传，'雍子奔晋，晋人与之鄐。'《说文》：'鄐，晋邢侯邑。'是雍子、邢侯共有鄐田，故二人争其田界。下文又言'罪在雍子'，是邢侯兼有鄐田之证。"

证明这起争田事件，基本是由于旧有田界引起。同样性质的事件还见于《国语·晋语八》："范宣子与和大夫争田，久而无成。宣子欲攻之。"最后经过众大夫、家老訾祐的斡旋，才得到解决。

以上，就是史书记载的晋国春秋时代的争田、夺田的情况。这种争田、夺田的现象，在晋国最突出，说明春秋时代晋国的土地兼并是很普遍的。

除了争田、夺田的斗争，春秋时代还有大量的兼室、纳室、分室的斗争。这是一些贵族消灭另一部分贵族，吞并、瓜分其土地财产的一种兼并形式。关于"室"的概念，有很多种意思。有的指妻子，有的指财宝，有的指房子，有的指家庭单位，但多数情况下，是指包括土地在内的所有贵族家庭的财产，即包括土地、人民、财宝、妻子。其中，土地是"室"的最主要内容。而所谓兼室、纳室、分室的"室"，大多是指这种包括土地在内的"室"。因此，兼室、纳室、分室，基本都是土地兼并的性质。比如：《左传》昭公十年，齐国贵族陈桓子、鲍氏与栾氏、高氏斗争，"战于稷，栾、高败，又败诸庄。国人追之，又败诸鹿门。栾施、高彊来奔。陈、鲍分其室。""桓子召子山（齐被逐公子），私具幄幕、器用、从者之衣屦（杜注：私县，不告公）而反棘焉。子商亦如之，而反其邑。子周亦如之，而与之夫于。反子城、子公、公孙捷，而皆益其禄。凡公子、公孙之无禄者，私分之邑。"这里分给群公子的田、邑，都是栾、高之"室"中的一部分，说明这里的"室"，主要是土地。春秋时代，这种兼室、纳室、分室的斗争很多，见于记载的就多达几十处，说明这个时期土地兼并之频繁。但遗憾的是，从文献记载看，这种兼室、纳室、分室的情况，主要发生在齐、楚、宋、鲁等国，而晋国则未见记载。但不见于记载，并不等于没有这种兼并的事实。这种兼并现象，随着侯马盟书的发现，得到了证实。据侯马盟书反映，其中纳室类可识读的有五十八篇，内容是，凡参加盟誓的各贵族，都不准"纳室"，即不能将别人的财产据为己有。这一情况，正好从反面说明"纳室"的情况非常普遍，所以才要以盟诅的形式，反对这种"纳室"兼并现象的发生。这说明，晋国兼室、纳室、分室等兼并土地财产的斗争，也是非常激烈的。正是由于大贵族通过争田、夺田、兼室、纳室、分室的斗争，吞并了大量中小贵族的土地，最后才造成全国的土地集中在少数大贵族手中。

除了大贵族以兼室、纳室、分室的手段兼并大量中小贵族的土地外，晋国大贵族之间，还以变相的形式展开兼并。这种兼并不是发生在某一两个大贵族之间的兼并，而是当时晋国最大的几家大贵族联合起来，消灭其中的一两家大贵族，如灭郤氏，灭栾氏，灭祁氏、羊舌氏，以及后来的灭范、中行氏，灭智氏，都是这种形式。在这种兼并形式下，对于这些被消灭的大贵族的土地，在国君还有支配权力时，由国君以赏赐的形式进行分配。在国君大权旁落时，则由执政的卿大夫协调分配。其分配的结果，利益又主要落入这些最大的贵族手中。例如：灭祁氏、羊舌氏的斗争，分其土地为十县，其中四个县大夫为卿之余子，六个县大夫来自举贤，自然，其利益应为举荐之贵族所得。所以，晋国这种大贵族之间的联合兼并形式，不过是兼室、纳室、分室斗争的变相形式，只是其规模更大、斗争更激烈而已。所以，晋国虽然从文献上看不到兼室、纳室、分室的兼并形式，但实际上，这种兼并形式不但存在，而且斗争更激烈，规模更大。

第二是土地对换。春秋时代，土地对换也是一种较为普遍的现象，但晋国见于记载的仅一例。《左传》昭公三年载：

> 夏四月，郑伯如晋，公孙段相，甚敬而卑，礼无违者。晋侯嘉焉，授之以策，曰："子丰有劳于晋国，余闻而弗忘。赐女州田，以胙乃旧勋。"伯石再拜稽首，受策以出。

> 初，州县，栾豹之邑也。及栾氏亡，范宣子、赵文子、宣子皆欲之。文子曰："温，吾县也。"二宣子曰："自郐称以别，三传矣。晋之别县不唯州，谁获治之？"文子病之，乃舍之。二子曰："吾不可以正议而自与也。"皆舍之。

> 丰氏故主韩氏，伯石之获州也，韩宣子为之请之，为其复取之之故。

以上为晋侯赐州田与丰氏（公孙段）的经过。州县为栾豹邑，栾氏亡，范、赵、韩三子争州田，后皆舍。公孙段馆于韩氏（为韩氏友），韩宣子为了以后得到州县，所以为公孙段请州田。故晋侯赐田于公孙段。

公孙段死，"子产为丰施归州田于韩宣子（杜注：丰施，郑公孙段之子），……宣子受之，以告晋侯。晋侯以与宣子。宣子为初言，病有之，以易原县于乐大心。"①

这就是州县辗转落到了韩宣子手中的经过。由于韩宣子初言反对取州，现得田，怕引起纠纷，故拿州县对换乐大心的原县。这是见于记载的大至一县的土地对换。关于乐大心，杨伯峻注："乐大心，宋大夫。宣十五年传有乐婴齐，程公说《春秋分纪世谱》谓大心为婴齐四世孙。此盖以州田与乐大心换取原县。原本晋邑，不知何时属乐氏。"可知乐大心为宋人，而原县则是晋邑，先后封于赵氏、先轸。原县后属宋，可能也是经过对换得到。从这一例可见，晋国当时贵族之间已有土地对换的存在，甚至一县的土地对换，说明贵族所能自由支配的私有土地已很多了。这种土地对换虽不代表贵族土地的增加，但说明土地私有化的程度加深，从而也逐渐为土地可以通过买卖获得开辟了道路。

第三是吞并代管的公室土地，晋国自文公以后，公室的土地，一部分分封赏赐给臣下，一部分则交给卿大夫代管。卿大夫代管的这部分土地，所有权归公室，代管的贵族要按规定定期向公室贡纳赋税。这就是文公以后"公食贡"的原因。对于代管的土地，国君开始还能够收回，改赐他人。例如原县，开始是"赵衰为原大夫"，后改赐先轸，后归于赵氏。但时间一久，这部分代管的土地就收不回来了。公室除了按规定享有贡献上来的税收外，已经不能把这部分土地改派别人。例如：《左传》昭公五年所载"韩赋七邑"，就是代管的公室土地。但公室此时已不能收回。再后来，有的贵族干脆把这部分土地上的税收也据为己有。贵族侵

---

① 《左传》昭公七年。

吞了代管的公室土地，于是出现了像"郤昭子，其富半公室，其家半三军"的情况。再如，昭二十八年灭祁氏、羊舌氏，分其田为十县。二氏之田有十县之大，也决非食田和私田所能及，亦必是吞并了大量代管的公室土地所致。所以，从文公把公室土地交给卿大夫代管以后，贵族通过对这部分土地的代管权，逐渐变为占有权，最后完全据为己有而变为所有权。通过这样一个逐渐的演变过程，而把公室土地变相地瓜分了。这种侵吞代管公室土地的方式，就成了春秋中期以后晋国贵族所有土地的另一重要来源。

以上情况，是春秋中期以后，晋国贵族土地所有制发展中出现的新现象。贵族土地所有制的这种新发展，超出了分封的范围，从而使建立在分封制基础上的贵族土地所有制逐渐脱离了常轨，引起了一系列冲突。其中最明显的表现是公室与卿大夫的矛盾斗争。

晋公室与卿大夫的冲突最早发生在灵公时代。文公的大分封暂时造成了文、襄两代公室与贵族之间的和谐关系。但这种和谐关系中，也潜伏着危机，即卿大夫的势力逐渐发展起来。《左传》文公七年记载了这样一件事："酆舒问于贾季曰：'赵衰、赵盾孰贤？'对曰：'赵衰，冬日之日也，赵盾，夏日这日也。'"杜注："冬日可爱，夏日可畏。"由"可爱"发展到"可畏"，乃卿大夫势力发展之必然结果。正是在这种情况下，晋灵公时，公室与卿大夫之间开始发生冲突。《左传》宣公二年载："晋灵公不君，厚敛以彫墙；从台上弹人，而观其辟丸也；宰夫胹熊蹯不熟，杀之，寘诸畚，使妇人载以过朝。"于是赵盾"骤谏"，灵公惧怕赵盾的势力，故两次阴谋杀害赵盾，未遂，结果自身反被杀。灵公被弑，国内毫无反映，足见赵盾势力之大。灵公死，成公立。成公看到卿大夫咄咄逼人之势，于是即位后，进一步出让权力，"宦卿之适而为之田，以为公族"，使正在形成的新的世卿制度合法化。因而，公室和卿大夫的矛盾又缓和下来。

从成公一直到景公之间的二十多年，卿大夫与公室之间，总体还处于和谐状态。不过，这时各级贵族随着经济力量的增长和土地兼并的发展，矛盾日益激化起来。邲之战，晋卿大夫之间不和，故败于楚。而栾、郤因与赵氏有矛盾，诬告赵氏为乱，使赵氏几至灭族。到厉公时，这种矛盾日益发展，三郤害伯宗，及于栾弗忌，故栾氏与郤氏矛盾发生。而郤氏这段时间又迅猛地兼并土地，吞并公室土地，竟至"其富半公室，其家半三军"。卿大夫土地的这种急剧发展，严重地威胁到了公室利益，致使晋厉公"不夺诸大夫田"，已经无田以赏赐左右亲信与宠妇。正是在这种形势下，爆发了晋厉公灭三郤的斗争。

晋厉公企图收回土地所有权，而卿大夫则要保护其土地所有权，这是晋厉公与以三郤为代表的卿大夫冲突的根本原因。鄢陵之战，范文子早已预见到这个矛盾将要爆发。他极力想维护现状，不使公室与卿大夫的斗争公开化。所以，他坚决反对与楚军作战。他说："且唯圣人能无外患又无内忧。讵非圣人，不有外患，必有内忧，盍姑释荆与郑以为外患乎！诸臣之内相与，必将辑睦。今我战又胜荆与郑，吾君将伐智而多力，怠教而重敛，大其私昵而益妇人田，不夺诸大田，则焉取以益此？诸臣之委室而徒退者，将与几人？战若不胜，则晋国之福也；战若胜，乱地之秩者也，其产将害大，盍姑无战乎！"①"战若胜，乱地之秩者也"，韦注："乱地，乱故地也。秩，常也。"也就是说，范文子预见到战胜后，晋厉公将乘势收回土地所有权，这样就必然破坏旧有的土地关系，从而导致公室与卿大夫的公开冲突。《国语·鲁语上》亦载："其君（指厉公）骄而多私，胜敌而归，必立新家。立新家，不因民不能去旧。"故范文子企图以外部压力来缓和内部对土地所有权的斗争，甚至希望晋国吃败仗。但是，鄢陵之战，晋国大胜，"于是乎君伐智而多力，怠教而重

---

① 《国语·晋语六》。

敛，大其私昵，杀三郄而尸诸朝，纳其室以分妇人，于是乎国人不蠲，遂弑诸翼，葬于翼东门之外，以车一乘"。^① 于是，这场以争夺土地所有权为主要目的而爆发的公室与卿大夫之间的斗争，就以公室的失败而告终。从此以后，晋公室就再没有力量和卿大夫较量了。

厉公死，卿大夫迎立悼公。悼公看到这场斗争的恶果，所以，他未入国就要卿大夫盟誓，表示要收回权力。但另一方面，他又不得不对卿大夫让步，不但没有惩罚弑君之卿大夫，反而驱逐了厉公的死党，才平息了公室与卿大夫的这场斗争。

悼公在位时，晋国复霸。复霸的原因，一个是悼公放弃了厉公时企图收回土地所有权的政策，承认了现状，所以缓和了公室和卿大夫之间的矛盾，暂时又出现了"君臣辑睦"的局面。而另一个原因是悼公采纳了魏绛的和戎政策。由于成功地实行了和戎政策，使晋国的后方得以稳固。而且通过礼仪性的交换，晋国从戎狄族手中获得了大量土地，再加上灭三郄得到的土地，从而暂时解决了公室对土地的要求和赏赐臣下的需要。这样，就取得了内部公室与卿大夫之间关系和睦，外部专一与楚争霸的形势。结果造成了"八年之中，九合诸侯，如乐之和，无所不谐"^② 的局面。这就是悼公复霸的原因和结果。

但是，悼公在位时，未能也不可能根本解决公室与卿大夫、卿大夫与卿大夫之间的矛盾。所以，没有多久，这种暂时和谐的局面就遭到了破坏。时隔三年，晋"伐秦，以报栎之役"，^③ 结果由于卿大夫的不和而造成了迁延时日，师出无功，晋人称之为"迁延之役"。^④ 悼公死后没几年，又爆发了灭栾氏的重大斗争。故悼公的霸权，已成强弩之末。平

① 《国语·晋语六》。
② 《左传》襄公十一年。
③ 《左传》襄公十四年。
④ 《左传》襄公十四年。

公继位，这种霸权虽仍维持了几十年，但终平公之世，未能大有作为。而卿大夫的势力则持续不断地发展，其急剧膨胀之势头不可以已，终于造成了"晋公室卑，政在家门"的局面。《左传》襄公二十一年，叔向被栾盈之乱牵连，其母谓"国多大宠"。襄二十六年，叔向与子朱抚剑拂衣争论，平公曰："晋其庶乎，吾臣之所争者大。"师旷曰："公室惧卑。臣不心竞而力争，不务德而争善，私欲已成，能无卑乎？"襄二十九年，吴季札周游各国，适晋，谓叔向曰："吾子勉之！君侈而多良，大夫皆富，政将在家。吾子好直，必思自免于难。"这里正式提出了："大夫皆富，政将在家"，证明贵族土地所有制的急剧膨胀，已造成了末大于本的局面。襄公三十一年，鲁穆叔语孝伯（孟孙）曰："晋君将失政矣，……既而政在大夫，韩子懦弱，大夫多贪，求欲无厌，齐、楚未足与也，鲁其惧哉！""及赵文子卒，晋公室卑，政在侈家。韩宣子为政，不能图诸侯，鲁不堪晋求，谗慝弘多，是以有平丘之会。"这年是晋平公十六年，即公元前542年，是记载"晋公室卑，政在侈家"的确切时间。《左传》昭公三年则记载了晏婴与叔向议论两国公室的有名对话：

> 叔向曰："然，虽吾公室，今亦季世也。戎马不驾，卿无军行，公乘无人，卒列无长。庶民罢敝，而宫室滋侈。道殣相望，而女富溢尤。民闻公命，如逃寇仇。栾、郤、胥、原、狐、续、庆、伯，降在皂隶。政在家门，民无所依。君日不悛，以乐慆忧。公室之卑，其何日之有？谗鼎之铭曰：'昧旦丕显，后世犹怠'，况日不悛，其能久乎？"晏子曰："子将若何？"叔向曰："晋之公族尽矣。肸闻之，公室将卑，其宗族枝叶先落，则公室从之。肸之宗十一族，唯羊舌氏在而已。肸又无子，公室无度，幸而得死，岂其获祀？"

这年是公元前 539 年，即晋平公十九年。这更是记载了晋公室卑弱的各种状况。晋公室除了奢侈无度的腐化生活外，已经无所作为。一派季世风光的晋公室，完全失去了民心。"民闻公命，如逃寇仇"，就是其写照。民逃向何处呢？即逃入了家门。于是，"政在家门"，卿大夫专国命的时代开始了。这种局面，连羊舌氏这样的强家大族也感到担忧。就是在这种忧心忡忡之中，不久晋国的霸权也结束了。从此，晋国的历史进入了一个新的阶段。

纵观晋国中期土地制度的变化，有两个突出的特点。一个是"新"，这些变化都是以前没有过的、新出现的社会现象；一个是"快"，这时的变化已经不是以几千年、几百年为计算单位，而是在数十年中，就有着重大变化。社会变化的节奏加快了，历史的步伐也加快了。一个古老的社会制度即将过去，一个新的社会制度就要来临。即将开始的后期的晋国历史，正是处在这样一个节点上。

第三部分　后期封建土地制度的形成

晋国从平公以后，开始进入它的衰落阶段。平公死，昭公立。六年，昭公卒，顷公立，"君幼弱，六卿强"，[①] 从此政在家门，这个阶段的晋国历史，总的特点是处在一个质的转折点上。奴隶制全面走向崩溃，封建制度则随着中期的萌芽和发展，已经成长壮大，终于随着三家分晋而最后确立起来。下面，就分三个方面，论述这个时期土地制度的质的变化。

一　劳动者身份的变化和封建生产关系的形成

春秋战国之际，是我国从奴隶社会向封建社会过渡的大转变时期。

---

① 《史记·晋世家》。

从我国的具体情况看，这个大转变是在生产力的推动下，彻底破坏公社制度的产物。在公社制度下，劳动者不是直接和国家或占有公社的贵族发生关系，而是直接和公社发生关系，社会生产基本是在公社的组织下进行的。所以，劳动者身份的变化，首先必须突破公社的限制。而公社的存在，又是以井田制为基础的。当井田制破坏之后，公社制度就随之走向瓦解。于是劳动者就逐渐从公社的束缚下解放出来，成为独立的生产者，而与国家或其他土地所有者发生关系。由于春秋时代生产力水平质的突破，当劳动者摆脱了公社的束缚之后，就不是以其他的形式再回到奴隶制的老路上去，而是直接形成了新的封建依附关系。

晋国从"作爰田"以后，井田制逐渐瓦解。井田制的瓦解，不但使公社制度遭到破坏，而且也使那种社员不能独立占有土地的"异居同财"的家长制大家庭遭到破坏。这样，劳动者就冲破了公社和血缘的束缚而走向了混居，逐渐向纯粹的地缘关系发展。《周礼》中所说的"甿"，是这个时期的一种普遍现象。所谓"甿"，就是从四方迁徙而来，混居在一起的新的居民。对于这种居民，统治阶级采用了新的管理方法。所谓"变民曰甿，异内外也"，决不仅仅是身份上的区分，也是统治方法和组织方法的改变。公社破坏以后，兴起了户籍制度，大约是从对这种"甿"的管理开始的。同时，即在井田制破坏之后，在各国普遍兴起了书社制度。① 据《荀子·仲尼篇》杨倞注："书社，谓以社之户口书于版图，周礼，二十五家为社。"《论语·乡党篇》有"式负版者"的记载，"版"与"版图"之

---

① 关于春秋时代普遍存在书社制度，有以下一些材料：《左传》昭公二十五年："齐侯曰：'自莒疆以东，请致千社。'"哀公十五年：齐与卫地，"自济以西，禚、媚、杏以南，书社五百"。《荀子·仲尼》：齐桓公见管仲，"与之书社三百，而富人莫之敢距"。《晏子春秋·内篇杂上》："景公与鲁君地，山阴数百社。"《晏子春秋·内篇杂下》："景公谓晏子曰：昔吾先君桓公，以书社五百封管仲，不辞而受。""景公禄晏子以平阴与槁邑反市者十一社。"《管子·小称》："公子开方以书社七百下卫矣。"《吕氏春秋·知接》："卫公子启方以书社四十下卫。"《吕氏春秋·高义》：越王"请以故吴之地，阴江之浦，书社三百，以封夫子"。《史记·孔子世家》："（楚）昭王将以书社地七百里封孔子。"

"版"为一意，即"版籍"，说明书社有"版籍"是一种普遍现象。据《周礼·天官·宫伯》郑玄注："版，名籍也，以版为之，今之乡户籍，谓之户版。"《周礼·秋官·司民》郑注亦云："版，今户籍也。""图"之意，《周礼·天官·司会》郑注云："图，土地形象，田地广狭。"这证明，书社是有户籍制度的。而书社又有"社"的形式，所以，书社是有着双重性质的组织，一方面，它以"社"的形式存在，另一方面，它又有户籍制度的性质。而在井田制下，劳动者是以"井"为计算单位的，不需要户籍制度。因此，书社制度显然是保留了公社残余形态，而又是对居民进行户籍管理的社会组织。这种组织，应该是在井田破坏之后、新的封建依附关系产生之前的一种过渡性组织。这种组织，可能是从管理"甿"这种身份的劳动者开始，以后逐渐加以推广的社会居民组织方式。书社制度出现在春秋时代，据记载，最早见于齐桓公时期，[①] 但到春秋末期，就基本消失了，战国以后个别见于记载的"社"或"里社"可能就是其残余形态。而随着书社制度的消失，它本身就被弃扬了，保留了户籍制度，而抛弃了公社的外壳。于是，劳动者就彻底摆脱了公社的束缚，从而以独立小生产者的身份与国家或其他的土地占有者直接发生了依附关系。这样，公社社员，尤其是被奴役公社的社员，就由集体奴隶的身份，最后转化成了封建依附农民。这个转变过程正是发生在春秋战国之际，所以，证明这个时期是我国由奴隶制过渡到封建制的转变时期。

晋国春秋时期是否有书社制度，不见记载。但《战国策·秦策二》载："秦王使公子佗之赵，谓赵王曰：'……大国不义，以告敝邑，而赐以二社土地。'"这里的"社"当是春秋时代"书社"制度的残留，这说明，晋国在春秋时代，亦当有书社制度。不过，晋国春秋时期社会变革

---

① 见《荀子·仲尼》《晏子春秋·内篇杂下》。

较之各国要快，井田制破坏最早，因此，这种过渡性组织亦必破坏较早。其标志就是，晋国在春秋后期，已经推广了县制和户籍制度。县制在从边境向内地推广之后，就从奴隶制性质的军事重镇变成了封建性的管理国家编户齐民的行政单位。这时，户籍制度就和国家的行政机构紧密结合起来了，从而那种过渡性的社会组织，完全脱去了旧有公社制度的外壳。例如，尹铎为晋阳，"损其户数"就是明证。当然，这也反过来说明，在县制没有推广到内地之前，为了适应当时社会生产力和生产关系的变化，内地也就必然存在这种过渡性组织，直到这种组织被县制取代为止。在这种过渡性组织消失和县制的推广之后，国家就普遍以户为征税单位，而不再是以社或其他组织为单位了。例如，《孙子兵法·吴问》中所反映的情况，《韩非子·外储说右下》所载："赵简主出税者，税吏请轻重。简主曰：'勿轻勿重，重则利归于上，若轻则利归于民。'"以及尹铎为晋阳，"损其户数"，都能说明这点。这种按县组织起来，按户向国家交纳赋税的编户齐民，大多数是国家的依附农民。所以，到春秋后期，晋国的封建生产关系已经普遍产生。这种情况，就使晋国在春秋战国之际，最早过渡到封建国家。

其次，之所以说春秋战国之际晋国普遍产生了封建依附关系，还可以从当时的"国""野"两部分劳动者的身份走向统一反映出来。随着公社制度的破坏，两类不同性质的公社所造成的"国""野"界线也就随之消失。一方面，"国人"和"野人"摆脱公社的束缚之后，通过迁徙等形式，自然走向混居，从而使二者的界线消失。另一方面，由于"野人"逐渐成了征收军赋的对象，他们的身份逐渐提高。而国人则在公社制度破坏之后，迅速走向分化，大多数人在摆脱公社和血缘关系的束缚之后，政治权力也逐渐丧失，身份逐渐下降。两部分劳动者在这种相向的运动中，最后身份走向合一，都成了国家的编户齐民，"国""野"界线就完全消失了。因此，"国""野"界线的消失，也就表明封建依附关系的普遍出现。那么，国野界线消失的标志是什么呢？我以为，这就是赋税的合一。春秋时代，赋与税是分离的，是国野两部分居民的不同负担。国人负担军赋，野人交纳田税。《汉书·食货志》指出："有赋有税。税谓公田什一及工商衡虞之入也。赋共车马甲兵士徒之役，充实府库赐予之用。税给郊社宗庙百神之祀，天子奉养百官禄食庶事之费。"李剑农先生亦指出："春秋时代之'赋'与'税'，本为二事，'税'之性质颇与后世之'田赋'相同，'赋'之朔，则以军役与军用品征发为目的，随'封建'制而起者也。"① 此二说都肯定了"税"与"赋"的区别。赋与税的分离，是由两部分居民的身份不同所造成的。国人只负担军赋，军赋是由居民的自动武装及其费用演变而来，代表了自由民当兵打仗的权力。税则由野人负担，是他们无偿为统治阶级提供的剥削，代表了他们被征服、被奴役的地位。赋与税之分离，起源很早，即"随'封建'制而起者也"。但"税"的名称起源较晚，公元前594年，鲁国"初税亩"，因而得名。"初税亩"代表井田制在鲁国受到破坏，因而变更"藉"法为征收实物税。在此以前，是实行力役剥削，"助耕公田"，"什一而藉"。"税"与"藉"，只是形式和名称不同而已，其实质都是对野人的剥削。故两部分居民的负担不同，当起源于西周之初，是我国西周、春秋奴隶社会的重要特征之一。正因为如此，当赋与税合一之后，就代表国野两部分劳动者的身份统一了。

在井田制和公社制下，据《孟子》所载，"赋"与"税"都是十取一的比率。所谓贡、助、彻，"其实皆什一"，"国中什一使自赋"可证。但实际上，赋与税是不一样的，赋不是一种常征，而是"有军旅之出则征之，无则已"。② 而税（包括贡、助、彻）则是一种常征，必须每年按比例、按规定把收入的十分之一交给国家或贵族。军赋按国人（包括贵

---

① 李剑农：《先秦两汉经济史稿》，生活·读书·新知三联书店，1957，第96页。
② 《国语·鲁语下》。

族家族和自由民的公社）占有土地的多少负担，如《左传》哀公十一年：
"初，（陈）辕颇为司徒，赋封田以嫁公女，有余以为已大器。"所谓
"赋封田"，证明负担军赋是以占有土地的多少为标准的。贵族占有土地
多，所以承担的军赋也重，所谓"有禄于国，有赋于军"可证。军赋是
以乘为单位，包括军需和军事人员。如《左传》成公二年，"臧宣叔亦如
晋乞师……晋侯许之七百乘。郤子曰：'此城濮之赋也……'"襄公二十
五年，"楚蒍掩为司马，子木使庀赋，数甲兵……量入修赋，赋车籍马，
赋车兵、徒兵、甲楯之数。"昭公十二年，楚子谓右尹子革："今我大城
陈、蔡、不羹，赋皆千乘。"以上都可证赋是包括军需和军事人员在内。
赋是按占有土地多少负担，但无损耗的话，并不需年年征军赋。所以，
军赋虽有比率，但并不能代表国人实际负担的轻重。战争越多，损耗越
大，就要不断地补充和扩大军事装备和人员，于是负担就重。反之，和
平时期，损耗少，负担就轻。春秋时期，战争日益扩大和频繁，这就引
起了军赋的不断加重。因而，春秋时期赋税的改革，大多是由于征收军
赋的目的所引起。如晋国的"作州兵"，鲁国的"作丘甲"[1] "用田
赋"[2]，郑国的"作丘赋"[3]，楚国的"量入修赋"，都是征收军赋的改革。
这些改革，总的特点是不断扩大和加重军赋：一是出同样军赋与占田的
比例逐渐缩小，一是由不定期征收逐渐改为常征。这样，就日益加重了
国人的负担。但国人的负担终归有一个极限，当兵源枯竭，军费征收无
法应付战争的需要时，军赋的征收范围就逐渐扩大到野人中，像晋国县
制的设立与推广，都是由这种目的所引起。随着军赋的征收扩大到野人
中，野人的地位就逐渐上升。但是，这种上升是以对野人的剥削加重为
代价的。野人在负担军赋的同时，国家决不会减免他们的田税。因为减

---

① 《左传》成公元年。
② 《左传》哀公十二年。
③ 《左传》昭公四年。

免田税，公室和贵族的收入就减少了，这种事，剥削阶级是不会干的。所以，野人负担军赋，实际成了双重负担，即赋与税合一了。一般到春秋中后期，军赋与田税都成了常征，而且都是十取一的比率。比如鲁国三分公室时，"季氏使其乘之人，以其役邑入者无征，不入者倍征"①，这是将原来出税之所属奴隶改为出军赋之自由人。凡出军赋者，不再征田税，说明军赋与田税相抵消。而不出军赋者，则倍征其田税，以惩罚不从军者。其倍征者，是在保留原田税的基础上，再加征其豁免军赋之数。因此，这时的军赋与田税实际征收的比率是一样的。但是，像这种豁免田税、改征军赋的做法，只是一种特殊情况，是争取人心的一种手段。而一般情况下，向野人征收军赋时，是不能豁免田税的。于是，在赋税合一之后，劳动者的负担实际是增加了一倍，即从什一的比率变成"什二"或"伍一"的比率。这种"什二"或"伍一"之制的赋税征收比率，在春秋后期已经成了一种普遍现象。如，鲁哀公答有若问曰："二，吾犹不足，如之何其彻也？"② 一般认为，这是"什二"的比率。随着《孙子兵法·吴问》篇的被发现，完全证明了这点。这时，晋国六卿，除赵氏之外，五卿都是实行"伍税之"，即"伍一"之制的税率。这种"什二"或"伍一"的剥削率，以往不被人们所理解，现在，随着《孙子兵法·吴问》篇的被发现，我们可以揭开其秘密了。但也必须指出，晋国这时的剥削率虽然增加了，然而，由于劳动者生产能力的提高，亩制的扩大，劳动者实际也有能力负担更多的赋税了。因此，"什二"或"伍一"赋税制度的出现，就标志着赋税合一了。野中的劳动者，以赋税合一的代价，获得了人身的解放。于是，横亘在"国""野"之间的界线也就逐渐消除了，两部分劳动者的身份走向了统一。作为统一身份的劳动者，这种"什二"或"伍一"的税率，又会逐渐由野中向国中推

---

① 《左传》襄公十一年。
② 《论语·颜渊》。

广，直到这两部分劳动者的负担完全相同为止。这种统一的负担，到了战国，就成了"布缕之征，粟米之征，力役之征。"① 所谓"粟米之征"，就是春秋时代之"税"，而"布缕之征，力役之征"，当是从军赋制度演变而来。所以，赋税合一之后，劳动者的身份得到了统一，他们已经不再是奴隶。那么，其具体身份应该是什么呢？从大多数人来说，只能是两种情况，一种是封建性的依附农民，一种是具有小块土地所有权的自由小农。对于这种自由小农，马克思指出："在这里，农民同时就是他的土地的自由所有者，土地则是他的主要生产工具，是他的劳动和他的资本的不可缺少的活动场所。在这种形式下，不支付任何租金，因而，地租也不表现为剩余价值的一个单独的形式。"② 也就是说，真正的完全的小土地所有权，是不支付地租的。而这种有完全的小块土地所有权的自耕小农，在阶级社会中，绝不是多数。既然如此，晋国在国野界线消失之后，这种身份统一的劳动者，绝大多数是封建依附农民，而不是完全独立自主的小农，当是无疑的。因此，赋税合一之后，不但标志着两部分劳动者身份的统一，而且也标志着封建依附关系确立起来了。这种情况，从《孙子兵法·吴问》中得到了证实，从而证明，春秋后期，六卿已经普遍采用了封建剥削形式。

再次，晋国这个时期劳动者身份的变化和封建依附关系的形成，还可以通过其他途径反映出来。如通过附托于有威之门等途径，直接成为封建贵族和地主的依附人口。在井田制破坏之后，由于独立耕作和私有财产的迅速发展，就造成了小农走向两极分化。少数人（尤其是国人）通过当兵打仗、赐予田宅或其他途径上升为贵族或地主。比如，赵简子在铁之战的誓师词所说："士田十万，庶人工商遂"③，就是如此。但大

① 《孟子·尽心下》。
② 《资本论》第三卷，人民出版社，1975，第 906 页。
③ 《左传》哀公二年。

多数人则走向贫困，其中相当一部分人成为雇佣劳动工。例如，《左传》襄公二十七年，齐内乱，申鲜虞奔鲁，"仆赁于野"，就是这种情况。有的则是小块土地上的收入不足以养家活口，所以，仍需从事雇佣劳动以补充生活之不足或其他费用。如《韩非子·外储说右下》中说："齐桓公微服以巡民家，人有年老而自养者，桓公问其故，对曰：'臣有子三人，家贫无以妻之，庸未及反。'"这是为了娶妻而出卖一部分劳动力。还有的小农则抛家弃土去争取仕禄。例如《韩非子·外储说左上》载："王登为中牟令，上言于襄主曰：'中牟有士曰中章、胥已者，其身甚修，其学甚博，君何不举之？'主曰：'子见之，我将为中大夫。'……王登一日而见二中大夫，予之田宅，中牟之人弃其田耘，卖宅圃而随文学者邑之半。"说明当时小农抛弃土地、追求仕禄的风气亦很盛。尤其是在春秋中后期，一些新兴势力为了壮大自己政治、经济力量，大量招收当时的士人和小农作为依附人口。这样，就直接产生了封建依附关系。当时，普遍存在着"仕""讬"两途。如《韩非子·外储说左上》讲："叔向御坐平公请事，公腓痛足痹，转筋而不敢坏坐。晋国闻之，皆曰：'叔向贤者，平公礼之，转筋而不敢坏坐。'晋国之辞仕讬，慕叔向者国之锤矣。"《韩非子·五蠹》中亦云："重争土橐，非下也，权重也。"王先慎曰："'土'当作'士'，'士'与'仕'同。'橐'与'讬'通。"① 是"土橐"即"仕讬"。"仕"就是做官，"讬"就是"附托于有威之门"，成为寄食之人。例如：《左传》襄公二十七年：卫子鲜奔晋，"讬于木门……终身不仕"，就是这种情况。再如昭公二十五年：昭公伐季氏，"（季氏）请以五乘亡，弗许。子家子曰：'君其许之！政自之出久矣，隐民多取食焉，为之徒者众矣。'"这就是通过"讬"之一途，寄食于季氏的人口，从而成为季氏的私人武装。这种隐民，实际已经是封建性的

---

① 梁启雄：《韩子浅解·五蠹》"土橐"注引，中华书局，1980。

依附关系。只是这些人还多是脱离生产之人，情况还不够典型。但进一步发展，这种"讬"的途径就成了劳动者转化为依附农民的重要途径。如《韩非子·诡使》所言："悉租税，专民力，所以备难，充仓府也。而士卒之逃事状匿，附讬有威之门以避徭赋，而上不得者万数。"这种人就完全成了封建性的依附农民。这种情况，在春秋战国之际，成了一种普遍现象。尤其晋国，应更是如此。早在春秋中期，晋国的卿大夫，已经有了大量依附人口。比如当时的郤氏，"其家半三军"，这么多的私人武装，证明他拥有众多的劳动者，其中必有相当的一部分，是依托于他的依附人口。以后的六卿，就更不例外。所以，到了春秋战国之际，晋国的劳动者，不但在公社制度彻底破坏之后，转化成了封建依附农民，而且有相当一部分劳动者，通过"附讬于有威之门"而成了封建依附农民。

这时，不但"国""野"两部分劳动者发生了这种身份上的变化，公室或贵族的家庭奴隶也逐渐获得了解放。比如，《左传》襄公二十三年载："初，斐豹，隶也，著于丹书。栾氏之力臣曰督戎，国人惧之。斐豹谓宣子曰：'苟焚丹书，我杀督戎。'宣子喜，曰：'而杀之，所不请于君焚丹书者，有如日。'"铁之战中，赵简子的誓师亦有"人臣隶圉免"的许诺。所以，当时家庭奴隶也可以通过军功等途径被解放出来。这种解放出来的家庭奴隶，其归宿，绝大多数也要进入依附农民的行列。

以上可见，到春秋战国之际，晋国广大劳动者的身份普遍发生了变化，变成了国家、地主或封建贵族的依附农民。这说明，晋国当时的封建生产关系已经普遍确立。从而也就表明，晋国社会当时已经发生了本质上的变化。

二 贵族土地所有制的消亡和封建国有土地所有制的确立

春秋战国之际，晋国的贵族土地所有制也发生着根本性的变化。即旧

式的贵族土地所有制走向消亡，而封建国有土地所有制随之建立起来。在
这个转变过程中，贵族土地所有制的基本特点是它的二重性质。一方面，
是通过春秋中期的斗争和兼并，土地日益集中在少数大贵族手中，形成了
贵族垄断土地所有制。另一方面，在劳动者身份变化，县制逐渐推广的情
况下，这些贵族逐渐进行改革，形成了一套封建性的任官制度。这种封建
任官制度排挤了分封制，也最终在卿大夫一级排挤了分封宗亲贵族的制度，
从而保证了这些大贵族的土地所有权基本不再分散和转移。所以，这种垄
断贵族土地所有制，是在形式上还保留了贵族土地所有制的外壳，但在内
容上进行了根本的改造，为以后封建国有土地所有制的确立准备了条件。

早在平公末年，晋国的贵族土地已经开始高度集中。据《左传》昭
公五年载："韩起以下，赵成、中行吴、魏舒、范鞅、知盈；羊舌肸之
下，祁午、张趯、籍谈、女齐、梁丙、张骼、辅跞、苗贲皇，皆诸侯之
选也。韩襄为公族大夫，韩须受命而使矣；箕襄、邢带、叔禽、叔椒、
子羽，皆大家也。韩赋七邑，皆成县也。羊舌氏四族，皆强家也。"这都
是当时最大的土地贵族。如其中的祁氏，竟有七县之地（见昭公二十八
年），羊舌氏亦有三县之地（见昭公二十八年）。而这里讲到的韩襄为韩
无忌（韩起兄）子，韩须为韩起门子。箕襄、邢带为"韩氏族"，[①] 叔
禽、叔椒、子羽为"韩起庶子"，[②] 他们都成了能出百乘兵车的大家，足
见韩氏势力之大。而韩起所赋七县之地，实已成为其势力范围，随着发
展，逐渐成为己有。韩氏、祁氏、羊舌氏情况如此，可见其他大贵族的
情况亦不例外。这尚是平公时代，公室还有一定权力。平公以后，土地
就越来越集中，最后集中到六卿手中。这种高度集中的土地所有权，基
本不再分散，于是就形成了垄断性的贵族土地所有制。

垄断贵族土地所有制形成的基本条件，就是在这个时期，逐渐形成了

---

① 《左传》昭公五年杜注。
② 《左传》昭公五年杜注。

一套封建性的任官制度。封建性的任官制度，是随着县制的发展而逐渐兴起的，这已如前述。卿大夫为了发展自己的势力，争相荐举自己的人为县大夫或其他地方官吏，使之成为自己的从属力量。例如：《韩非子·外储说左下》载："中牟无令，晋平公问赵武曰：'中牟，吾国股肱，邯郸之肩髀，寡人欲得其良令也，谁使而可？'武曰：'邢伯子可。'公曰：'非子之仇也？'曰：'私仇不入公门。'公又问：'中府之令，谁使而可？'曰：'臣子可。'故曰：'外举不避仇，内举不避子。'赵武所荐四十六人于其君，及武死，各就宾位，其无私德若此也。"这里虽然说了一大套去私为公的冠冕堂皇的话，但这种由卿大夫荐举的人，和举主结成政治上的从属关系是非常容易的。赵武在位就举荐四十六人于君，这正是他把控政权、发展私人势力的证据。及平公死，昭公享国日短，顷公即位，年幼，卿大夫于是乘机控制了政权，形成了政在家门的局面。从而，这种荐贤举能与任官权力都集于卿大夫一身，这样，就逐渐形成了封建性的任官制度。卿大夫为了加强自己的势力，尤其为了防止土地所有权转移，对于任官的人选，就更加注重与自己的从属关系。于是，家臣和士的地位迅速上升。例如：《墨子·所染》云："范吉射染于长柳朔、王胜，中行寅染于籍秦、高彊，……智伯摇染于智国、张武。"其长柳朔、王胜、籍秦（《吕氏春秋》作黄籍秦）、高彊、智国、张武，都是范、中行、智氏之家臣，又是他们的重要谋臣。还有赵简子之谋臣董安于、赵襄子之谋臣张孟谈、韩襄子之谋臣段规、魏桓子之谋臣赵葭，皆为家臣。赵简子使尹铎为晋阳，亦为家臣。这都是家臣出任重要谋臣和官吏之例。而士阶层在这个阶段更活跃，以仕干禄成了他们的衣食来源。所以，他们或为卿大夫之家臣，或由卿大夫举任为国家官吏。例如，孔子之徒出仕的情况就是最明显的例证。其中如子路、冉求、仲弓，都曾为季氏宰[①]，即

---

① 《史记·仲尼弟子列传》："子路为季氏宰。"《左传》哀公十一年："季氏谓其宰冉求曰。"《论语·子路》："仲弓为季氏宰。"

季氏之家庭总管。另外，子羔为费宰，[①] 子游为武城宰，[②] 宰我为临淄大夫，[③] 子路为蒲大夫，[④] 都是出任地方官吏。晋国情况亦如此，如前述，赵襄子一日之内任中牟之二士为中大夫就是明显的例子。再如，豫让是士阶层人，曾为范氏家臣，范氏灭，又为智氏家臣。由于智氏以"国士"待豫让，所以，智氏亡，豫让以死为智氏报仇。[⑤] 此是士为家臣之例。《论语·公治长》则记载了孔子评价其弟子为官能力的一段话：

> 孟武伯问子路仁乎？子曰："不知也。"又问。子曰："由也，千乘之国，可使治其赋也，不知其仁也。"
>
> "求也何如？"子曰："求也，千室之邑，百乘之家，可使为之宰也，不知其仁也。"
>
> "赤也何如？"子曰："赤也，束带立于朝，可使与宾客言也，不知其仁也。"

从上可见，当时，士阶层的人，已经普遍可以出仕做官。这种以家臣和士为主要任官对象的变化，逐渐改变了贵族土地所有制的性质。因为家臣和士一般都没有自己独立的土地所有权，对卿大夫有着很强的从属性。他们只是领取俸禄为生，这已如前述。这种任官制度的形成，反映了当时的垄断大贵族土地所有制发生了性质上的变化，从原来的奴隶主贵族土地所有制，变成封建土地所有制。随着封建任官制度的形成，就排挤了分封制，使旧式的贵族土地所有制失去了存在的条件。同时，也使那种以宗法分封为基础的宗亲贵族土地所有制在卿大夫一级走向了灭亡，

---

① 《史记·仲尼弟子列传》。
② 《史记·仲尼弟子列传》。
③ 《史记·仲尼弟子列传》。
④ 《史记·仲尼弟子列传》。
⑤ 《战国策·赵策一》。

从而在卿大夫一级也最后斩断了维护奴隶制度的宗法血缘纽带。

实行封建任官制度的六卿的土地所有制，在顷公和定公时代，已经初步具有了封建国有土地的性质。因为晋国在顷公和定公时代，进行了一次重大的改革，这就是《孙子兵法·吴问》中所反映的情况：

> 吴王问孙子曰："六将军分守晋国之地，孰先亡，孰固成？"孙子曰："范、中行氏先亡。""孰为之次？""智氏为次。""孰为之次？""韩、魏为次，赵毋失其故法，晋国归焉。"
>
> 吴王曰："其说可得闻乎？"孙子曰："可。范、中行氏制田，以八十步为畹，以百六十步为亩，而伍税之。其〔制〕田狭，置士多。伍税之，公家富。公家富，置士多，主骄臣奢，冀功数战，故曰先〔亡〕。〔智氏制田，以九十步为畹，以百八十步为亩，而伍税之。其制田狭，其置士多。伍税之，公家富。〕〔公家富〕，置士多，主骄臣奢，冀功数战，故为范、中行氏次。韩、魏制田，以百步为畹，以二百步为亩，而伍税〔之〕。其〔口〕（制）田狭，其置士多。伍税之，公家富。公家富，置士多，主骄臣奢，冀功数战，故为智氏次。赵氏制田，以百廿步为畹，以二百卌步为亩，公无税焉。公家贫，其置士少，主佥臣收，以御富民，故曰固国。晋国归焉。"
>
> 吴王曰："善！王者之道（明矣），厚爱其民者也。"

这是《孙子兵法·吴问》篇的全文。其亩制、税制的情况，前已提到。这里专录出来，是为了明了其改革的全貌。这里的孙子，就是孙武，吴王即阖闾。此二人都是晋顷公末年至晋定公时在位，即公元前 514 年（吴王阖闾元年，晋顷公十三年）至前 496 年（阖闾十九年，晋定公十六年）。孙武与吴王阖闾的这段对话，当发生在这期间。那么，晋国这次改革的时间，大约是在这之前或这期间。从《史记·晋世家》记载看，顷公继位时年幼，六卿强，政在家门。因此，晋公室失掉权力是在顷公时代。可能这次改革就发生在顷公时期。从《孙子兵法·吴问》的记载看，六卿的田制各不相同，证明这次改革不是以晋公室的名义进行的，而是六卿各自进行的一次改革。既然如此，证明在顷公时代，六卿已经初步分晋。① 所以，六卿当时的土地，已经初步具有封建国有土地所有制性质。只是由于当时还有一个名义上统一的晋公室存在，因而还保留着贵族土地所有制的外壳而已。随着最后抛弃了其外壳，封建国有土地所有制就正式确立起来。而抛弃贵族土地所有制外壳的过程，则是在这些垄断大贵族之间展开的大规模兼并中进行的。但随着这时贵族土地所有制产生了性质上的变化，这种兼并已不同于中期，而是封建大贵族之间的互相兼并。这种兼并，主要表现在三次大的斗争中。

第一次是公元前 514 年，六卿灭祁氏、羊舌氏，分其田为十县，情况已如前述。

第二次是韩、赵、魏、智四卿与范、中行氏的斗争。这次斗争从公元前 497 年开始，延续七年，直到公元前 490 年才结束。这场斗争不但晋国国内的各大贵族全部卷入，而且齐国、卫国、郑国都卷入进来，可见这场斗争的规模之大和残酷激烈的程度。斗争的结果，以范、中行氏的失败而告终。赵简子得邯郸和柏人，余邑暂归公室。②

及“出公十七年（前 458），知伯与赵、韩、魏共分范、中行地以为邑。出公怒，告齐、鲁，欲以伐四卿。四卿恐，遂反攻出公。出公奔齐，道死”③。这样，这场斗争的结果，实际是四卿瓜分了范、中行氏所有的土地。晋出公虽企图干涉，但结果反被四卿赶走，死于国外。

第三次是赵、韩、魏三家灭智氏的斗争。四卿赶走出公后，立哀公，

---

① 见杨宽《战国史》，上海人民出版社，1980。
② 《史记·晋世家》。
③ 《史记·晋世家》。

国君完全成了四卿的傀儡。智伯瑶这时力量最强，"欲尽并晋"，① 故开始发动兼并其他三家的斗争。结果三家合谋，共灭智氏。然后，三家共分智氏之地。这场斗争也进行了三年多，可见其激烈之程度。

经过这三次大的兼并，晋国的土地基本都被三家所瓜分，晋公室仅保有绛与曲沃之地。于是，三家开始抛弃贵族的外壳，渐自立为君。至晋幽公时，晋公室"反朝韩、赵、魏之君"。② 公元前 403 年，"周威烈王赐赵、韩、魏皆命为诸侯"。③ 从此三家正式列为诸侯。"（晋）静公二年（前 376 年），魏武侯、韩哀侯、赵敬侯灭晋后而三分其地。静公迁为家人，晋绝不祀"。④

韩、赵、魏三家立为诸侯以后，晋国的贵族土地所有制就最后被弃扬了。三家大贵族的土地随着立为诸侯而完全转化成了封建国有土地。领取俸禄的各级官吏，这时就成了听命于国君一人的臣仆。于是，封建专制主义中央集权制度也就随之建立起来了。

三　地主土地所有制的兴起

晋国在春秋战国之际，封建土地所有制的形态主要是封建国有土地所有制。但国有土地所有制不是唯一的形态，除此之外，还有地主土地所有制和自耕小农土地所有制。关于自耕小农土地所有制的来源，主要有以下两种途径。一种是一些小农逃亡、迁徙到一些荒僻地区，开垦荒地和私田，于是逐渐就成为小块土地的所有者。一般在春秋时代或春秋战国之际，没开发的荒地还是很多的。比如《墨子·非攻下》讲："今天下好战之国，齐、晋、楚、越。若使此四国者，得意于天下，此皆十倍其国之众，而未能食其地也。"在列国纷争之际，必然有一些小农逃亡迁

---

① 《史记·晋世家》。
② 《史记·晋世家》。
③ 《史记·晋世家》。
④ 《史记·晋世家》。

徙到那些统治的边缘地区，成为这种具有小地土地所有权的自耕农。如春秋时代宋、郑之间的隙地被开发①，就是证明。另外一种途径是，一些贵族因贫困或在政治斗争中失败而降为自耕农。比如，一些低级的贵族，像士阶层的人，他们本有少量土地。但是他们不能或不愿意出仕，而又比较贫困时，就不能不成为自食其力的自耕农。如孔子的弟子颜回，就是不愿出仕，靠着几十亩地自耕而食。所以，他实际成了具有小块土地所有权的自耕农。再如《论语·微子》中的长沮、桀溺、荷蓧丈人，亦是这种不愿出仕，自耕而食的自耕农。虽不清楚他们原来的社会地位，但从其政治见解看，当亦是从贵族下降而来。有些贵族则因失败而流落他国，如不能出仕，其子孙亦将沦落为这种自耕农。例如，范氏、中行氏失败，其子孙耕于齐，就是这种情况。伍员流落吴国，"耕于鄙"，②也是这种情况。上述情况当时比较普遍。总之，在封建社会，从来都不存在清一色的地主土地或封建国有土地所有制，任何时代都存在一部分具有小块土地的自耕小农，这是不容否认的事实。但其比重不太大，这也是必然的。这点，我们不多做论述，主要侧重分析这个时期的地主土地所有制。

地主土地所有制是与封建国有土地所有制同时出现的。在贵族土地所有制向封建土地所有制演变的过程中，像晋国的六卿，后来的三家，以及齐国的田氏，最后就演变成了封建国君。而另有一些国家的贵族，包括晋、齐这样的国家中残留下来的一些没有被兼并掉的少数贵族，就成了新型地主。例如，在灭祁氏、羊舌氏，分其田为十县时，梗阳人有狱，向魏献子行贿的大宗，所反映的当是这种情况。此诉讼人地位较高，在灭祁氏、羊舌氏时，他并没有被消灭，证明是残留下来，并未被兼并掉的贵族。但他已无采邑，证明已非旧式贵族，而又有很多剥削收入来

---

① 《左传》哀公二十年。
② 《左传》昭公二十年。

行贿，证明他还有很多土地。当时，县制已经推广，证明当时劳动者的身份已经普遍发生了变化。因此，在不能直接占有劳动者的人身，而只能靠人身依附关系来收取地租的情况下，这种土地贵族实际已经转化成了封建地主。其次，从自耕农中，也必然分化出一部分人上升为新的地主。这种情况，虽然我们还找不到适当的例证，但只要自耕农存在，这种情况是不会没有的。这两种情况，都是与封建国有土地所有制同时产生的。还有一种情况，就是封建国君或已具有封建君性质的大贵族，通过赏田形式，形成封建地主。例如：《左传》哀公二年载："初，周人与范氏田，公孙龙税焉，赵氏得而献之。吏请杀之。赵孟曰：'为其主也，何罪？'止而与之田。"公孙龙是范氏家臣，与赵孟无隶属关系，赵孟与公孙龙田，说明这种田的所有权已转给了公孙龙，所以公孙龙也成了新型地主。再比如：赵简子誓师词中提到的"士田十万"，《史记·扁鹊仓公列传》提到的"简子赐扁鹊田四万亩"，这种赏田，也是所有权的转移。因此，这种得田之士，也应是新型地主。到了战国初期，这种情况就更甚。如《史记·赵世家》载：赵烈侯好乐，赐"郑歌者枪、石二人"田，"人万亩"。《战国策·魏策一》魏王赐公叔痤田"百四十万"亩，赐吴起后"田二十万，巴宁、爨襄田各二十万"，说明这种赏田的现象已很普遍。于是，这种以赏田使一部官吏等转化为地主的情况就日益增多。另外，这个时期存在地主土地所有制的另一个证据，就是这时存在着大量的雇农。比如《韩非子·外储说左上》所说："夫卖庸而播耕者，主人费家而美食，调布而求易钱者，非爱庸客也，曰：如是，耕者且深，耨者熟耘也。庸客致力而疾耘耕者，尽巧而正畦陌畦畔者，非爱主人也，曰：如是，羹且美，钱布且易云也。"这种情况，在春秋战国时代是一种普遍现象。雇农的存在，并不能证明当时是一种什么生产关系，但它可以证明，在雇农存在的状态下，存在着私有土地是没有问题的。那么，在春秋战国之际，当封建生产关系普遍出现的情况下，这种雇农的存在，就证明了地主的存在。因为具有私有土地，而又采用封建剥削方式的人，肯定就是地主。所以，春秋战国之际，在封建国有土地所有制出现的同时，还存在着地主土地所有制。所不同的是，当时的封建国有土地所有制是主导形式，地主土地所有制则是一种次要形式。

但是，随着封建国有土地所有制的确立，地主土地所有制就得到了迅速发展，从以上封建地主产生的途径看，封建国君赏赐土地是产生地主的主要途径。这说明，政权性质的变化，是封建地主土地所有制发展的重大推动力量。到了战国时代，各种形式的地主土地所有制就迅速发展起来。比如，官僚地主、军功地主、封建贵族、从商人和小农产生的一般地主的土地所有制形式，就纷纷产生和发展起来。土地买卖也普遍出现了。关于战国时代各种地主土地所有制形式，不是本文讨论的范围，这里就不加论述了。这里所要分析的是封建国有土地所有制与地主土地所有制的区别。因为这个时期的地主土地，大都是从国家的赏赐得到，相当一部分地主是从封建官吏转化而来。因此，他们的土地到底是国家的，还是私人的，有时很难区分，故这里不能不稍加讨论。从我国的具体情况看，春秋战国时的封建国有土地所有制，是实行地租与赋税合一的剥削制度。国家的依附农民向国家缴纳的赋税，其中包含了地租的部分。在这种剥削制度下，国家对于官吏的俸禄和报酬，一般采取两种形式，一种是以谷的多少为计算单位。如，《墨子·贵义》中记载："子墨子仕人于卫，所仕者至而反。子墨子曰：'何故反？'对曰：'与我言而不当，曰：待我以千盆，授我五百盆，故去之也。'子墨子曰：'授子过千盆，则子去之乎？'对曰：'不去。'子墨子曰：'然则非为其不审也，为其寡也。'"这是以"盆"为计算单位。齐、魏用"锺"来计算，如田骈在齐国有"訾养千锺"，[①] 魏国文侯时，魏成子"食禄千锺"。[②] 秦、燕用

---

① 《战国策·齐策四》。
② 《史记·魏世家》。

石计算，如《韩非子·定法》载："商君之法曰：'斩首一级，欲为官者，为五十石之官；斩首二级爵二级，欲为官者，为百石之官。'"另一种是用租税作为俸禄，以"田里"为计算单位。如齐国就是离职"收其田里"，[①] 这种以"田里"为计算单位的，是把所受职田上的租税全部作为报酬。这种土地，就是国有土地。在国有土地上，地租和赋税是不分的。但是，在私有土地上，地租和赋税则是分离的。如《史记·廉颇蔺相如列传》记载：

> 赵奢者，赵之田部吏也。收租税而平原君家不肯出租。赵奢以法治之，杀平原君用事者九人。平原君怒，将杀奢。奢因说曰："君于赵为贵公子，今纵君家而不奉公则法削，法削则国弱，国弱则诸侯加兵，诸侯加兵是无赵也，君安得有此富乎？以君之贵，奉公如法则上下平，上下平则国强，国强则赵固，而君为贵戚，岂轻于天下邪？"平原君以为贤，言之于王。王用治国赋，国赋大平，民富而府库实。

这是赵奢向平原君家收赋税。这种赋税虽然也叫"租"或"租税"，实际不包括地租。如果包括地租的话，土地就是国家的。既然是国家的土地，则这些土地上的所有租税，都是国家转让给官吏的报酬，何有收"租税"一说？反过来说，如果征收的内容包括赋税和地租两部分，那么，国家将这部分土地作为俸田分给官吏又有何意义？显然，这里所征收的只是赋税，而不是地租。土地是平原君自己的，故不须交地租，而只须交赋税。从这种情况，可以看出春秋战国时期地主土地所有制与国有土地所有制的区别。凡国有土地，是赋税和地租合一的，而地主土地，

① 《孟子·离娄下》。

则是地租与赋税分离的。国家凭着它对全国土地的主权，向主权范围内的任何成员征收赋税。在国有土地上，国家既是主权者，又是所有者，所以国家既要征收赋税，又要征收地租。因二者都归国家所有，所以可以合并在一起征收，地租和赋税是合一的。而对于地主土地，国家只能凭借主权征收赋税，而地主则凭借土地所有权征收地租。因此，地租和赋税在这里是分离的。如果对地主，如对平原君这样的大地主，征赋也是地租和赋税合在一起的话，那么，地主将无所得，因而占有土地也就没有意义了。所以，对于我国存在的向地主征收赋税的情况，决不能理解为是国有土地。相反，战国时代国家对那些官僚地主、军功地主征收赋税，正好说明这种土地所有权是地主的。反之，对在官之人不征收赋税，则证明这些土地是国家的。这种土地上的收入，是国家作为俸禄转让给官吏的。因为我国战国时代的地主土地，主要的获取途径还是由军功、贵戚，或立有其他功劳，受国君赏赐而来。因此，地租和赋税的分离，可以作为地主土地从国有土地中分离出来的标志。这种变化主要发生在战国时代，所以，战国时期出现的这种地租与赋税的分离，也是我国地主土地所有制在这个时期迅速发展，地主阶级作为一个独立的、成熟的阶级确立起来的标志。

附　编

试论民主改革前凉山彝族社会的
性质及其发展阶段

彝族是我国西南的主体民族之一，有着悠久的历史。远在西周末年，彝族的先民已经来到了云南境内，[①] 并且很快就散居于滇中、滇西南、滇东北、川西南、黔西北的广大范围内，和今天彝族居住的范围基本相同。

彝族居住的广大地区，古代是一个民族走廊地带，是南北民族活动的大舞台。这里社会环境和自然地理环境极其复杂，这就造成了这一地区的民族的社会历史发展极端的不平衡。

大小凉山地区位于四川省南部，即这个民族走廊的北部。它南抵金沙江，北控大渡河，其西从冕宁到西昌沿安宁河一线，古称"一线鸟道"，是由蜀入滇的必经之路。这里平均海拔 2000～2500 米，山峦起伏，气候复杂，生态恶劣。三国时期，诸葛亮南征这一带，称之为"不毛"之地。从古以来，不同民族的无数聚落，就穿梭于这个复杂的高山地区，繁衍生息，此伏彼起。中央王朝经营这里，也曾费尽苦心。如光绪时的

---

① 彝族的祖先笃慕（汉称仲牟由）是西周末年人，传说他为避洪水从四川迁居云南境内。见贵州省民族研究所毕节地区彝文翻译组编译《西南彝志选》（贵州人民出版社，1982）第 26 页注（31）和第 32 页注（16）。

《岳巂厅志》记载,从越巂到冕宁之间的相公岭是"巉岩巨壑,鸟道盘空,穷阴凝闭,积雪不消,其中黯箐惊湍,诸番每乘以为乱。"① 少数民族的上层贵族,经常进行烧杀抢掠,从而造成了这地区的动荡不安,生产力遭受破坏,社会形态变化缓慢。因此,当周围已经进入了封建社会之后,这里还顽固地保持着奴隶社会形态。凉山彝族从传说中最早进入凉山的先人古侯、曲涅起,就生息斗争在这样一个特殊环境之中,并且逐渐成了这个环境中的主体。

近代的凉山彝族,不但由于生产力的水平低下而完整地保存着奴隶制形态,而且,由于受到了汉族封建经济的影响,而产生了新的剥削形式,再加上血缘纽带的顽强保存而留下了许多原始关系的遗存,这种复杂的状况,就造成了对其民主改革前的社会性质问题,至今聚讼未休。大致说来,关于凉山彝族社会的性质,有三种说法,即奴隶社会说、封建社会说、从奴隶制向封建制过渡说。即使认为是奴隶社会的学者,对于其具体发展阶段,也存在很大的分歧。我同意奴隶社会说,并认为,凉山奴隶社会在近代正处于从不发达奴隶制向发达奴隶制过渡的阶段。下面,仅从四个方面阐述一下自己的看法。

一　从社会生产力水平看凉山的奴隶社会制度

凉山彝族社会在民主改革前,仍处于奴隶制发展阶段,这首先是由低下的生产力水平决定的。恩格斯在《反杜林论》中指出:"当人的劳动的生产率还非常低,除了必需的生活资料只能提供微小剩余的时候,生产力的提高、交换的扩大、国家和法律的发展、艺术和科学的创立,都只有通过更大的分工才有可能,这种分工的基础是,

---

① 引自胡庆钧《明清彝族社会史论丛》,上海人民出版社,1981,第56页。

从事单纯体力劳动的群众同管理劳动、经营商业和掌管国事以及后来从事艺术和科学的少数特权分子之间的大分工。这种分工的最简单的完全自发的形式，正是奴隶制。"① 在这里，恩格斯即指出了奴隶制存在的必然性，又提出了奴隶制存在的低下生产力标准，即"人的劳动的生产率还非常低，除了必须的生活资料只能提供微小的剩余"。我们就以此标准来衡量一下凉山地区社会的生产力水平，看它到底应该处于什么发展阶段。

工具是衡量生产力水平的首要因素。因此，我们先来看看凉山地区生产工具的状况。

凉山彝族很早就使用铁制农具进行生产了。他们用铁犁耕地，用铁锹挖地和锄地，用铁镰收割，用铁斧和铁砍刀开荒，从播种、收割，直到粮食加工的整个过程中，都是以铁农具为主。恩格斯指出："铁已在为人类服务，它是历史上起过革命作用的各种原料中最后和最重要的一种原料。"为什么呢？因为"铁使更大面积的农田耕作，开垦广阔的森林地区，成为可能；它给手工业工人提供了一种其坚固和锐利非石头或当时所知道的其他金属所能抵挡的工具。"② 再加上耕畜的广泛使用，铁器在凉山彝族社会中也产生了革命性的作用，这就是使一家一户的个体生产成为可能。在凉山彝族社会，已经完全实现了一家一户的个体生产。虽然铁制工具相对不足，如 1956 年统计时，锄头和犁铧平均每户只有 2.58 件，犁铧平均只有 0.8 件，耕牛实际能够使用的平均每户只有 0.58 头，工具质量还比较差，如犁头铧口，其中线长度一般在一市尺以下，犁土深度一般仅为四寸左右。但是，如果我们稍有历史常识，就会发现这比起我国春秋战国的铁农具来，大约还要好得多。然而战国时代，中原地

---

① 《马克思恩格斯选集》第三卷，人民出版社，1972，第 220～221 页。
② 《家庭、私有制和国家的起源》，《马克思恩格斯选集》第四卷，人民出版社，1972，第 159 页。

区已经普遍进入了封建社会，那么，为什么说凉山彝族社会还处于奴隶制发展阶段呢？

确实，如果仅仅根据农具来判断凉山社会的生产力水平，并不能说凉山彝族的生产力水平很低。但是，生产力水平不能仅仅靠生产工具来衡量，生产工具不是唯一的衡量尺度。除了生产工具，还有多方面的因素，其中很大的一个因素，就是自然地理环境的影响。比如，气候条件、土地质量、地形、交通的方便程度，都对生产力水平产生直接的影响，而且是绝不可低估的影响。为什么呢？因为生产力表现为人们对自然的关系，是人们对自然的作用。既然是作用，就不仅仅是人的单方面行为，自然界也以它的反作用制约着人们能力的发挥。由于自然地理环境的不同，使用同一的生产工具，作用于不同的劳动对象，也就表现出不同的劳动生产率，凉山的情况充分地反映了这一点。

凉山地处高寒地带，年平均气温较低，霜期达 3~5 个月。这里山高坡陡，平地极少，河谷平坝地只占常年耕地面积的 5%，位于高山和平坝之间的山坡地占 75%，这种山坡地，一般坡度达 20~45 度，有的甚至达 50 度以上；高寒山地占 20%，这里气温低，霜期长。由于这种地理条件，造成了凉山的耕地土质瘠薄，一方面是交通不便，土地离家远，一般不施肥料，所以地力极易用尽；另一方面是占 90% 以上的山坡地，非常容易造成水土流失。这样，致使凉山的山坡地和高寒山地的土质含氮、磷、钾肥都低，平坝地虽好一些，但含氮、钾肥也只是中等，含磷肥也低。所以，在这种生态条件下，平坝地的亩平均产量也只有二百多斤，山坡地则只有七、八十斤，至多也不过一百多斤，高寒山地甚至只有三四十斤。全州 251 万亩常年耕地，平均亩产只有 102 斤，按人均计算，每人只合原粮不足四百斤。除了粮食收入外，畜牧业在各地总产值中分别占到 10%~30% 不等。此外，再没有其他经济来源。这说明，凉山社会财富的总量（社会总产品）是非常低的，所能提供的剩余是很少的。而如果按劳动力算，凉山每个成年劳动力每年仅能耕种 5 ~ 6 亩地，每亩以110 斤算，只能年产 550 ~ 660 斤。据记载，我国战国时期，中原地区的农民是"上农夫食九人""下农夫食五人"，[①] 平均每个劳动力能养活 6 ~ 7 人。如果以每个人消费 300 斤毛粮计算，凉山每个劳动力只能养活两个人，不足战国时期中原一个劳动力水平的三分之一。这说明，同样的生产工具，在不同的自然地理环境下，生产力水平相差是很大的。战国时代，平均每个劳动力除养活五口之家外，尚能提供两个人口粮的剩余。而凉山每个劳动力的收入不足养活一家人，为了自身的消费和供奴隶主剥削，只有妇孺老少都参加劳动。即使这样，除个人消费外，仍所剩无几。马克思指出，"超过劳动者个人需要的农业劳动生产率，是一切社会的基础"。[②] 凉山彝族每个劳动力的生产率很低，就决定不能有更多的农业人口脱离农业去从事其他行业的生产，因而社会分工就不发达。凉山一直到 1949 年以前，手工业还没有从农业中独立起来，一般只能是在农闲时从事 2 ~ 3 个月的手工业劳动。手工业的种类也很少，一般只有铁工、木工、石工、银工、铜工等几种；分工也不细，往往铁匠也兼做木工，银匠也兼做铜器。工具比较简单粗糙。而且从事手工业的人数极少。比如，昭觉滥坝乡，4496 人中，只有不脱离农业劳动的木匠 2 人，铁匠 4 人；美姑巴普乡 2612 人中，只有这种木工 4 人，铁匠 2 人；呷洛阿尔乡 3074 人中，只有这种木、铁匠各 5 人；而呷洛斯补乡 2935 人中，却只有木匠 1 人，铁匠没有；雷波上田坝乡 1488 人中则分别只有 2 人和 1 人。两项加起来，不脱离农业生产的手工业人员一般不超过总人口的 0.3%。由于手工业的不发达，造成了商业的不发达，一直到 1949 年以前，彝族还没有从农业中分化出来的商人。一般从事商业的彝族，每年只在农闲时从事 1 ~ 2 个月的商业活动，人数也不到总人口的 0.3%，而且每次成交的商品量非常少。

---

① 《孟子·万章下》。
② 《资本论》第三卷，人民出版社，1975，第 885 页。

其次，由于人均收入的低下，造成了消费水平的极其低下。奴隶们在奴隶主的残酷剥削下，长期处于饥饿和半饥饿状态，这样，就决定他们几乎无东西可以投入交换。而奴隶主呢？由于财富的总量太少，因而决定在剥削的绝对量上，不能榨取过多，否则就无法维持奴隶的再生产。这样，就决定奴隶主除了消费之外，也没有很多东西可以投入交换。再由于分工的不发达，就决定投入市场的产品种类和数量都非常有限。而消费水平的低下，又决定向市场的需求极少。两者相反相成，也就成了商业必然不发达的原因。比如，拿凉山 1955 年和 1956 年来说，当时每人每年的购买力仅有 7 元左右。这样低的消费水平，就造成了凉山缺乏应有的市场（凉山一直到 1949 年以前，中心区一直没有集市），交换形态非常原始。在鸦片没有引种到凉山之前，凉山普遍存在的是扩大的价值形态和一般价值形态，即以物易物的水平。货币价值形态只是在鸦片种植后，随着白银的大量流入，才普遍起来。于是，我们就看到，这一连串的连锁反应，都是一个基本的原因造成的，即恩格斯所指出的"除了必要的生活资料只能提供微小的剩余"的劳动生产率。而造成这种低下的生产率的原因，自然地理环境无疑起着举足轻重的作用。

除了自然地理环境的因素之外，社会环境也是造成凉山彝族社会生产力低下的原因。因为人的生产不是孤立进行的，而是在一定的社会之中进行的。人们生产能力的发挥，不但受到自然地理环境的制约，而且也受到社会条件的制约。因此，社会环境对凉山彝族生产力水平的影响，也是不可忽视的原因。一方面，这个地区民族斗争复杂，彝族内部又长期不统一，尤其是频繁的家支械斗，不但阻断了交通，造成了许许多多家支割据的局面，而且消耗了大量的劳动力，从而导致生产经常受到破坏，生产力水平长期停滞不前。另一方面，由于汉族统治者的压迫，不但夺走了一些适于经济发展的平坝地，而且把这部分彝族完全赶进了高寒山区，与外界隔绝，这就更加限制了这部分彝族的发展。他们虽然借助于险要的地形，保住了独立的发展，但却处于封闭隔绝状态，从而阻碍了与汉族的技术文化交流和商业往来。从历史来看，由于汉族文化的发达，因此，凡与汉族来往密切、交流频繁的少数民族和地区，都发展得较快。反之，则发展很慢。因此，凉山彝族奴隶主之间以及其与汉族统治者之间的斗争造成的战争破坏、闭塞隔绝状态，也是凉山生产力落后、长期发展缓慢的一个不可低估的原因。

总之，正是以上这些原因，造成了处于铁器时代的凉山彝族社会的生产力水平仍非常低下，而低下的社会生产力水平则决定了凉山只能产生奴隶制度。之所以如此，这既是历史的原因造成的，也是现实的需要。从历史的原因看，原始人认识世界是有一个过程的，他们起初只把自己的群体看作同类，而把自己群体之外的人类看作异类。奴隶的来源，最先是从战俘发展起来的，战俘对他们来说，开始和别的动物没有什么区别，因此，可以把战俘当牲畜一样对待。恩格斯指出，"甚至对奴隶来说，这也是一种进步，因为成为大批奴隶来源的战俘以前都被杀掉，而在更早的时候甚至被吃掉，现在至少能保全生命了"[1]。战俘之所以被保存下来，是因为发现了他们的使用价值。但他们的人身则被看成和动物、工具没有区别的东西。这正如马克思所指出的，奴隶对于奴隶主来说，不过是"会说话的工具"[2]。

其次，从现实的原因看，人们要进行生产，就必须占有生产资料和劳动者。但是在古代，土地对于家庭来说，几乎到处都是，并不需要特别的去占有，而所缺少的主要是劳动力，只有占有劳动者才能扩大生产，增加财源。所以，人类社会的第一个剥削形态主要不是去占有土地，而是占有生产工作者本身。

最后，在生产力水平极其低下的情况下，劳动者所能提供的剩余劳

---

① 《马克思恩格斯选集》第三卷，人民出版社，1972，第220～221页。
② 《马克思恩格斯全集》第26卷，人民出版社，1975，第541页。

动是很少的，如果奴隶主不去占有奴隶的人身，不用强制的办法，使奴隶的消费降低到最低限度，那么，奴隶主就很难占有奴隶的剩余劳动。奴隶哪怕吃得稍微饱一些，可能奴隶主就会一无所获。所以人身强制对于低下的生产力水平是绝对必要的。

基于以上几点，所以说，在生产力水平极其低下的情况下，产生的必然是奴隶制，而不是别的制度。奴隶制一旦产生，就会循着它的历史发展道路前进，不到它的全部生产力水平发挥出来之前，不到新的生产关系在母体内成熟之前，是决不会灭亡的。因此，凉山的低下生产力水平，决定凉山的社会性质必然是奴隶制。

二　从占主导地位的剥削方式看凉山的奴隶社会性质

与上述低下的生产力水平相适应，凉山彝族社会在生产关系上的表现，则是奴隶主不但占有生产资料，而且占有生产工作者本身。奴隶主就是通过这种人身占有来直接占有奴隶的剩余劳动，而不必通过其他的间接途径。马克思指出："从直接生产者身上榨取无酬剩余劳动的特殊经济形式，决定着统治和从属关系。"[①] 而反映这种从属关系的社会性质，则又是由占主导地位的剥削形式所决定的。凉山社会之所以是奴隶社会，从剥削关系看，就在于直接占有奴隶剩余劳动的剥削方式占据绝对的主导地位。

由于土地在凉山是最重要、最根本的劳动资料，土地收入在凉山占据着绝对重要的地位，因此，我们仅以近现代凉山对土地的占有、经营和剥削的方式来看看凉山社会的奴隶制性质。

在民主改革前，凉山彝族社会存在三种形式的土地和两种剥削方式。

---

① 《资本论》第三卷，《马克思、恩格斯全集》第 25 卷，人民出版社，1975，第 891～892 页。

三种土地形式是：娃子耕种地、自耕地和出租地。两种剥削方式是：直接剥削奴隶剩余劳动的方式和租赁剥削方式。下面，我们就根据1956年中央民族委员会对凉山四个县五个乡部分地区的调查材料来看一看三种土地和两种剥削方式各自所占的比重。调查的综合结果是：各区耕种总面积共 6754.9 亩，其中娃子耕种地占 1852.642 亩，占总面积的27.43%；自耕地4007.458亩，占总面积的59.32%；出租地是894.8亩，占总面积的13.25%。这里，我们暂不分析自耕地的情况，仅从娃子耕种地和出租地两项来比较。非常明显，这里娃子（奴隶）耕种地比出租地多一倍以上。也就是说，直接剥削娃子剩余劳动的数量比租佃剥削方式的剥削数量多出一倍以上。显然，二者何者占据着主导方式是不言而喻的。而且，这只是从土地的数量来说的，如果从土地的质量来看，那么，剥削娃子所占的比重就更多。因为凉山的耕地有平坝地、山坡地、高寒山地之分，有水田和旱田之分，由于土地和气候条件不同，所以产量差别也很大。一般情况下，凉山的奴隶主往往是把好地留给自己经营，即由自己的娃子耕种，而把不好的土地出租给别人。比如，美姑巴普乡巴普村，娃子耕种地亩产量是 154.4 斤，而同乡出租地平均亩产量只有106.7 斤；昭觉城南乡甲谷村，娃子耕种地亩产是 98 斤，而出租地亩产只有 45 斤；美姑滥坝乡，娃子耕种地亩产是 80 斤，而出租地亩产只有50 斤。因此，按娃子耕种地和出租地的质量来说，那么直接剥削奴隶剩余劳动所占的比重就更大。另外，曲诺、阿加给主人干活一般只是中午吃主人一顿饭，其主要生活费以及家庭成员的消费都不在娃子耕种地内。因此，曲诺和阿加耕种的这部分娃子耕种地的收入，几乎全部归主子所有。这就造成了娃子耕种地收入比重特别大。例如：昭觉城南乡的黑彝八月五一子用娃子耕作的土地 700 亩，收入 300 石；出租4000 亩，收租200 石。所以，从凉山总的剥削情况看，娃子耕种地和出租地两相比较，直接剥削奴隶的剩余劳动占着绝对的优势。

其次，我们来分析一下凉山的统治阶级黑彝的剥削情况。我们知道，一个社会的性质，首先是由占据统治地位的阶级的性质所决定的，而占统治地位的阶级的性质，又是由他的经济剥削的性质所决定的，而经济剥削的性质，则又是由占主导地位的剥削方式所决定的。因此，要确定凉山彝族社会的性质，也就必须明了凉山的统治阶级黑彝的剥削情况。黑彝这个等级本身是不参加社会劳动的，他们的全部土地只有娃子耕种地和出租地两种。娃子耕种地是利用其对曲诺、阿加、呷西三个等级的人身占有，强制他们给自己服无酬劳役。一般曲诺每年要无偿地给自己的主子干地里活几天到十几天。阿加则每年给主子干半年以上的活。呷西则除了给主子干家务之外，其余时间都要给主子干地里活。这种借助于对娃子的人身占有而直接驱使他们为主子耕种的地，就叫娃子耕种地。显然，这种娃子耕种地就是奴隶制的剥削方式，这种娃子耕种地的收入，全部是剥削奴隶的收入。那么，这种剥削在黑彝的剥削收入中到底占多大的比重呢？现在根据中央民族委员会的调查材料，把四个县部分地区黑彝的出租地和娃子地的情况列表于此，见表1。

表 1　黑彝的出租地和娃子地情况

调查地点	黑彝户数	耕地总面积（亩）	娃子耕种地（亩）	出租地（亩）	占耕种地总面积的比率	
					娃子耕种	出租
普雄瓦吉木乡依呷谷维色二行政区	25	845	631	214	74.7%	25.3%
美姑巴普乡巴普村	12	355.3	160.7	194.6	45.2%	54.8%
雷波拉里沟乡马颈子行政村	2	214.4	30.4	189	14.2%	85.8%
呷洛阿尔乡乃呷行政村	2	185.6	120.6	65	65%	35%
总　计	41	1600.3	942.7	662.6	58.9%	41.1%

注：普雄有两个黑彝、美姑有一个黑彝在民主改革中被划为劳动者，不计在内

从以上情况可以看出，娃子耕种地占全部耕地的58.9%，而出租地只占其全部耕地的41.1%，说明黑彝直接剥削奴隶的土地占主导地位。那么黑彝从娃子耕种地来榨取的剩余劳动收入是否也比出租地上的收入多呢？下面我们就再对比一下两种土地的剥削率（见表2、表3）。

表2　黑彝对娃子耕种地的剥削率

单位：面积（亩）、产量（斤）

地区	乡别	户数	面积	单位产量	总产量	娃子消费	剥削收入	剥削率
中心区	巴普乡巴普村	12	160.7	154.4	24837	7465.2	17371.8	69.94%
边缘区	拉里沟乡马颈子村	2	30.4	241	7326.4	2970.0	4356.4	59.44%

表3　黑彝、土目出租地剥削统计表

单位：面积（亩）、产量（斤）

地　区	乡　别	户数	面积	单位产量	总产量	地租收入	地租收入占总产量的比率
中心区	昭觉城南乡	6	7940	45	357300	79400	22.19%
中心区	美姑巴普乡	24	6797	106.7	72540	36010	40.9%
中心区	普雄瓦吉木乡	27	971.6	234.9	228230	114115	50%
中心区	普雄瓦曲曲乡	4	31.5	249	7845	3752.5	47.08%
土目区	昭觉滥坝乡	17	14633	50	731650	9748.4	13.32%
边缘区	呷诺阿尔乡	4	102.5	207.7	21187	10593.5	50%
边缘区	雷波拉里沟乡	2	184	241	44344	22172	50%

注：美姑巴普乡计算总产量应为725200斤，地税收入应为307615斤，表误，在此更正

从以上对比可以看出，娃子耕种地的剥削率一般都在三分之二左右，而租佃剥削率一般没有超过50%，中心区地租剥削率尤其低一些，平均约三分之一强。从剥削率看，对娃子耕种地的剥削，要远远超过出租地的剥削。再加上娃子耕种地的数量要远远超过出租地，这就证明，黑彝从土地上的收入，主要靠直接剥削奴隶的剩余劳动。因此从占主导地位的剥削方式看，全部黑彝剥削者都是奴隶主，而不是封建领主或封建

地主。

但是，有人认为，凉山的租佃关系是封建剥削关系，而且相对直接占有奴隶的剩余劳动的方法，是一种新型的剥削关系，因此，租佃关系的普遍出现，应该说明凉山是封建制度，那么黑彝就是封建领主，或者是兼有奴隶主和封建主的双重性质。为此，我们必须对凉山的租佃关系做一定的具体分析。

我认为，凉山的租佃关系，基本不代表封建的生产关系。理由有四：

（一）租佃剥削和封建制度之间没有必然联系。因为租佃关系最早并不是产生在封建社会，而是奴隶社会就产生了。比如，古埃及、两河流域在公元前 1 千多年前就生产了租佃制，那时，当地还是奴隶制国家。而且，在有的古代奴隶制国家里，这种租佃关系还相当发达。例如，汉谟拉比法典记载的古巴比伦国家，远在公元前一千七、八百年，就盛行租佃制。而封建社会的欧洲呢？虽然已经是农奴制封建社会，但租佃关系并不发达。只有在我国封建社会里，租佃关系才表现得异常活跃。凉山租佃关系的发展，虽然受到了汉族的一定影响，但租佃关系并不是近代的产物，而是很早就产生了。比如，《宋会要辑稿》记载："黎州过大渡河外，弥望皆是蕃田，每汉人过河耕种其地，及其秋成，十归其一，谓之藩租，土丁之耕藩地者十有七八。"① 可见租佃关系之发达。但那时候，川西南、滇东北、黔西北的广大彝族地区还普遍处于奴隶制下，所以，从彝族自身的历史发展看，也并不能证明租佃制就是封建生产关系。

（二）凉山的租佃关系的产生，是有着许多具体原因的，不分析这些具体原因，笼统地把租佃关系说成是封建制，是没有道理的。一般来说，奴隶主把土地出租，是由于以下几种情况：一是自己占有的土地和占有的娃子比例不均匀，不得不把多余的土地租出去；二是由于交通不便

---

① 《凉山地区古代民族资料汇编》，四川民族出版社，1978，第60页。

（比如地远），或者管理不方便（如不便于监督娃子劳动），于是不得不把这种土地租出去；三是由于土地质量太差，因为娃子劳动积极性很低，自己经营（采用娃子耕种）已经无利可图，甚至要赔本，因此，只好把这种地租出，收取地租；四是边缘区由于与汉区交界，一般多采用租佃制，一方面虽是受到汉方先进生产方式和剥削方式的影响，而采取租佃制（不可否认，这些地区确实也出现了一些新的生产关系），同时，也是由于黑彝奴隶主多住在中心区，离边缘区很远，无法直接使用娃子耕种，不得不把土地出租；五是由于冤家械斗，造成了迁徙，对于远的地，或为冤家械斗所阻已不便直接经营的地，也只好出租。从以上举的几种情况看，基本看不出是先进的生产方式在排挤落后的生产方式。也并非奴隶主意识到封建剥削方法比奴隶制的剥削方法好，而乐于采取新的剥削方式。恰恰相反，奴隶主一般是乐于采取直接剥削奴隶的方法的，因为对于奴隶，他们可以进行最大限度的榨取，而租佃制则要受到双方预定条件的限制。往往同样收成的土地，租佃剥削的数量一般都比不上直接剥削娃子的数量多。所以，黑彝奴隶主采用租佃剥削，完全不是想放弃奴隶制，而是把以前采用奴隶耕种达不到的地方加以利用，以扩大他们的收入。

（三）黑彝奴隶主的租佃对象主要是其人身占有达不到的范围，因此，这是对奴隶制经济的一种补充。根据黑彝奴隶主对娃子人身占有关系的不同，表现出以下特点：对于呷西奴隶无租佃关系可言。对于自己的阿加一般很少发生租佃关系，因为阿加的人身和土地都是主人的财产，另外租佃剥削率也远不如强迫阿加无偿给其干活的剥削率高。对于自己的曲诺，由于黑彝奴隶主不能完全占有其人身，曲诺每年无偿给主子干活的时间有限，因此，主子和自己的曲诺发生租佃关系较多，这种租佃关系实际是扩大主子对自己曲诺的剥削的手段。而黑彝奴隶主更多地是和别人的曲诺和阿加发生租佃关系，这更是扩大其剥削的一种手段。尤其对于曲诺的租佃剥削，常常造成曲诺的贫困、欠债，最后降为黑彝奴隶主的阿加和呷西。所以，租佃剥削不但是对奴隶制经济的补充，而且是扩大奴隶来源的一条途径。

（四）黑彝奴隶主对租佃对象曲诺的人身占有，并非是曲诺租种黑彝奴隶主的土地形成的隶属关系。很多曲诺并不租种黑彝主子的土地，也必须无偿为自己的主子干活。这里既没有破坏奴隶制占有关系，也没有产生新的隶属关系。

基于以上四点，所以说凉山的租佃关系基本不代表封建生产关系，因而凉山的统治阶级黑彝剥削者全部是奴隶主，而不是封建领主。既然如此，我们也就有理由说，凉山彝族社会的性质是奴隶制。

但是，也许有人要问，既然娃子耕种地只占27.43%的比重，而自耕地却占59.32%，怎么能说奴隶制经济占绝对主导地位呢？这是因为，自耕地并不是自主地，土地所有权并不归占有自耕地的人所有，所谓自耕地，实际就是曲诺和阿加除租种地之外的那部分土地。在这部分土地中，阿加的自耕地有两个来源，一个是主子给的耕食地，一个是买进来一部分土地（这是主子允许的，因为阿加是主人的奴隶，奴隶买进了土地，等于增加主人的财产）。但是阿加的土地不允许出卖，只有在遇到特殊困难，无法维持生活，而主子又无力负担其消费时，才允许出卖一部分土地。但只要主子有能力贷给阿加一定的粮食（一般收取50%的利息）时，就不许出卖。阿加不得不卖一定的土地时，主子可以压价购买。而阿加本身若被主子出卖，则土地由主子没收。

至于曲诺，对于自耕地的占有权要好一些，但是，也没有完全的自主权。如，曲诺不经主子允许，不许迁出主子辖区之外；私自逃出，土地归主子没收。曲诺绝嗣，土地被主子吃绝业，其他亲戚无权继承。曲诺要出卖土地，得经主子同意，并且不能出卖全部土地（防止曲诺逃跑）。曲诺出卖土地，主子有优先购买权，主子不要，才能卖给别人。曲诺家支成员由于一般都隶属于几个黑彝家支，所以曲诺的土地可以卖给邻近家支，但不许卖给冤家。黑彝主子还可以掠夺曲诺的土地。

所以，从以上两种情况可以看出，全部自耕地都不是自主地。阿加的自耕地全部是主人的财产，给予阿加自耕，不过是养活自己奴隶的生活费用。曲诺的自耕地，主子个人虽没有完全的占有权，但也不是曲诺个人自由支配的财产，而是隶属于整个奴隶主阶级的财产。而且自耕地上的收入并不是全部归曲诺、阿加所有，主子可以通过各种特权，变相地榨取其自耕地上的一些收入。比如年节、婚丧事情，曲诺和阿加都必须按规定给主子送礼，曲诺还经常遭受黑彝主子所放的特殊高利贷款"杂布达"的剥削。这都说明，自耕地也是奴隶主土地的另一种表现形式，它完全是属于奴隶制经济的范畴。

三 从社会历史的发展看凉山等级关系下的奴隶类型

凉山彝族奴隶社会在阶级关系上，则表现为层层占有关系的等级结构。在民主改革前，凉山彝族存在四个等级，即诺合（也就是黑彝，约占总人口的7％，）、曲诺（也就是白彝，约占总人口的50％以上）、阿加（约占总人口的33％）、呷西（约占总人口的10％以下）。诺合对下面三个等级有着不同程度的人身占有关系。曲诺除隶属于诺合等级外，本身还可以占有阿加和呷西。阿加除属于诺合、曲诺两个等级外，本身还可以占有呷西和血缘比自己低一级的阿加。只有呷西只能隶属于其他等级，而不能占有其他等级的人身。除层层占有关系外，诺合、曲诺、阿加三个等级在近代还有一定的贫富分化。这种复杂的状况，是理解凉山社会性质及其发展阶段的关键所在，因此，有着重新加以分析的必要。

首先，我们应该看到，阶级是由一定的等级构成的。列宁在《俄国社会民主党人的土地纲领》第二章中说："在奴隶社会和封建社会的阶级区分，表现在等级的区分上；而且每一个阶级在国家中都确定有一种特殊的法律地位。所以，奴隶社会和封建社会（亦即农奴社会）的阶级，也就是特殊的等级。"这说明等级和阶级有着一致的关系，只不过阶级是比等级更大的结合体。阶级可能是由一个等级构成，也可能由几个等级构成。他们之间有着范围大小的差异，但没有本质上的对立。

那么，凉山的四个等级之间，表现为何种阶级关系呢？我们先根据中央民族委员会调查的六个县七个点的情况，看看各等级之间的占有关系。

黑彝：占凉山总户数的7.24%，占有全部呷西的43.53%，平均每户占有2.14人；占有全部阿加的79.7%，平均每户占有4.5户；占有全部曲诺，平均每户占有8.6户。

曲诺：占总户数的56.36%，占有全部呷西的40.67%，平均每户占有0.27人；占有全部阿加的18.7%，平均每户占有0.14户。

阿加：占总户数的37.4%，占全部呷西的15.8%，平均每户占有0.17人；占有阿加总数的1.4%（1006户阿加只有17.125户阿加）。

从以上统计可以看出，除了黑彝等级占有大量娃子外，曲诺和阿加两个等级占有娃子是极少的。而且这极少的娃子大部分还是被贫富分化中上升的那些富裕户所占有。所以，从占有关系看，只有黑彝等级是剥削等级，而其他三个等级则是被剥削阶级。从这种关系还可以看出，在凉山确实像谚语所说："没有没有主子的娃子，也没有没有娃子的主子。"这种对娃子人身的占有，不是凭借土地占有出现的依附关系，而是赤裸裸的人身占有。所以，整个黑彝等级就构成了奴隶主阶级。那么，其他三个被剥削等级到底是什么阶级呢？由于情况复杂，所以分歧很大。无论封建制说，还是奴隶制说，或者过渡论，都是以三个被占有等级来立论的。所以，我们又必须着重地来分析三个被占有等级的情况。

根据以上的占有情况，我认为黑彝等级是奴隶主，其他三个等级都是奴隶，但是这三个等级是三种不同类型的奴隶。呷西是家庭奴隶；曲诺是属于部落或国家，即奴隶主共同占有的"公有奴隶"（就像古代奴隶社会有过归国家或奴隶主共同占有的"公有土地"一样，因此，姑且把属于国家或奴隶主共同占有的奴隶称之为"公有奴隶"，这不过是为了论述的方便，并非是一个严格确切的概念）；而阿加则是从呷西、曲诺发展而来的，带有发达奴隶性质的"劳动奴隶"（这是相对不发达奴隶制而言的，并非说其他奴隶不是劳动奴隶）。那么，这么说有何根据呢？第一是根据历史唯物主义所揭示的奴隶社会发展规律，第二是根据凉山彝族所处的具体社会历史环境及其发展过程。以下根据我自己的理解，阐述一下看法。

恩格斯在《反杜林论·暴力论》中总结阶级形成的两种途径时说过这样一段有名的话："农业家庭内的自然形成的分工，达到一定的富裕程度时，就可能吸收一个或几个外面的劳动力到家族里来。在旧的土地公有制已经崩溃或者至少是旧的土地共同耕作制已经让位给各个家族的小块土地耕作制的那些地方，上述情况尤为常见。生产已经发展到这样一种程度：人的劳动力所能生产的东西超过了单纯维持劳动力所需要的数量；维持更多的劳动力的资料已经具备了；使用这些劳动力的资料也已经具备了；劳动力获得了价值。但是公社和公社所属的集团还不能提供多余的供自由支配的劳动力。战争却提供了这种劳动力，而战争和相邻的几个公社集团同时存在的现象一样，都是由来已久的。在这以前人们不知道怎样处理战俘，因此就简单地把他们杀掉，在更多的时候甚至把他们吃掉。但是在这时候已经达到的'经济情况'的水平上，战俘获得了一定的价值；因此人们就让他们活下来，并且使用他们的劳动。……奴隶被发现了。……只有奴隶制才使农业和工业之间的更大规模的分工成为可能，从而为古代的繁荣，即为希腊文化创造了条件。"[1]

---

[1] 《反杜林论》，《马克思恩格斯选集》第三卷，人民出版社，1972，第219～220页。

在这里，恩格斯给我们揭示了如下几点：一，当生产有了剩余之后，就出现了吸收"一个或几个"劳动力到家庭中来，剥削这种剩余劳动的要求。那么这种劳动力是什么呢？当然，这不是一般的家庭成员，而是新的社会关系，即家庭奴隶。二，但是在本部落或本公社的自由民中，还提供不了这种满足各个家庭要求的劳动力，怎么办？这时战争就提供了这种条件，战俘变成了奴隶，奴隶制被发现了。三，奴隶制第一次为社会发展进步提供了广泛的可能。因而奴隶制也就日益深入到各个领域。

这说明，家庭奴隶是最先出现的一种奴隶，这在世界各国，几乎都是规律。拿我国云南境内的少数民族来说，凡处在原始制度解体阶段的，无不出现家庭奴隶。家庭奴隶的出现，是社会生产力提高到有剩余产生的时候，家庭要求增加劳动力的必然结果。这种最初的奴隶在家庭看来，只不过是一种工具，是一种利用他的使用价值带来剩余劳动的工具。马克思讲："……全部生产工具（其中包括土地，在原始奴隶制形势下也包括直接生产者本身）……"① 这里讲的原始奴隶制，正是家庭奴隶制。既然奴隶在这时候是一种工具，而且是社会生产发展到一定阶段的普遍要求，那么对这种奴隶的要求也就成了社会的一种需求，它绝不会只限定在个别的家庭中。既然是一种普遍的社会要求，那么，还处于原始平等状态下的各公社（或部落、氏族）的各家庭，一般都缺少劳动力，都还无能力把本家庭的劳动力输送给别的家庭，更无法去奴役本公社（或本氏族）平等的自由人。于是，对于奴隶的需求，和提供这种需求之间就产生了矛盾。如果没有战争，这个矛盾就得不到解决。靠奴役本公社、本氏族的人要有一个很长的过程，在这个过程中，奴隶制在蹒跚地前进。因为他只能把本公社内部分化出来的穷人变为奴隶，这种奴隶的来源就非常有限，和整个自由的公社农民比起来，则数量极其微小。等到贫富

---

① 《资本论》第三卷，人民出版社，1975，第906页。

分化到可以大量奴役本公社（氏族）成员的时候，可能生产力水平已经达到了向封建制过渡的水平。于是，奴隶制社会也就要被越过去了。所以，奴隶制虽然是一种社会发展的必然现象，然而，如果不能解决奴隶来源问题，奴隶制在社会经济中就不能占据主导地位，因而奴隶社会也就不会成为一种必然现象。但是，这种情况在古代是极其罕见的，一切生态利于人类发展的地方，都最先被占领，而且很快发展起来比较密集的人。在密集人口居住的地方，部落和部落、公社和公社之间的矛盾、摩擦是经常发生的，战争在进入阶级社会以前就已经存在了。于是，在产生使用奴隶劳动的阶段，战俘就顺理成章地成了奴隶，成了家庭增殖财产的工具。这样，家庭奴隶制就发展起来了。

但是，家庭奴隶是要受到使用的限制的。开始，他们不过是家庭的辅助劳力，继续发展，虽然逐渐具有了"生产奴隶"的性质，但毕竟不同于生产奴隶。家庭奴隶的特点，是干家务活和干农活结合在一起，并且住在主人家里，消费和主人在一起。比如，凉山昭觉城南乡，黑彝八且笔末子的呷西力尔假门，自己叙述为主子劳动的情况时说："农忙时，我早晨要割草喂马，早饭后晚饭前在地里干活，晚上要推磨、舂谷、给牲口喂草；农闲时，我早上要背水、做饭，下雨天早饭后就放牧牛羊，晴天就砍柴，晚饭后就得推磨、舂谷子和给牲口喂夜草。"可以看出这种奴隶只能限于家庭低下的消费范围。这时，社会产品的数量还太少，一般的家庭还达不到贮存财富的阶段。而且贮存财富的手段——货币、贵金属还没出现，这就使家庭奴隶只能限于简单的消费范围内，因而使用也就受到了这种水平的限制。

然而，在战争频繁的地方，奴隶的来源又是大量的。彝族所在的走廊地带，自古就是兵戎之所，无数的民族聚落在这种环境中忽起忽落，此消彼长。彝族就在这样环境中，形成了许许多多的部落，战争成了他们的家常便饭。

从整个西南彝族的历史看，其发展基本是两大系统。分布于滇西南的彝族，由于自然地理条件较好，生产力水平发展较快，因此，在唐代就产生了强大的奴隶制国家南诏。南诏的统治者蒙氏就属于彝族的武部这一支。武部和乍部是互通婚姻的两个彝族集团，这部分彝族由于发展快，结果从唐以后就逐渐向封建制过渡，后来大部分融合于白族中。所以滇西南彝族的奴隶制度主要存在于唐宋以前。另一系统是滇东北、川西南、黔西北的广大地区。这里自然地理条件较差，社会环境又极其复杂，民族战争尤为频繁，加上在北面和汉族统治者的斗争，在西南和南诏、大理政权的斗争，所以，奴隶制发展格外缓慢，一直到明清时代，这个广大地区仍处于奴隶社会阶段。如果查一查彝文巨著《西南彝志》就可以看出，这地区和汉族、南诏以及其他民族的战争是极其频繁的。如《以着记》记载："攻东部武家，多征收租粮。"[1] 这是把武部在东边的统治势力赶走。因为南诏强大时期，几乎统治了整个彝族地区。而和汉族的斗争则讲："夺取了汉权，除宫中陀尼，治理民和奴。"[2] 说明和汉族的斗争也是很早就有了。再如和后来的白族的斗争："阿哲的兵马，攻击作洛举，占了七十城，毁城不计数。"[3] 阿哲部是贵州水西彝族，三国时代曾佐诸葛亮"南征"。"作洛举"是白族的祖先，这里是作为白族的代称。而凉山彝族的远祖古侯部，也就是《西南彝志》中所说的恒部，远在东汉时期的德额九兄弟，就有了君、臣、师的划分，并且有了家兵，对外进行掠夺。这里讲的是"君"，即是"兹"，彝语意为权力，是部落的最高统治者；"臣"即是"莫"，意为长老、调解人。"师"就是"毕"或"布"，就是祭师，充当巫和军师的职能。[4] 说明这部分彝族，正在向

---

[1] 贵州省民族研究所毕节地区彝文翻译组编译《西南彝志选》，贵州人民出版社，1982，第389页。
[2] 贵州省民族研究所毕节地区彝文翻译组编译《西南彝志选》，贵州人民出版社，1982，第390页。
[3] 贵州省民族研究所毕节地区彝文翻译组编译《西南彝志选》，贵州人民出版社，1982，第496页。
[4] 余宏模：《古代彝族布幕刍议》，1983年《人民大学报刊复印材料》。

奴隶制过渡。因此，掠夺财物、土地和奴隶的战争是不会少的。从记载看，这地区的彝族和当地的濮人战争相当多，有时战败，一部分彝族"变濮人去了"。[①] 而更多的时候是征服了濮人，"取濮之九城，还不止九个，共取十五城"。不但打败了濮人，而且把濮人变成了奴隶："恒捕濮的人，恒以濮使用，恒以矛杀濮。"[②] "恒以濮使用"，就是把濮人俘虏变成奴隶。"恒以矛杀濮"，就是对不服的濮人加以杀戮。这种对外的战争，不但彝文典籍有记载，而且汉文史书记载也很多。据记载，宋代凉山及其毗邻地区的彝族部落就有勿邓、丰琶、两林、马湖三十七部等，还有无数的小部落。这些部落对汉族统治者叛服无常。在其臣服于宋朝的时候，曾助宋朝大破过吐蕃，受到宋朝封王。而当其叛离宋朝时，则据险以为乱。比如《宋史·蛮夷传》记载："邛部（即勿邓）于诸蛮中最骄悍狡谲，招集番汉亡命，侵攘他种，闭其道以专利。"[③] 这里的"侵攘他种"就是掠夺别的民族和部落。"闭其道以专利"，就是控制南北交通要道（即"一线鸟道"），专门在这一带烧杀抢掠。再如在凉山中部一带的虚恨部，就经常出来掠夺，和汉族统治者发生冲突，其中一次入寇，就使"忠镇十二村民殆尽"。[④] 再如马湖部，一次袭击嘉定府犍为县的利店寨，守寨人全部战死，投水自杀的人以数百，老弱妇女数百人被掠走。等到大军来讨，要其交还所掠人口时，得到的是"所掠此是妇女三十余人，近悉有娠，须产毕乃可送"[⑤] 的侮辱性答复。正是这种不断的经常性的战争，造成了掠夺的其他民族的战俘奴隶非常多。例如，1622～1623年，明朝军队在永宁对奢崇明部队进行的一次歼灭性的战斗中，前后夺

---

① 贵州省民族研究所毕节地区彝文翻译组编译《西南彝志选》，贵州人民出版社，1982，第86页。
② 贵州省民族研究所毕节地区彝文翻译组编译《西南彝志选》，贵州人民出版社，1982，第122页。
③ 《凉山地区古代民族资料汇编》，四川民族出版社，1978，第43页。
④ 《凉山地区古代民族资料汇编》，四川民族出版社，1978，第79页。
⑤ 《凉山地区古代民族资料汇编》，四川民族出版社，1978，第71页。

回的被俘汉族男女就达 5553 名之多。[1]

除了对外族的战争外，彝族内部的家支械斗更是频繁。在《西南彝志》中记载的家支械斗就很多。比如《武氏源流二》中讲："德美阿以一，阿以布为二，布雅谷为三，这家的三代，在谷甲德住，在诺耿能戛，繁衍了后代，强者作了主，弱者降为奴。"[2] 这里讲同一部的后代有成为主人的，有成为奴隶的。造成这一结果的原因是一强一弱，说明这是征服造成的。这是统一部落的不同家支。还有的是同一民族的不同部落。如《德施的叙述》中讲到默部与武部的斗争："在景雅那打，向武家进攻；以精悍勇士，持宣花大斧，破武之九城。武只剩一成，武阿那的人，站在城头上，大声地喊道：'河水塞不断，你把塞断了；人杀不尽的，你把杀尽了！'""祖先默阿德，有很高威望，人们都归服。在额叔必额，象驱除毒蛇，象追逐猛兽，打败了武家，解除了祸根。武君武阿纳，武臣鸠塔卷，武师施那外，都归附默家；屋后的靠山，密茂的森林，肥沃的土地，完全丧失了。乌蒙拐阿宗，在五个夜晚，被德施踏平。""武失了土地，德增多土地，武失了林木，德增多林木；武失了荒山，德增多荒山；德占了基业，就地住下了。"[3] 说明这是一次大规模的冤家械斗，目的是争夺土地和财产。而武君臣归附，并且失去了土地，必然要下降到奴隶的地位。另外，冤家械斗还在彝族与盟好部落之间进行。同是这篇记叙讲到了德施氏与替部落的斗争。替部落曾经帮助德施氏强大起来，后来德与替之间，发生了冤家械斗："德向替进攻，如角蹄交加，激烈地搏斗。替君替额谷，替臣替雅宠，替师替各各，替勇保阿直，四人同聚集，献牛与德家，求全于德家。在老吐惹多，德收替的马，在老吐必不，

---

① 《天启实录》卷 53，引自胡庆钧《明清彝族社会史论丛》，上海人民出版社，1981，第 25 页。
② 贵州省民族研究所毕节地区彝文翻译组编译《西南彝志选》，贵州人民出版社，1982，第 58 页。
③ 贵州省民族研究所毕节地区彝文翻译组编译《西南彝志选》，贵州人民出版社，1982，第 262 页。

德收替的牛，在老吐赫节，德夺替的粮；又在克帕乌，俘虏了替能。替
能投降了，交全部土地，恒舍和朵家，同样交土地，恒舍之麻戛，还愿
也得交，都被德占领。替林地失掉，德林地增多；替荒土被占，德荒土
充满。从此掌大权，修明了内政。德与替之战，德胜替败了。战事结束
后，又赶走恒能，又赶走帕纳，大辟其土地。"① 说明这也是一次争夺土
地、财产和奴役对方的大规模械斗。在汉文典籍中也有不少彝族家支械
斗的记载。例如，据记载，明代一朝之内，彝族内部的大规模家支械斗
就有十七次，其中争夺土司职位的就有十二件，侵占土地的占四件，掠
夺奴隶财物的占一件。而这种械斗，能动员的兵力自数万至十余万不等。
例如，明末天启年间最大的彝族土司和贵州宣慰司，所能动员的兵力达
二十万左右，而且组织以骑兵为主力，还有少数象队。② 除了这种大规模
的冤家械斗外，小规模的冤家械斗就无法计算了。而参加这种械斗的成
员，除了奴隶主之外，大量的是奴隶。因此，战败被俘为奴是很容易的。
由此可见，在这种频繁的战争和冤家械斗中，战俘奴隶的来源是大量的。
于是，这又产生了一个矛盾：战俘奴隶来源是大量的，而家庭奴隶的使
用，又是受到限制的。那么，多余出来的战俘奴隶怎么办？把他们毁掉
吧，但奴隶已经是一种财产，消灭奴隶，也就是毁灭财产，这种事他们
是不会做的。那么放弃奴役战俘吧，这也是办不到的，因为这等于自动
放弃对这种财产的所有权。而且，生产资料、劳动手段又不是达到了无
法吸收奴隶劳动的地步，作为主要生产资料的土地是大量的。财产也不
是太多了，而是嫌太少。那么，究竟怎么来处理这些家庭吸收不了的奴
隶呢？其实，这在古代是一个不成其为问题的问题。就像古代的土地曾

---

① 贵州省民族研究所毕节地区彝文翻译组编译《西南彝志选》，贵州人民出版社，1982，
第 235～236 页。
② 吴用先：《征蛮疏草》卷上，引胡庆钧《明清彝族社会史论丛》，上海人民出版社，1981，第
84 页。

经在国家产生之后还有"公有""国有"一样，奴隶也曾有过共同占有的阶段。在奴隶制的早期阶段，除了每个家庭占有一定数量的家庭奴隶之外，大量的奴隶是为部落、国家所占有。正因为他们是部落、国家的"公有奴隶"，因此，每个自由人都没有权力随便占有他们、杀害他们。于是，这些奴隶的身份，从外表看来，要比一般的家庭奴隶有着较大的自由。但是，他们毕竟是奴隶，所以，代表统治阶级利益的部落、国家却有权力随便支配他们，让他们服各种劳役，甚至处死他们。例如，元明清时代的土司对他们就有"例得生杀"①的权力。他们的子女可以随便被土司、土目抽去作奴婢。但是，除了代表部落或国家的土司、土目有权力随便处置"公有奴隶"外，其他单个奴隶主是没有这种权力的。这种奴隶，越是在不发达的奴隶制里，就越容易取得支配地位。这样，我们就可以理解斯巴达的奴隶制。黑劳士不过是整个斯巴达的奴隶，所以，任何一个斯巴达人都没有任意处置他们的权力，只有国家才有任意处置乃至杀死他们的权力。他们的人身只被国家占有，而黑劳士则为整个奴隶主阶级提供劳役。这种奴役的形式，也是我们理解中国古代奴隶社会的一把钥匙。在这种奴役的形势下，甚至国家只要保留这种权力，就足以证明他们的奴隶身份。曲诺在历史上就是这样一种"公有奴隶"。

曲诺和历史上的白彝基本是同一种身份的人。但历史上的白彝情况就比较复杂，一方面有其形成的过程，另一方面，其成分又比现在复杂。但从其主要来源讲，主体部分可能是被征服的彝族和其他民族。因此，他们一开始就是奴隶。由于被征服的人很多，所以，除一部分家庭奴隶外，大部分是公有奴隶。家庭奴隶就称为奴，主要给家庭服各种劳役。公有奴隶主要当差、种地，后来就变成了兹

---

① 引自胡庆钧《明清彝族社会史论丛》，上海人民出版社，1981，第63页。

莫统治下的"民"的一部分。比如,在《西南彝志》中记载:"濮裔以万计,久为彝所平。"① 说明濮人降为奴隶的人数是很多的。濮人战败被俘,基本都是奴隶,这一般没有什么异议。据《华阳国志》记载,魏晋以前就有"僰童之富"② 的说法。"僰"和"濮"是异文,"僰童"就是"奴隶",说明掠夺濮人为奴,很久以来就是一种普遍现象。据《西南彝志》记载,濮人主要从事农业,其主要职能是交租、纳税,和"民"的职能没有什么差别。如《武濮所》中记载:"往东来的濮,从事种谷物。种谷谷成熟,有糯米粘米,给阿纳上税,给艺布交租。""默德施之濮,德施卧之濮,给他们上租,给他们贡赋。""布播勒之濮,给他们贡赋,给他们上租。"③ 说明"民"与奴在身份上没有多大区别。因此,可以说,从事农业的公有奴隶,是包括在"民"这个范畴中的。"民"这个概念,可能是从事农业的被剥削者的通称。例如,《武氏源流一》中讲:"布家糯奎博,洛额古三姓,先是打冤家,后以白为败,白者为差使,又派他的粮,就是这样的。"④ 又如《武氏源流二》中讲:"六祖始有奴,糯有施努恒,被他奴役了。其后有三姓,阿更与阿默,和着果保武。先是相攻打,后是白彝败,败者受奴役,既要当差使,又要缴粮租。"⑤ 这更直接的说明,白彝是在冤家械斗中,失败一方下降而来的。非常值得注意的是,这里把奴和白彝相提并论,而白彝的职能也是要"当差使,缴粮租",说明他和"民"的职能是一样的。但他们又是奴隶,这就说明"民"中间包括奴隶,这种奴隶就是公有奴隶。之所以这

---

① 贵州省民族研究所毕节地区彝文翻译组编译《西南彝志选》,贵州人民出版社,1982,第124页。

② 《凉山地区古代民族资料汇编》,四川民族出版社,1978,第10页。

③ 贵州省民族研究所毕节地区彝文翻译组编译《西南彝志选》,贵州人民出版社,1982,第345~346页。

④ 贵州省民族研究所毕节地区彝文翻译组编译《西南彝志选》,贵州人民出版社,1982,第50页。

⑤ 贵州省民族研究所毕节地区彝文翻译组编译《西南彝志选》,贵州人民出版社,1982,第58页。

样说，还因为同样是家支械斗失败的一方，有的是降为奴隶的。"强者做了主，弱者降为奴"，就很好地说明了这一点。《武氏源流》中还记载彝族中有六个家支整个降为奴隶的："六祖奴代始，糯家施鲁享，恒家施阿朵，德家施阿荣，笃家施阿鲁，布勒施阿仁，乌撒施阿普。"① 这说明，奴和"民"，从其来源来说，确实是一样的。奴和民的区别，可能就在于，一个是家庭奴隶，一个是从事农业的公有奴隶。另外，民的范围可能比奴的范围大，民里边不但包括公有奴隶，可能还包括一些其他身份的人。因此，白彝这个等级，开始可能是由两部分人组成的，一部分是战败下降的一部分人，这就是公有奴隶。还有一部分则是通过别的途径下降或上升到这个等级中来的。实际上，也是逐渐在向公有奴隶过渡。有人讲，这种人是依附民或隶属民。但依附民或隶属民不是一个稳定阶层，而是一个过渡阶层，在奴隶社会，是向奴隶身份过渡的阶层，而在向封建社会过渡时，又是向封建农民过渡的一个阶层。因此，在奴隶社会，其和公有奴隶的身份是接近的，有人干脆把他们叫作奴隶。并且，隶属民处于过渡阶段中，因此，不具有稳定性和独立性。但是，白彝及后来的曲诺，证明都是长期存在的一个稳定阶层。因此，说明这个阶层的基本特征是公有奴隶，但可能掺杂一些过渡性身份的人。也许有人认为，根本不存在什么公有奴隶。如果这样的话，就不好理解早期的奴隶社会。因为去掉公有奴隶的话，就只存在家庭奴隶了。但家庭奴隶是非常有限的，拿近代凉山来说，家庭奴隶也只是占10%的比重，奴隶的比重这样小，是不足以确定其为奴隶社会的。因此，我认为公有奴隶是存在的。而且，公有奴隶的存在，可以调节家庭和官府对私有奴隶的需求。同时，又可以为部落和国家提供大量的收入，支持他们进行战争和掠夺。像那样几万、几十万人的大规模

① 贵州省民族研究所毕节地区彝文翻译组编译《西南彝志选》，贵州人民出版社，1982，第50页。

冤家械斗，需要大批的人力和物力，没有大量的公有奴隶作为剥削对象，是办不到的。但公有奴隶的数量受到奴隶来源的限制，只有在那种有着大量的战俘奴隶来源的地方，才大量存在公有奴隶。根据凉山战俘来源的状况，及其奴隶制经济的落后，可以说，公有奴隶是大量存在的。而这种公有奴隶就是白彝。到了元明以后，彝族地区普遍建立了土司制度，于是，白彝就成了土司管辖下的公有奴隶。对于这种公有奴隶，只有代表整个奴隶主利益的土司才对他们有"生杀任情"①"虐致死，恒不敢搏"②的权力。至于单个奴隶主，对于这样公有奴隶，是没有这样的权力的。根据胡庆钧的研究，当时在土司管辖下，黑彝和这种公有奴隶（即白彝）是不住在一起的，而是住在不同的村落里。在形式上，这种黑彝奴隶主和白彝都是土司的臣民。但是黑彝一般只对土司保持一定仪式上的负担，并不意味着等级上被奴役的关系。而白彝则隶属于土司，处于被奴役的地位。黑彝个人虽然不能直接占有白彝，但他们可以奴役直接从外围掳来的各族人民，所以黑彝是属于奴隶主阶级。

胡庆钧的研究还表明，明清时代，凉山除土司外，只有三个等级，即黑彝、白彝、濮节。贵州水西彝族除土司、土目外，也只有三个等级，即黑骨（也即黑彝）、朔杰、则苏。朔杰意为小民，则苏则译为家奴。说明白彝和朔杰是处于同一地位的公有奴隶，濮节和则苏则是家奴。而黑彝呢？形式上还是土司的臣民，实际则是奴隶主阶级。他们和土司的关系就相当于部落首领和部落成员之间的关系。土司的前身，即他们取得汉王朝的任免之前，实际上就是部落首领。因此，当其被封为土司之后，名义上虽成为中央委派的官吏，而其实际地位则仍相当于部落头人，是

---

① 清《世宗实录》，引自胡庆钧《明清彝族社会史论丛》，上海人民出版社，1981，第196页。
② 清光绪《毕节县志》卷七，引胡庆钧《明清彝族社会史论丛》，上海人民出版社，1981，第196页。

以整个部落利益的面目出现的。而黑彝则是部落成员。由于特殊的地理环境和社会条件，造成了这个地方的部落战争十分频繁，这就使部落成员的成年男子全部是战士。黑彝族实际上就是在特殊环境中形成的部落武士阶层。他们数百年来，就是"以战争为日用，以掠夺为耕作"，[①] 不事生产，专以掠夺战争为职业。这正反映了奴隶主阶级的特征。这种情况，也可以在《西南彝志》中找到根据。例如在《德施的叙述》中，就讲到了黑彝和白彝的历史。开始，彝族历史上还没有黑彝和白彝的区别，黑白的区分是后来才发展起来的，最后黑彝族势力发展，才出现了黑贵白贱的区分。如讲到黑彝族的扩张，"耿恒之基地，地名曰洛乌，为黑彝所管，糯恒二次子，居洛博以北"。"宇宙的八方，皆黑彝所属，布默二幼子，实液中部居。""黑彝占据的，在洪块格优，比方长脚雁，到处都想占，山高龙脉远，再远也要站。如行云一般，向俄母扩张。德施的祖先，原住楚吐南，太阳所照的，黑彝都占了；月亮所到的，全归黑彝了。"[②] 这里提到的糯恒两部，就是今天凉山彝族的祖先。这里提到的布默两部是贵州一带彝族的祖先。这里提到的德施，是默部的一支。而这里讲到黑彝是糯恒布默的子孙，实际上就是川滇黔地区的一部分彝族部落，强大以后，向四面征服形成的一个特殊等级。最后形成了黑贵白贱的局面。"白彝多为民，征他的租税"，"黑彝多贵族，为我行权令。"[③] 所以，黑贵白贱是征服的产物，黑彝是在征服中上升为奴隶主贵族。自从元明清在彝族地区设立土司制度以来，汉族统治者曾对这一地区实行军事上的严密统治。但是黑彝奴隶主阶级并不因此而放弃其掠夺

① 《天下郡国利病书》卷四秩官志，引自胡庆钧《明清彝族社会史论丛》，上海人民出版社，1981，第 65 页。
② 贵州省民族研究所毕节地区彝文翻译组编译《西南彝志选》，贵州人民出版社，1982，第 238～239 页。
③ 贵州省民族研究所毕节地区彝文翻译组编译《西南彝志选》，贵州人民出版社，1982，第 281 页。

的本能，他们借助于险要的地形，对扼守于"一线鸟道"上的汉军民进行袭击，"不时出没"，①"兵至则散匿穷谷，兵退则复出劫杀"，②"横行边境"，大肆劫掠汉军队官兵、周边的汉族人民及其他各族人民。就是在这种长期的社会历史环境下，产生了这个专以战争、掠夺为职业的武士阶级。这就是黑骨头，或称黑骨夷，即黑彝。这种社会的因素，造成了黑彝生性傲慢，十分好战，难以制驭。据《四川通志》讲："黑骨头自来彪悍，不服土司约束"。③随着黑彝势力的发展，这个结成了大大小小的家支集团（实际就是武士集团）的黑彝等级逐渐排挤了土司在凉山的统治。在明清时代，黑彝曾发动了大规模的反土司战争，把原来土司控制的地区分割成了大大小小的几十个黑彝族家支统治的地盘，土司（即兹莫）被赶到了边缘区，只剩下了极小的几块保留地。这样，土司所有的土地、奴隶（即公有奴隶）都被各黑彝族家支分割了。曲诺（即白彝）由于历史上大部分人是公有奴隶，所以，他们虽然隶属于一定的黑彝主子，但仍保留下了黑彝主子个人不能随便处理他们人身的权利。并且由于管理他们的共同机构的消失，在经济剥削上，也有所减轻。他们再不要向这样一个共同机关当差交租了。但是，他们是"公有奴隶"的特点却并没有因之而消失，仍保留了下来。这就是对整个黑彝家支的隶属。如一般说，曲诺虽然可以在黑彝家支的范围内迁徙，但不许迁出黑彝家支之外。他们要参加黑彝的家支械斗，在打冤家中，本家支黑彝成员被俘或打死对方成员，要负担"赎金"和"命金"。对于黑彝家支的活动，他们必须参加，只有服从权，没有决定权。而曲诺的行动，包括家支活动，不得黑彝家支允许，不许进行。黑彝家支则对其所属曲诺有保护权。这都说明，曲诺成了家支的公有奴隶。与此同时，曲诺对奴

① 明《永乐实录》，引自胡庆钧《明清彝族社会史论丛》，上海人民出版社，1981，第64页。
② 嘉庆《清溪县志》，引自胡庆钧《明清彝族社会史论丛》，上海人民出版社，1981，第56页。
③ 雍正《四川通志》，引自胡庆钧《明清彝族社会史论丛》，上海人民出版社，1981，第60页。

隶主个人的人身依附关系却加强了。曲诺个人必须不同程度的隶属于黑彝家支成员，给他们提供各种劳役和负担，比如曲诺每年要给黑彝族主子服一定天数的无偿劳役，主子过年过节、婚丧事情，都要按规定送一定的礼物。曲诺绝嗣，财产不能由亲戚继承，而要由主子继承，这叫作吃绝业。黑彝主子还具有向曲诺放一种叫"杂不达"的强制性的高利贷的特权。在特殊情况下，黑彝族主子也可以转卖曲诺。所以，从这些情况看，近代凉山的曲诺仍然是奴隶，而不是依附民，更不是封建农奴。

以上是黑彝、白彝（曲诺）的情况，那么濮节这个等级呢？据彝文书记载，濮节是在黑彝远祖古侯、曲涅迁入凉山时就携带来的，说明濮节起源很古老。并且有"婢女来运石，男仆砌石墙"[1] 的记载，说明他们都是男女奴隶。他们的境遇极其悲惨，"衣不掩骼"，"食不充饥"，[2] 主子对他们"轻则折卖全家"，"重则立毙性命"。[3] 从他们的境况看，与1949 年以前的呷西奴隶一般无二。根据胡庆钧的研究，他们的来源有二，一是从白彝以及被统治的其他民族中抽来的子女，二是从汉族地区掳来的汉人。从其来源说，其地位也与呷西奴隶无二。因此，濮节就是呷西奴隶的前身。从其起源久远来说，证明他们又是家庭奴隶，也就是彝文书上所说的"奴"或者"家奴"。

从以上的分析可以看出，直到明清时代，凉山奴隶社会中，只有三个等级，即黑彝、白彝（曲诺）、濮节（呷西），至于阿加奴隶，则还没有出现，或者虽已出现，但还没有从白彝、濮节中分化出来。这就证明，阿加奴隶是后来发展起来的。这种情况，反映出凉山奴隶制还处在不发达状态。这种不发达状态有两个标志，一是统治阶级黑彝的

---

[1] 《古侯曲涅史略》，引自胡庆钧《明清彝族社会史论丛》，上海人民出版社，1981，第64 页。
[2] 《年羹尧奏折》一四〇号，故宫明清档案部，引胡庆钧《明清彝族社会史论丛》，上海人民出版社，1981，第193 页。
[3] 乾隆八年四月三十日，《贵州总督张广泗贵州提督韩勋奏》（朱批），故宫档案部，引自胡庆钧《明清彝族社会史论丛》，上海人民出版社，1981，第193 页。

状况，黑彝实际是有着全权的自由民，他们在当时的凉山社会里还没有分化，并且还保留着有许多氏族特征的严格的家支血统关系，说明统治阶级还处在比较原始落后状态；二是从奴隶的状况看，当时的社会还是两种奴隶并存，即少量的家庭奴隶和大量的公有奴隶，属于家庭占有的生产性奴隶还没有出现。而这种特点，正是早期奴隶制的特点。因此，可以说，明清时代，起码在明清以前，凉山奴隶制还处于不发达状态。凉山彝族奴隶制的发达状态，是随着阿加奴隶的发展而发展的。下面，我们就专门来探讨一下"阿加"奴隶的发展与凉山奴隶制的变化。

四 从阿加奴隶的发展看民主改革前凉山奴隶制的发展阶段

马克思在《资本论》第三卷中指出"……真正的奴隶制经济（它也要经过各个阶段，从主要为自身需要而从事经营的家长制，一直到为世界市场而从事经营的真正种植园制度）……"[1] 这说明，奴隶制按其自然进程，必然会随着生产、分工、交换、货币经济的发展而经历各个不同的发展阶段。凉山奴隶制也不能例外。

前面我们已经看到，到明清时代，凉山还只有三个等级，阿加这个等级还没有从白彝和濮节（或者说从公有奴隶和家庭奴隶）中分化出来。但是到1949年以前，我们则看到一个清楚的事实，阿加这个等级不但已经分化出来，而且人数相当多，仅次于白彝（曲诺）的人数，在凉山彝族中，占据了总人口的33%。而原来的家庭奴隶，即呷西，则只占10%以下的比重。于是，我们要问，阿加这个等级是怎样产生的？他为什么发展这么快？

---

① 《资本论》第三卷，人民出版社，1975，第906页。

我们首先看到这样一个事实，阿加奴隶是不同于曲诺这个等级的，对于曲诺，黑彝奴隶主个人不能完全占有其人身。而阿加奴隶则完全被黑彝奴隶主占有，他们没有亲权、婚权和身权，一切听主人的支配。但是阿加奴隶也不同于呷西这个等级，呷西生活在主人家里，多是单身，他们给主人干家务和干农活不分，他们没有任何生活资料和劳动资料，主人占有他们的一切剩余劳动。但是阿加奴隶则不和主人住在一起，而只是住在主子家的周围，他们有主子给予婚配的一个小家庭，有少量的工具，领种主子的一小块耕食地，在得到主子允许的情况下，可以开一小块地，主子也允许有条件的阿加买一定的土地（因为阿加的人身完全被主子占有，阿加买地也等于增加主人的财产）。但是，阿加必须无偿为主人干活，随叫随到，只有主人不需要时，才可以干自己的活。他们给主人干活，必须自带工具，他们一般不吃主人的饭，起码农闲时如此。但是，由于他们的人身、子女、婚配完全由主子支配，所以他们是奴隶。

从以上我们可以看出，阿加是不同于曲诺、呷西类型的奴隶。他们不像曲诺那样，有较大的自由，也不像呷西那样，生活在主人家里，成为家庭奴隶。那么，这种奴隶是什么呢？从他们的特点看，他们完全是生产性奴隶，即"劳动奴隶"。这部分奴隶在凉山占据着重要地位，是奴隶主进行经济剥削的主要来源。这种奴隶的大量使用，只有在发达的奴隶制下才可能。为什么呢？

这是因为，当生产力水平还处于极低下的状态，人们的剩余劳动还只能维持奴隶主家庭的简单消费，因为分工还不发达，商业和货币在社会生活中还没什么作用的情况下，剩余劳动还不能作为财富贮存起来，更不能作为增殖的资本。这时，个体奴隶主家庭吸收和使用奴隶劳动是非常有限的，它限于家庭的简单消费，因此，一般很难超出家庭奴隶制的范围。但是，如果分工发展起来了，商业繁荣了，货币成了贵金属，财富既可以永远储存下来，也可以用作增殖的资本时，奴隶的使用范围就大大扩大了。家庭奴隶制已经容纳不下这种发展起来的社会生产力了，于是劳动奴隶制就应运而生了。这就是马克思所说的"以生产直接生活资料为目的奴隶制度，转化为以生产剩余价值为目的奴隶制"了。阿加奴隶在凉山的发展，正是凉山彝族从不发达的奴隶制向发达的奴隶制过渡的一个象征。那么，阿加奴隶是怎样发展起来的呢？

我认为，阿加奴隶是在明清以后发展起来的。根据中央民族委员会美姑巴普区、普雄瓦吉木乡、布托则洛乡、雷波拉里沟乡调查的阿加的血缘关系看，彝根阿加占的比重是 64.43%，汉根阿加占的比重是33.09%，当代汉人占的比重是 2.48%。根据前面的介绍，我们知道，在土司统治下，黑彝一般不占有彝族血统的奴隶，而这里阿加奴隶的来源64.43% 是彝根，说明阿加的来源可能大部分是由"公有奴隶"白彝下降而来的。在黑彝赶走了土司之后，凉山奴隶制开始向发达奴隶制发展。一方面，黑彝把公有奴隶不断地通过各种途径使其地位下降，成为供自己直接支配的奴隶。但这部分奴隶，又是家庭使用吸收不了的奴隶，所以这部分奴隶就成了和家庭奴隶不同的分居奴隶。另一方面，黑彝由于大量掠夺周边的汉族为奴，所以汉根奴隶也逐渐为家庭的使用所吸收不了，于是，也从家庭中分化出来，成为分居奴隶。必须说明的是，分居奴隶可能很早就有了，但那时的分居奴隶和家庭奴隶没有什么区别，其使用范围和性质与家庭奴隶一样，而且数量很少。但到了近代，分居奴隶基本用于田间劳动，而且数量很大，他们已经失去了家庭奴隶的特点，而成了专事田间劳动的生产奴隶。说明这种分居奴隶已经成了一种新型奴隶。而这种新型奴隶的形成过程正发生在近代。从 1840 年以后，中国开始沦为半殖民地半封建社会，商品经济和货币经济逐渐发达起来，尤其鸦片引种到凉山以后，白银大量地流入凉山，这就使奴隶主的财富贮存有了可能，而且可以扩大再生产，成为增殖的资本。这就突破了家庭奴隶制的发展阶段，而向生产奴隶发展。这个发展趋势，从清明以来，可能就开始有了萌芽，而到近代就发展起来了，当鸦片引种以后，就在凉山经济中占据着越来越大的比重。一直到民主改革前，仍处于方兴未艾的阶段。为什么这么说呢？我们从民主改革前五六十年的发展看，凉山奴隶制的发展具有这样两个趋势：

第一，由于货币经济的发展，各个等级都相应地出现了贫富分化的现象。黑彝等级中，少数人上升为大奴隶主，大多数人为中小奴隶主，同时，也有少数人变成贫困者。曲诺这个等级的分化更加明显，有极少数曲诺上升为奴隶主，甚至是大奴隶主，而相当一部分则下降为阿加和呷西，大部分虽处于中间状态，但随时有下降的危险。阿加也有少部分富裕起来，上升为曲诺，或相当于曲诺的地位，甚至个别有上升为奴隶主的。但总的来说，阿加变化要小一些，他们除上升外，无所谓下降一说。呷西奴隶一无所有，所以也就谈不上分化一说。但这里可以看到，贫富的分化是等级分化的前奏，它的继续发展，必将导致具有浓厚原始血缘关系的等级结构的破裂。只是由于民主改革才中断了这个过程，不然，它一定会循着这条道路前进。这种发展趋势说明，原始落后的奴隶制正在受到破坏，而向其发达形态发展。这种发展形态的标志，就是各种剥削形式随着货币经济的发展而非常活跃地发展起来。比如，土地的买卖与典当、奴隶的买卖、高利贷的活跃、租佃制的发展，等等。这种活跃的剥削形式的发展，正是奴隶制经济开始走向繁荣发展的表现。

第二，这种活跃的诸多剥削形式的发展，并非是向封建制度发展。有人把租佃制的发展看成是由奴隶制向封建制的过渡，这种观点是错误的。为什么呢？其原因就是新上升的剥削者都不是沿着封建制的道路发展。因为按照社会的自然发展规律，如果社会生产发生性质上的变化时，新上升的剥削者的发展趋向应该是代表了这种发展趋势。但是从凉山新上升的剥削者来看，完全看不出这点。恰恰相反，他们直接剥削奴隶剩余劳动力的收入和租佃收入相比较，则前者所占的比重比起老的奴隶主来，所占的比重更大。现根据中央民族委员会调查材料，把四个县五个点曲诺剥削者的娃子耕种地与出租地之比计算如下：

普雄瓦吉木乡依木呷谷

维色曲二行政村（7 户），娃子耕种地与出租地之比是 572.5%。

美姑巴普乡巴普村（8 户），娃子耕种地与出租地之比是 425.7%。

雷波拉里沟乡马颈子行政村（5 户），全部采用娃子地耕种，没有出租地。

呷洛阿尔乡乃呷行政村（4 户），娃子耕种地与出租地之比是 505%。

雷波上田坝"独立白彝"区（3 户），娃子耕种地与出租地之比是 124.5%。

从调查的五个点 27 户曲诺剥削者的情况可以看出，除了独立白彝族区三户曲诺剥削者的娃子耕种地和出租地的比例略小之外，采用娃子耕种的土地普遍要超过出租地四倍以上。即使雷波独立白彝区的三户曲诺，其采用娃子耕种的土地也要多于出租地。所以，全部由曲诺上升的剥削者基本都是采用奴隶耕种土地的方式，因此，全部是奴隶主。既然新上升的剥削者全部都是奴隶主，那么，怎能认为这个社会是在向封建社会过渡呢？从现象看，凉山的租佃关系确实不少，但不是封建关系，而是凉山由不发达奴隶制向发达奴隶制的过渡中，由于货币经济发展的产物。这里因为财富已经成为可以储存起来的东西和增殖的资本，使奴隶主不再满足于自己小家庭的直接消费，而把追求财富变成为自己唯一的目标，因此，其剥削形式也不限于直接剥削自己的娃子，而是向外扩张，扩张到剥削别人的劳动，剥削别人的娃子，扩张到不便于采用娃子经营的领域。租佃关系的发展，正是在奴隶制向发达形态过渡中，要求扩大剥削范围的产物。

根据以上的分析，我认为，从清明以后发展起来的阿加奴隶，以及随之而发展起来的租佃关系，乃是凉山奴隶制从不发达的奴隶制向发达的奴隶制的过渡。而不应像某些学者所说，凉山奴隶制还处于奴隶制的早期阶段，或如另外一些学者所说，是从奴隶制向封建制的过渡。

马克思在《〈政治经济学批判〉序言》中说："无论哪一个社会形态，在它们所能容纳的全部生产力发挥出来以前，是决不会灭亡的；而新的更高的生产关系，在它存在的物质条件在旧社会的胎胞里成熟以前，是决不会出现的。"[1] 如果没有强大的社会主义制度，没有伟大的民主改革运动，马克思的结论，也必然适用于凉山彝族奴隶社会。

凡不注明出处者，所引材料都系引自中央民族委员会 1958 年出版的《四川省凉山彝族自治州社会调查综合报告（初稿）》。

1983 年 5 月 5 日

---

[1] 《马克思恩格斯选集》第二卷，人民出版社，1972，第 83 页。

郭老古史分期研究的特点及其战国封建论有关问题的重新阐发

古史分期问题是近 60 年来用马克思主义理论观察和研究中国古代社会的热点。事实证明，这是一个带有全局性的问题，它涉及整个古代社会的一系列重大的理论问题，涉及对中国历史的重新认识。因而，这一问题不但是中国马克思主义史学的发端，引起了一切从事中国古史研究的人们的共同注意，而且引起了一切想认清中国现实国情的政治家和理论家的关注。这正如郭老所指出的："对于未来社会的待望逼迫着我们不能不发出清算过往社会的要求。""认清过往的来程也正好决定着我们未来的去向。"[①] 也正如毛泽东同志所指出的，作为一个革命家，"不但要懂得中国的今天，还要懂得中国的昨天和前天"，[②] 因而才能正确地认识现实中国的特点，有的放矢地去解决中国革命迫切需要解决的问题。正是由于古史分期问题具有这样重大的历史和现实意义，致使对这个问题的研究和论证，至今不衰。郭老是用马克思主义理论指导研究中国古代历史的第一人，也是古史分期问题研究的发起者和推动者。他把古史分期研究作为探讨中国古代社会历史发展规律的枢纽，展开了多方面的探

---

① 郭沫若：《中国古代社会研究》自序，人民出版社，1954。
② 毛泽东：《改造我们的学习》，《毛泽东选集》第三卷，人民出版社，1966，第 759 页。

讨，取得了举世瞩目的成就。今天，当史学面临着新的现代化进程的时候，我们缅怀郭老对古史分期研究的贡献，研究他的治史特点和方法，评析和阐发他的古史分期理论，特别是他在 1949 年以后至逝世一直坚持的战国分期理论，对于我们在新的历史条件下，把古史分期研究继续推向前进，有着十分重要的意义。为此，本文准备就这方面的内容作一点初步的探讨。

一　郭老古史分期研究的特点

郭老是怎样研究起古史分期问题来的呢？在 1949 年以后出版的他的自传体文集《海涛》中这样写道：

辩证唯物论是人类的思维对于自然观察上所获得的最高的成就，那是毫无疑问的。但只是作为纯粹的方法来介绍，而且生硬地玩弄着一些不容易消化的译名和语法，反而会在这个方法的接受和运用上增加阻碍，也是容易理解的事情。中国现代化的普遍落后，连初步的科学知识，都还没有十分普及，在物资上虽然已经被外来的资本主义吮吸的几乎成了瘫痪，而在思想上去俨然横亘着一道难攻不破的万里长城。一句老话：国情不同。不是旧有的东西，不要说辩证唯物论，就是机械唯物论都是排斥着的。要使这种新思想真真地得到广泛的接受，必须熟练地善于使用这种方法，而使它中国化。使得一般的尤其有成见的中国人，要感觉着这并不是外来的异物，而是泛应曲当的真理，在中国的传统思想中已经有着它的根蒂，中国历史的发展也正是循着那样的规则而来。因而我的工作便主要地倾向到历史唯物论这一部门来了。我主要是想运用辩证唯物论来研究中国思想的发展，中国社会的发展，自然也就是中国历史的发展。

反过来说，我也正是想就中国的思想，中国的社会，中国的历史，来考验辩证唯物论的适应度。

在这段话里，郭老介绍了他把主要精力转向古史研究的原因和主要感兴趣的内容及其方法。这目的是非常宏大的，即通过对古史的研究，使人们广泛地接受马克思主义的辩证唯物论和历史唯物论的世界观和方法论，以达到救国救民的目的。他是一个热忱的爱国主义者，早年，为了追求救国的真理，广泛地接受和学习了西方的科学知识和思想。后来又接受了马克思主义的世界观，"才认真明白了做人和做学问的意义。"[1] 他首先是一个革命家。当旧世界还处于表面平静的时候，他是把笔作为武器，去刺破旧世界的黑暗。而当旧世界沸腾起来的时候，他却毅然投笔从戎，投身到北伐战争和南昌起义的伟大事业中去。当他后来被迫亡命日本的时候，他写道："我的从事古代学术的研究，事实上是娱情聊胜无的事。假如有更多的实际工作给我做，我倒也并不甘心做一个旧书本子里面的蠹虫。"[2] 但不管他做什么，他都有着一个革命家的伟大气质和魄力。所以，他对古史的研究，一开始就有着宏大的构思，他要"运用辩证唯物论来研究中国思想的发展，中国社会的发展"和"中国历史的发展"，使马克思主义的世界观和方法论成为使中国多数人普遍接受的"泛应曲当的真理"。但是，他在具体的做法上，是相当注意的，他考虑到中国的具体国情，坚决主张这种研究必须"中国化"。治史方法的"中国化"，是郭老一生从事古史研究，尤其是从事古史分期研究的重大特色。

所谓"中国化"研究方法，按郭老的思想和他治史的过程看，大约有这样几方面的内容。第一，研究过程必须摆脱公式化的影响。既不要

① 郭沫若：《十批判书》，科学出版社，1956，第 465 页。

② 郭沫若：《十批判书》，科学出版社，1956，第 466 页。

"生硬地玩弄着一些不容易消化的译名和语法"，也不要把唯物史观的公式，硬往古代的资料上套。郭老在治史的初期是犯过公式主义的毛病的。他后来总结说："我的初期的研究方法，毫无讳言，是犯了公式主义的毛病的。我是差不多死死地把唯物史观的公式，往古代的资料上套，而我所据的资料，又是那么有问题的东西。我这样所得的结论，不仅不能够赢得自信，而且资料的不正确，还可以影响到方法上的正确。尽管我所据的公式是确切不移的真理，但我如果把球体的公式来算圆面，岂不会弄出相隔天渊的结果来。别人见到这结论的错误，粗率一点的，岂不会怀疑到球体公式的无稽？而这个公式的正确与否，事实上我在我所据的资料中也还没有得到证实。那么，我的努力岂不是拿着银样蜡枪头在和空气作战吗？"① 所以，研究方法"中国化"的第二点，就是要用中国的资料、中国的实际去验证历史唯物主义的"适应度"。即要从中国的资料中去证实历史唯物论的正确性。如果从中国的资料中得不出符合马克思的历史唯物主义的结论，那就是马克思搞错了，或者是理论不够完善，我们就要从中国的实际出发，来修正马克思的结论。但这个工作"是前人所未做到的功夫"，② 更"不是外人的能力所容易办到"。③ 所以，在马克思主义史学上，这还是"半部世界文化史上的白页"。④ 有的只是历来"一切成见的圈子"。⑤ 面对这样的荒芜，如何下手呢？无疑，首先，要对研究的资料进行清算。尤其是要用马克思主义的慧眼，在这种清算过程中，找到那些从事社会历史研究所必备的资料。但中国历史资料"大抵为历来御用学者所淹没，改造，曲解"。⑥ 所以，这实际是一项从头做

① 郭沫若：《海涛》，新文艺出版社，1953，第118页。
② 郭沫若：《中国古代社会研究》自序，人民出版社，1954。
③ 郭沫若：《中国古代社会研究》自序，人民出版社，1954。
④ 郭沫若：《中国古代社会研究》自序，人民出版社，1954。
⑤ 郭沫若：《中国古代社会研究》自序，人民出版社，1954。
⑥ 郭沫若：《中国古代社会研究》自序，人民出版社，1954。

起的开辟性工作。郭老在 1928 年 8 月 25 日完成了《诗书时代的社会变革与其思想上之反应》的初稿之后，就对以往的史书产生了深刻的怀疑。他写道："我对我所研究的资料开始怀疑起来。《易经》果真是殷周之际的产物吗？在那样的时代，何以便能有辩证式的行而上学的宇宙观，而且和《诗》《书》中所表现的主要是人格神的支配观念，竟那样不同？《诗经》的时代果真如《毛传》或《朱注》所规拟的那样吗？如果是经过删改，怎么能代表他本来的时代？《书经》我虽然知道有今文和古文的区分，在今文中，我虽然知道《虞书》《夏书》的不足信，但商周诸篇，也是经过历代的传抄翻刻而来的，他们已经不是本来面目。——这同样的理由，对于《易经》和《诗经》也是适用的。毫厘之差可以致千里之谬，我们纵使可以相信《易》《书》《诗》是先秦典籍，但它们已失真，那是可以断言的。因此要论中国的古代，单据它们来作为研究资料，那在出发点上便已经有了问题。材料不真，时代不明，笼统地研究下去，所得的结果，难道还能够正确吗？"① 于是"我踌躇了，我因而失去了当初的一鼓作气的盲动力。但我也并没有失望，我把我自己的追求，首先转移到了资料选择上来。我想要找寻第一手的资料，例如考古发掘所得的，没有经过后世的影响，而确确实实足以代表古代的那种东西。"② 这样，当他刚结束了《中国古代社会研究》一书的有关部分之后，就把全部的精力投入到对甲骨文和金文的研究上来，在亡命日本的 10 年中，取得了震惊世界的成就。他在甲骨文研究方面继王国维对殷代世系的剔发的基础之上，又对卜辞作了科学的分类和大量的考释。而对金文的研究，更是做出了"创通条列"，③ 凿穿"两周八百年的混沌"④ 的贡献。他把

① 郭沫若：《海涛》，新文艺出版社，1953，第 118 页。
② 郭沫若：《海涛》，新文艺出版社，1953，第 119 页。
③ 郭沫若：《十批判书》，科学出版社，1956，第 6 页。
④ 郭沫若：《十批判书》，科学出版社，1956，第 8 页。

传世的几千件周代青铜器，经过严格的筛选、整理、考证，最后给323
个铭文长、史料价值高的器皿理出了一个断代的系统，从而使这些地下
材料真正成为能够证史的"科学研究的素材"。[①] 经过这番功夫之后，郭
老终于达到了"对于古代社会的面貌更加明了"[②] 的认识。与此同时，
以及回国的几年中，他又以此作为参照系，对其他方面的材料也作了
彻底准备。他说："秦汉以前的材料，差不多被我彻底剿翻了。考古学上
的、文献学上的、文字学、音韵学、因明学，就我所能涉猎的范围内，
我都做了尽我可能的准备和耕耘。"[③] 在这样下了15 年的功夫之后，郭老
1944 年写道："现在是达到能够作为自我批评的时候了。"[④] 这样，就达
到了郭老"中国化"的研究方法的最后阶段，也就是第三方面，即经过
中国真实的材料对马克思主义理论的验证之后，把二者紧密结合起来，
形成反映中国古代发展规律的古史系统。《古代研究的自我批判》一文的
发表，证明这种"中国化"的古史系统已经形成。以后发表的《奴隶制
时代》，则是对这一系统的进一步发展与完善。所谓古史分期问题，实际
是这个系统的核心，涉及这个系统的所有方面。

以上情况说明，郭老的古史分期理论是沿着"中国化"的研究特点
不断向前发展的。这个发展过程，实际是一个披荆斩棘的过程。他不但
是中国马克思主义史学的开路先锋、古史分期研究的发动者，而且带领
大批史学工作者进一步把这条道路不断地拓宽。今天，我们在这宽阔的
道路上起步，不能不感谢郭老的伟大贡献。由于他和老一辈马列主义史
学家的努力，我们现在研究，才不必从头做起。但我们是站在巨人的肩
膀上，如果我们的研究不能超过前人，那我们将愧对我们的前辈。为此，

---

① 郭沫若：《十批判书》，科学出版社，1956，第 2 页。
② 郭沫若：《十批判书》，科学出版社，1956，第 462 页。
③ 郭沫若：《十批判书》，科学出版社，1956，第 465 页。
④ 郭沫若：《十批判书》，科学出版社，1956，第 1 页。

本文下面想就郭老后期坚持的战国封建论中的几个问题做一定的评价和重新阐发，以期把战国封建论的研究沿着郭老开辟的"中国化"的道路，进一步推向前进。

二　郭老战国封建论几个问题的评析和重新阐发

中国古史分期问题包括原始社会与奴隶社会的分期问题和奴隶社会与封建社会的分期问题。关于前者，分歧不大，国内争论不多。后者则一直是争论的中心。所以，一般所说的古史分期问题，主要是指后者。而这个问题争论主要的焦点，又集中在两点上，即中国是否经历了奴隶社会？奴隶社会与封建社会的分界点在什么时候？由于这两点的认识不同，从而引起了对一系列理论问题和古代史问题的不同看法，并因而形成了不同的古史系统。

郭老是我国第一个论证了中国历史经历了奴隶社会的人。他认为我国西周是典型的奴隶社会。这个观点，他自始至终没变，并不断地用新的材料来充实这一看法。这是中国历史研究上的一个重大突破，对当时的史学界和政治理论界，都引起了振聋发聩的影响。由于这一突破，就证明，中国社会的历史，也和世界各国一样，先后经历了原始社会、奴隶社会和封建社会几个发展阶段。从而有力地批驳了形形色色的"中国国情特殊论"的论调，为中国马克思主义史学奠定了基础。但是，在关于中国奴隶社会与封建社会的分期界限上，郭老却有过前后三次变化。第一次是早期的观点，他把奴隶制的下限和封建制的上限确定在西周与春秋之交。第二次是20世纪40年代的观点，把分期点定在秦汉之交。第三次是1949年以后，把分期点确定在春秋战国之交。以后二十多年，直至去世，再没变动。这三次变化，诚如黄烈所指出的，虽然更改了三次，但都是在一个大范围内的更改，即都是在春秋战国这个范围内改动。① 春秋战国是我国社会制度大变动的时代，把分期点选在这个时代是合理的。至于选点的前后变化，则是由于研究不断深入的结果。选在西周与春秋之交，是由于对西周社会的生产力水平估计过高，而对于春秋社会的状况研究又不够透彻的结果，而且也是把阶级斗争简单化的结果。认为只有人民或奴隶的大革命，才能促成奴隶社会向封建社会过渡。因而他过高地评价了西周末年平民和奴隶的暴动，把它作为奴隶社会灭亡的根本原因。第二次的变化，体系上是合理的，但还未完全脱去必须以奴隶大起义作为向封建社会转变的根本动力的观点。秦末农民起义有奴隶的队伍参加，但这绝不是这次起义队伍的主体。战国时代还有不少奴隶，这也是事实，但也不是社会生产的主要担当者。秦始皇灭六国，把六国中不少人变成刑徒，似乎秦代有大量奴隶。但实际上，这是征服中的一种变形，在近现代还存在。即使这样，这些刑徒也不是劳动者中的主体。第三次的变化，无疑是最合理的。这时，他已经完全脱去了必须以奴隶大起义作为两种社会制度更替的动力的公式化观点，而彻底地以当时社会的经济生产方式为依据，以反映经济关系的政治斗争和意识形态的变化为主要佐证，从而把分期点定在春秋战国之交。这一分期点的选择，从时代性来说是完全正确的。但在选点的细节上，还有可商榷的余地。从整个春秋战国的历史上来看，春秋中后期，晋国在诸侯中占据了支配地位。并且它在这个时期的经济变革和政治变革也是最深刻的。晋国这种变革的成果，最后是通过秦国扩展到了全中国。所以，分期点的选择，应主要以这一变化为依据。这一变化，它的早期分界点是三家分晋，时间是公元前 453 年。它的后期分界点是商鞅变法，他是把这种变革继续完成。因此，分期点选在公元前 453 年或商鞅变法时代，都是合适的。但这只是微小的不同。郭老根据春秋战国经

---

① 黄烈：《郭沫若在史学上的贡献》，《郭沫若研究学术座谈会专辑》，文化艺术出版社，1984，第 214 页。

济制度与政治制度变革的特点，把各国变法看作奴隶社会向封建社会过渡的依据，这从根本上说，是解决了分期问题的关键。但是，也必须指出，郭老的古史分期体系，至此也还未臻于尽善尽美，体系上还有不够严整的地方，漏洞也不少，个别观点还是错误的，需要我们沿着他的"中国化"的研究道路，进一步将其完善。这里不想全面讨论郭老分期体系的问题，只想就其中四个问题加以评析和重新阐述。

（一）关于我国奴隶社会的根本特点

郭老最早论证了西周是奴隶社会，并认为，西周是我国奴隶社会的发达期，因而西周奴隶社会的根本特点，也就代表了中国奴隶社会的根本特点。所以，我们以西周作为典型，来探讨我国奴隶社会的根本特点。郭老对西周奴隶制的根本特点，有过不同的提法。开始，他认为西周是希腊、罗马式的奴隶制（即古典的劳动奴隶制），以后又认为是斯巴达式的奴隶制（即种族奴隶制）。这种提法的不统一，是由于郭老对于我国西周奴隶制的结构特点还没有完全把握所造成。这也是其他各派分期理论大多没有解决的一个问题。认识西周奴隶制的特点，关键要从分析当时社会特点的经济细胞（即社会基本经济单位）入手。西周社会，劳动者到底是以一夫一妇的家庭为经济细胞，还是以公社为经济细胞？这是认识西周社会根本特点的一个关键。如果认为西周的劳动者是以一夫一妇的家庭为经济细胞，即生产和消费组成一个自我循环的系统，那么劳动者有自己的小家庭，有自己的工具，有归自己耕种的小块土地，独立地进行生产和消费，这样的劳动者，说他是封建农奴，是说得通的。而如果以公社为经济细胞，即生产和消费是以公社为单位组织进行的，那么，一夫一妇制的小家庭在社会上就不具有独立性。因此，这时劳动者和国家、贵族的关系就只有通过公社才能表现出来。于是，公社的性质就表现了社会的性质。西周之所以是奴隶社会，正由于西周社会的经济细胞是后者，而不是前者。郭老之所以对于西周奴隶社会的根本特点拿不准，关键就在于对这个问题认识不彻底。

郭老在《关于中国古代研究中的两个问题》一文中曾指出，马克思对于"公社"一词的用语，在不同的地方是不同的词汇，基本意义也不一样。如所说日耳曼人的"公社"，德文意思是"人民的土地"，拉丁文意思是"公地"；所说印度的"公社"，德文和英文的意思都是"村庄系统"。而所讲的巴黎"公社"，又是另外的词汇。而我们统统译成"公社"，这是应加以区别的。按照郭老所述的三种"公社"之意，和我国西周时代的"公社"相类似的，无疑是第一种，即有着"公地"的那种公社。然而，我国西周时代的"公社"又有我国自己的特点，不能完全同于日耳曼人的公社，因此，我们不能硬套日耳曼人的公社，来论证我国西周时代的社会性质。

另外，郭老指出，我国古代是存在原始公社制的，商周社会的某些基本社会单位，还可以看出这种公社的特点。这就是商周时代的"邑"。但"邑"在商周时代已非原始公社性质，"一方面经济发展了，公社内部就会产生贫富分化，耕种方式就会由本族自耕变为奴隶耕作。邑中的组织就蜕变为奴隶制性质。""另一方面，有的种族被征服了，就会被部分地或全部地降为种族奴隶——'黑老士'"至于在这两种变化之后，"公社"这种组织还存在不存在，郭老却没有说。但他说："我认为，中国奴隶社会不像所谓'古代东方型'的奴隶社会那样，只有家内奴隶，而生产者则是'公社成员'。严格按照马克思的意见来说，只有家内奴隶的社会，是不成其为奴隶社会的。……如果太强调了'公社'，认为中国奴隶社会的生产者都是'公社成员'那中国就会没有奴隶社会。"

根据郭老以上的看法，可以看出，他不否认西周时代存在公社，但认为这种公社已经变质，已非原始意义下的公社。只是他不敢把这种意思贯彻到底，从而导致了对我国奴隶社会的根本特点还拿不准。但他看到中国奴隶社会不是典型的所谓"发达的家庭奴隶"，则是正确的。

那么，应该如何分析我国西周奴隶社会的特点呢？如前所述，我国西周时代的经济细胞是公社，而不是一夫一妇的小家庭。劳动者的身份不是直接表现出来，而是通过公社表现出来。但"公社"在不同的国家，不同的时代，形式和内容都不完全一样。诚如马克思在《给维·伊·查苏利奇的信》中所指出的："公社"依时代不同，有其原生态、次生形态和再生形态。在有些国家甚至可以经历中世纪的一切劫难，一直保留到近代。但这种"公社"从形式到内容都发生了变化。从我国西周时代的公社看，无疑，它已经不是原生形态的公社，而是具有剥削意义的公社，即变质的公社。既然有人认为，公社在变质之后，可以表示封建生产关系（例如日耳曼人和斯拉夫人的那种公社），那么，它就可以表现奴隶制的生产关系。我国西周时代的公社，正是表现了奴隶制的生产关系。

那么，西周的公社如何表现奴隶制的生产关系呢？这就要从西周时代周人对被征服民族的统治方法谈起。周人征服商人之后，为了统治人数比自身多得多的商人和其他被征服人口，拱卫王室，一方面是"封建亲戚，以藩屏周"。[1] 史载，周初共封七十一国。[2] 另一方面是实行"国""野"分治，即基本保留了殷人和其他异族的公社制度和习俗。这种保留，既是统治的要求，也是当时以公社为基础的社会生产的必然产物。因为西周时代，人们进行农业生产的劳动工具还是以木、石器为主，工具的落后，必然造成人们还离不开协作进行生产。所谓"井田制"，就是进行协作生产的组织方式（这点将在下一问题论及）。由于协作生产，所以土地还是共同占有的生产手段。这时，还普遍存在着"三年一换土易居"[3] 的制度，这种制度虽然具有平分土地的性质，但生产者对土地还

---

① 《左传》僖公二十四年。
② 《荀子·儒效》。
③ 《公羊传》宣公十五年何休注。

无永久使用权，因而更谈不上占有权和所有权。由于主要生产资料——土地的这种共同占有和协作生产的性质，就决定了公社是进行社会生产的基本单位。同时，由于生产资料的共同占有和使用，也就决定了这个时期的家庭形式还不能摆脱父系家长制大家庭的血缘纽带，那种"异居同财"①的大家庭，正是建立在生产资料（主要是土地）共有基础上的家庭组织形式。所以，西周时代的公社，是以共同占有和使用土地为基础的、保留着血缘纽带的、进行协作生产和分配的基本的社会经济细胞。

西周时代虽然以公社为经济细胞，但这种公社不像有些学者所认为的一律是农村公社。所谓的农村公社，不过是原始社会解体阶段到阶级社会出现之初的一种社会过渡组织形式。西周时代已经是国家出现一千多年以后，那时所谓的公社显然已经不是这种社会组织。它已经体现了剥削和压迫的关系。郭老认为，这种组织已经"蜕变成奴隶制性质"，从根本来说是正确的。他是看到了这种社会组织的实质内容。但是郭老忽略了这种社会组织由于生产工具的落后，而长期保留着公社的外壳。不敢充分肯定这点，这是他的不足之处。而另有一些人专门强调这种社会组织就是农村公社，看不到这种公社已经蜕变成剥削性质，则是忽略了它的本质内容，而只抓住了它的表现形式，这就会出现实质性的错误。按照事物发展的过程来讲，事物的变化，内容是走在形式前头的，内容变化了，才会带动形式的变化。但在内容变化之后，形式在不违背新的内容的需要时，却可以保留旧有形式的一些特征，所以，我们仅仅抓住旧有形式的一些特征，而忽视了它的内容，是要犯根本性错误的。当然，只是强调内容，而对形式的多样性和延续性的特点看不到或估计不足，也要影响理论的彻底性，这也是我们应该充分注意的。通观各家说法来

---

① 《仪礼·丧服传》。

看，郭老的战国封建论主要是存在后一种缺陷，而不存在前一种情况的根本性错误。

既然西周的基本经济细胞是公社，而这种公社又是变了质的剥削组织形式，那么，这种公社是怎样一种性质呢？公社中的劳动者是什么身份呢？从性质来说，西周社会存在两种公社，一种是自由民的公社，也就是"国"中或"都"中的公社，这种公社虽然也具有剥削内容，但它不是被奴役的对象，而是统治阶级进行统治的基础。另一种则是被奴役的公社，也就是"野"中或"鄙"中的公社，这种公社由于还是一个社会的经济细胞，所以，它是以整体作为一个人格化的奴隶。这种公社中的社员之所以是奴隶，完全是由这种公社的身份所决定的。因为在以公社为经济细胞的社会中，社员一般不直接和国家或占有这些公社的贵族发生关系，而只和公社发生关系。国家或贵族之所以要保留这种公社，是由于进行生产是劳动者与生产资料的有机结合，打散了公社关系，就是破坏了当时劳动者与生产资料结合的有机条件，从而也就破坏了社会生产，这样就达不到榨取剩余劳动的目的。所以，在这种情况下，国家对被征服人口的奴役，基本是以公社为基础的。因而，这种被奴役的公社，才具有人格化奴隶的身份。在被奴役的公社中，劳动者虽然身份比较自由，有自己的小家庭和一定的生产工具，但都是相对于公社而言。如果既强调公社，又强调社员的这些特点是表明他们和国家之间的关系，从而论证他们就是封建农奴，则是犯了一个根本性错误。因为社员与国家、贵族之间的关系，只有通过公社才能体现。因此，只有公社的性质才能决定社员的性质。只要公社是人格化的奴隶，那么，被奴役公社的社员就是集体奴隶。这种集体奴隶是统治者不用皮鞭便可使之顺从的工具。而这点，正是我们理解西周"野"中的劳动者之所以是奴隶的奥妙之处，也是西周统治者对广大奴隶进行统治的高明之处。

以上所述西周被奴役公社的成员（即集体奴隶），是西周社会生产的主要担当者。因此，也就决定了西周是奴隶社会。西周这种奴隶制的特点，既不同于希腊、罗马式的奴隶制，也不是所谓的"发达的家庭奴隶制"，更不是那种所谓专制君主之下的所有公社社员和臣民都是奴隶的"普遍奴隶制"，而只有被奴役公社的社员才是奴隶，自由民公社中的劳动者（一般社员）并非奴隶。所以，这种奴隶制是我国独具特色的奴隶制形式。

（二）关于"井田制"问题

郭老在对甲骨文、金文和文献材料进行了15年的研究之后，终于从过去对井田制的否定，到重新肯定了井田制的存在，并揭示了井田制的剥削意义，即：井田制对贵族来说，是作为俸禄的剥削单位，而对广大奴隶来说，则是课验勤惰的单位。从而论证了井田制是我国奴隶社会进行剥削的经济基础。这一看法提出之后，认为卓见者有之，认为臆说，非难者有之。如何认识井田制的经济意义，这是目前战国封建论和西周封建论以及其他各家争论的一个重要基础。井田制确实存在，不能认为是孟子的空想。这从《左传》《国语》、甲骨文、金文等材料中都能找到根据。因此，井田制已为多数人所承认。问题是，井田制到底是一种什么形态，它的基本意义是什么？大致归纳来说，对井田制的理解有三大派，一是，认为是农村公社；二是，认为是剥削单位和计算单位；三是，认为是孟子乌托邦的空想。至于对其贡、助、彻、公田、私田等的看法，则众说纷纭。笔者认为，这三者的说法，都有一定道理，但都存在一个共同的缺陷。即井田制从原始社会末期产生，一直到魏、晋、隋、唐还有其影子，有长达几千年的历史。而三者对于长达几千年的井田制的发展历程，大都不作发展观，而是拘泥于某种一成不变的看法，这是要出问题的。

依笔者的看法，井田制是我国三代存在公社制的基础。井田制与公社制本身一样，有其原生形态、次生形态和再生形态。在原始社会末期，它只是表示公社内部的分工和互相协作的意义。所谓助耕"公田"是集体协作，是毋庸置疑的。其实，不只是共耕"公田"，而且耕作"私田"也是相互协作完成的。根据我们现在的计算，西周的百亩之田，约相当于现代的31.2亩，而西周已经开始对土地进行深翻，但当时的工具还是以石、木器为主。我们知道，在现代，使用铁制、钢制工具和牛耕，一家一户独立耕种30亩地都是相当困难的，在古代那样落后的工具下，要独立耕种这么大的面积是不可能的。这是因为农作物的播种、生长、收割，都有自己的内在规律。一块地，播种时间不可能拖得太长，春种迟一天，秋熟就晚几天。一块地播种时间拖得时间长，秋天就不可能同时成熟，因而，也就要影响收获。早收，未成熟者就是瘪子，晚收，先成熟者就要被风摇落在地上。因此，春种要齐，秋熟才能齐，这样才能及时收割。这点，在《诗经》中已经有所反映。其次，秋收也必须协作，因为收割必须及时，拖得时间长，籽粒就要被风摇落在地上。所以，一直到现在，在个体单干的时候，还是互相请帮工，协作完成收割任务。在夏、商、周远古时代，就更是如此。因为不进行协作，就无法按作物的生长、成熟规律来保证收成。笔者曾研究过这个问题，认为井内劳动力是从种、到管理、到收割的一个协作单位。这个协作单位利用作物播种和成熟都有一个相对较长的时间，而每个地块播种和成熟又需同时完成的特点，井内劳动力互相协作，依次一块地一块地耕种，秋天也按成熟的早晚，依次一块地一块地地进行收割。因此，井内每块地的播种和收割都是及时的，而整体的播种和收割却要拖一个相当长的时间。这正是古人按科学规律办事的劳动生产组织形式。一个公社内部分成若干井，实际就是有若干个协作组织。然后各个协作组织又要共耕"公田"，目的是为公社的各种公共开支提供贮备。而"私田"上的收获物，则按平均分配好的地块收割归小家庭所有。这就是井田制的协作意义。这种协作的特点，从原始社会末期产生，一直到井田制破坏才消亡。关于井内的劳动者相互协作和照顾的意义，在孟子对井田的论述中也还能找到一些资料，比如说："守望相助，疾病相扶持"[①] 就是证明。当然，井田制还有平分土地（"三年一换土易居"）和规划沟渠系统的性质。因此，有人认为这是农村公社，从形式上说，也是说得通的。这就是井田制的原生意义。如果我们把这种原生意义从时间上放到原始社会末期和阶级社会初期，那么，这就是井田制的本质意义。但是，如果把这种意义放在阶级社会的三代，尤其是西周和春秋时代，那么，这就不再是它的本质意义。这时，还认为井田制的本质意义是农村公社制，那就完全错了。郭老认为这个时代的井田制是计算剥削量的单位和考验奴隶勤惰的单位，则是抓住了这个时期井田制的实质，因而才能正确地揭示它的剥削内容。所以，郭老强调井田制的剥削内容是完全正确的。但郭老没有考察井田制的起因，则是他的不足之处。

既然井田制在阶级社会的次生意义是它的本质内容，那么，它的次生意义是怎样表现出来的呢？这就涉及对三代的剥削方式，即贡、助、彻的考察。根据孟子的说法："夏后氏五十而贡，殷人七十而助，周人百亩而彻，其实皆什一也。"[②] 但同时又说："请野九一而助，国中什一使自赋"，[③] "文王之治岐也，耕者九一"，[④] 于是井田制对劳动者的剥削到底是"什一"制，还是"九一"制，就成了问题。《周礼》中也有"九夫为井"和"十夫为井"两种制度，到底二者是什么关系？也成了问题。有一种看法，认为殷人行"什一"制，周人行"九一"制（或者反过

---

① 《孟子·滕文公上》。
② 《孟子·滕文公上》。
③ 《孟子·滕文公上》。
④ 《孟子·梁惠王下》。

来）。杨向奎先生则认为，无论"九夫为井"还是"十夫为井"，其实都是以"千亩"为单位。①也就是说，都是"什一"制。笔者认为，杨先生的说法是正确的，而前一种说法是不可靠的。但为什么"九夫为井"和"十夫为井"都是"什一"制呢？关键在于"九夫为井"有公田，"十夫为井"没"公田"。所以，二者都是以"千亩"为单位，千亩而十取一，而不是九夫取一或十夫取一。既然如此，"九夫为井"与"十夫为井"是什么关系呢？是先后并存还是先后嬗递的关系呢？笔者认为是后者，"九夫为井"在前，"十夫为井"在后。"九夫为井"有"公田"，"十夫为井"没"公田"，是井田制走向瓦解阶段的过渡状态。

既然存在"九夫为井"与"十夫为井"两种井田，而且都是"什一"制，那么，它们和孟子所说的贡、助、彻是什么关系呢？这是历来争论不休的问题，这里无法详加辨析，只能阐述一下个人的看法。笔者认为，贡、助两种方法行于"九夫为井"制，而彻法行于"十夫为井"制。贡、助两种剥削形式，其实都是以助法为基础的。"助"从其原生意义讲，没有剥削的内容，只是相互协作耕种"私田"和"公田"的意思。"公田"是在原始社会末期，当社会生产有了剩余之后，为了保留这种剩余劳动的一种方式。公社内部，把"公田"上的收入作为公社进行祭祀、战争、备荒、赈贫、救助孤寡的公共开支和贮备。进入阶级社会以后，尤其是公社被征服以后，这种"公田"上的收入就被统治者所占有。在这种情况下，"助"的意义就演变成了剥削意义。其含义也从协作耕种公社内部的全部土地变成了单纯的"助耕公田"，因为只有"助耕公田"才对剥削有直接意义。统治者控制了"公田"，并强迫公社中的劳动者以井为单位为其耕种，然后收入归统治者私有。所以，在这种情况下，井田制就成了奴隶制的剥削单位和计算单位。之所以这种剥削形式

① 杨向奎：《先秦时代中国东部地区的社会经济》，《中国古代社会与古代思想研究》上册，上海人民出版社，1962，第57页。

又分为贡、助两种形式，是由于对"公田"的管理特点不同引起的。所谓"贡"法，是一种间接管理"公田"的形式，被奴役公社的统治者或占有者，不是去直接管理"公田"，而是由被奴役公社的头人代为管理"公田"，而国家或占有这些公社的贵族，只是根据公社中劳动力的情况，规定每年必须交纳的"公田"上的收获物的数量。但这种管理不准确，因为公社内部的人数会随着时间的变化而变化，收成也会随着丰、歉的不同而变化。所以，统治者必须每隔数年重新调整一下对公社征收收获物的数量。因此，孟子认为这种方法最"不善"。这就是"贡"法。"贡"法从表现形式来看，是由国家或贵族对被奴役公社征收实物，但在公社内部仍是"助耕公田"，因此，本质上仍是"助"法。"贡"法是由原始的贡纳关系转变而来，是贡纳物由不稳定（不定时、不定量）向稳定的剥削量的演变。在"贡"法下，虽然"公田"上的收入要交给国家或贵族，但由于不是由国家和贵族直接管理"公田"，而是由被奴役公社的头人代为管理，于是，被奴役公社的头人就逐渐具有了官吏的性质，例如，晋国初封时的"怀姓九宗"原本是奴隶，但到春秋时代，其"九宗五正顷父"和其子"嘉父"①却成了国家的重要官吏。足证被奴役公社的头人通过为统治者代管公社的"公田"可以演变成国家的官吏。这是"贡"法。至于"助"法，则不是由被奴役公社的头人管理"公田"，而是由国家或贵族直接管理"公田"，国家或贵族按时把被奴役公社的社员赶到"公田"上劳动，作为集体奴隶的这些公社社员，只有先耕种完"公田"，才能去耕种"私田"，这就是先"公"后"私"在这个阶段的意义。被奴役公社的社员是以公社为整体而被占有的对象，因此，其人身和土地都归占有者所有。"公田"和"私田"在这个时期的划分，并不是土地占有权和所有权的划分，而只是收获物的划分。"公田"上的收

---

① 《左传》隐公六年。

获物归统治者占有，而"私田"上的收获物，则归被奴役公社社员占有。由于由统治者直接管理"公田"，所以"公田"都是集中在一起的，所谓"千耦其耘""十千维耦"的大面积耕种"公田"的场面，就是证明。由于统治者直接经营"公田"，为了防止奴隶们的懒惰和怠工，还要派人专门进行监督，这就是"田畯"。这种监督奴隶耕种"公田"的特点，也就反过来证明"公田"必须集中在一起，分散在各个"井"中是无法监督的。而"公田"集中在一起，也就证明"公田"是在"井"外，而不是在"井"中。所以，"九夫为井"仍是"千亩"，而不是孟子所说的"公田"在"井中"的"九百亩"。"公田"在井中，是由于孟子离井田的实施阶段已远而产生的空想。这就是"助"法。贡法和助法，在逻辑上有先后的关系，即贡法在前，助法在后。但随着发展，可以同时并存。在统治阶级统治的中心地区，为便于管理，往往自己经营"公田"，因而行助法。而边远地区和新征服地区，往往不易直接管理，所以就行贡法。

以上为"九夫为井"制与贡、助两种剥削方式的关系。"九夫为井"的基础是协作生产，即集体共耕"公田"和互相耕种"私田"。而协作生产的生产力条件，是生产工具的落后。因此，当生产工具进步之后，协作生产就失去了意义，反而成了发挥个人积极性的障碍。于是协作生产就要遭到破坏。公社社员既然在公社内部已经不需协作，那么，"助耕公田"也会逐渐维持不了，而走向破坏。这个过程，大约在春秋时代就普遍产生了。由于"助耕公田"遭到了破坏，于是"九夫为井"制就向"十夫为井"制过渡。国家或贵族取消"公田"，而将必须得到的收获物摊派到每个劳动力身上。但剥削量还是"什一"制，仍以"千亩"为单位。这样，原来一井中的"公田"百亩也为一夫所耕种，从而成了"十夫为井"制。"十夫为井"制是一种过渡状态。这时，井田制实际上已经开始解体，只是由于实施既久，不得不在其破坏之初，在统治者还找不到新的统治方法之前，还保留着公社制和井田制的外壳而已。但其内容已变化，劳动者已从集体生产走向了个体生产。当国家逐渐找到了新的统治方法，即编户之后，"十夫为井"的井田制也就随着公社制的被取代，而彻底抛弃了其形式。在这个时候，劳动者就不再是奴隶，而是封建农民了。

从以上对井田制的分析可见，井田制的意义确如郭老所说，是一种作为俸禄等级的剥削单位和课验奴隶勤惰的单位。郭老的错误在于把"公田"和"私田"的关系解释错了。他认为"公田"就是井田，而"私田"则是贵族在井外私自开垦的土地。从而产生了"私田"越多，私门越富，逐渐超克公家，最后导致奴隶制解体的说法。这是郭老对井田制的理解不完善而提出的一种假说。他的失误在于只是抓住了井田制在奴隶社会的本质意义（因为奴隶是没有土地占有权和所有权的），而没有从井田制的产生发展演变过程中，来分析其在阶级社会中的具体实施特点。

由于井田制实施的时间很长，所以，在其解体之后，还作为经济思想长期存在下来，成为思想家托古改制的工具和统治者治民的理想模式。这个阶段从战国就开始了，一直到隋唐才最后结束。但井田制进入井田经济思想的发展阶段之后，由于离实施的阶段越来越远，于是井田制原来的面目就越来越模糊，而思想家和统治者加入的理想色彩和空想色彩所占的比重就越来越大。直到劳役地租彻底破坏，井田经济思想完全失去了它存在的价值，才被最后抛弃了。井田经济思想的这一发展过程，大约经过了三个阶段。第一个阶段，是孟子的井田经济思想。孟子去古未远，他的井田思想是真假参半，有理想的成分，也有靠着儒家传授而保留下来的一些原始资料。但由于统治者对于经典"恶其害己"而毁弃，靠着师承的传授，孟子也只能闻其"大略"了，所以，他就掺进了自己的理想成分，来为其思想体系服务。近代，疑古的人们正是看到了这点，所以提出井田制是孟子托古改制的乌托邦式的空想。郭老最初也是否定井田制的。后来郭老重新肯定了井田制之后，也还指出了孟子所说的"八家共井"制完全是"乌托邦制的理想化"。[①] 这种对井田制的看法，有人认为是郭老的自相矛盾之处。其实，这正是郭老在井田制认识上的高明之处。虽然他没有自觉地按时代的变迁来论述井田制的变化，但他却从某种程度上看到了井田制存在着不同发展阶段。孟子所说的井田制与实施阶段的井田制是有区别的，因而他在肯定了井田制之后，又有条件地指出了孟子的"八家共井"制是一种空想。这比那种看不到井田制的不同发展阶段，而又信古不疑地把孟子的"八家共井"制作为曾经实施的制度，确实要高明多了。井田经济思想的第二个阶段，就是王莽的托古改制阶段。在这个阶段，王莽还以"九夫为井"作为一种理想化制度，规定豪强不许超过一井之田（即九百亩）。但那时，井田制已经模糊到只有九百亩的数量关系了。到魏晋隋唐时代（即第三个阶段），井田制就只剩下了一夫百亩的制度了。这个时期，各王朝在法典上都规定丁男授田是百亩。但实际上规定的应授田和实授田都与法典不同，而是根据各地的实际情况和农民对土地的实际占有数量的关系来确定。这点，随着敦煌文书的被发现，而得到了证实。例如，西魏大统十三年的文书中规定，丁男应授田数是三十亩，丁女应授田数是十五亩，共四十五亩。这与史书记载的情况就不符。史书记载，丁男应授田是百亩，丁女是四十亩，共一百四十亩。两者相差很多。至于实授田数，那就更是一家一个样。这种史书记载与实际情况不同的情况说明，史书所载的情况，不过是一种经济思想，它的源头就是井田制。因此，这实际还是井田经济思想在国家治民观念中的理想化。唐中叶实行两税法以后，国家不再以人征税，而是按土地数量征税，于是，随着国家不必再直接控制劳动者

---

① 郭沫若：《奴隶制时代》，人民出版社，1973 年 5 月，第 29 页。

的人身，井田思想最后失去了它的存在意义。因而，井田经济思想也就最后消失了。

（三）关于劳动者身份的变化

郭老在《中国古代史的分期问题》一文中写道："自殷代以来，中国的农业已经是生产的主流。但生产关系到底是奴隶制还是封建制，由于年代久远和记载的简单，如果单从农民方面来着眼，是容易发生混淆的。从事农业生产的奴隶和封建农奴的区别，往往不很显著。由于土地本身有很大的束缚性，耕者一离开土地便很难生存，奴隶主便利用了土地的束缚性来束缚耕奴，而不必格外施加刑具。……所以奴隶制下的耕奴和封建制下的农奴，往往看不出有多大区别。如果着重在农民方面来看问题，那就会'仁者见仁，智者见智'，因而生出分歧的见解。中国古代史分期问题之所以不容易解决，其主要原因就在这里。"这是郭老的战国封建论感觉最难处理的问题，因而他最后不得不放弃主要从劳动者身份变化来探讨从商周至战国时代的生产关系变化的路线，而主要从奴隶主向封建地主的演变来探讨这个时代的社会性质及其变革。这证明，从劳动者的身份变化来探讨古史分期问题，是战国封建论的一个没有解决的难点，同时，也是其他各家各派未能圆满解决的一个问题。因此，这里仅从郭老的战国分期论出发，力图对这个问题重新加以阐发。

如前面第一个问题所指出的，我国奴隶社会的根本特点，是存在两种不同的公社，即自由民的公社和被奴役的公社。被奴役公社中的社员身份是由于公社本身作为一个人格化的奴隶而成为集体奴隶的。而自由民中的公社社员的身份，则是具有公民权的自由民。他们对于国家的事务，有参与的权利和表决权。例如，《左传》中的曹刿，就能以平民的身份参与国家大事。《周礼·小司徒》中记载的"询国危""询国迁""询立君"等大事，都要经过全体自由民的表决。这在春秋时代还都是公认的事实。所以，对于这样存在两种不同性质的公社的奴隶社会走向封建化，劳动者的身份要产生两个变化：一是被奴役公社的社员，由奴隶的身份上升为封建农民；二是自由民公社的社员，由具有政治权利的自由公民下降为封建农民。我国奴隶社会向封建社会过渡，劳动者身份的变化，是在这种相向的运动中实现的。那么，劳动者如何去实现这种身份上的统一呢？笔者认为，应把握以下三点。

第一点，劳动者身份的变化，是由公社制向编户制转变过程中实现的。在我国奴隶社会中，是以公社制为基础，劳动者大多数生活在公社中，国家通过对公社的统治来统治劳动者。而在我国封建社会中，是以编户制为基础的。劳动者是按照户籍制度被编制成什、伍，国家通过自己的官吏，直接统治劳动者。因此，劳动者实现从奴隶制向封建制的过渡，即实现身份上的变化，是通过公社制的解体、编户制的确立来实现的。从我国的实际情况看，这个过程大约是这样的：随着生产工具和生产技术的进步，劳动者逐渐从协作生产向个体生产过渡，于是，这就引起了井田制的破坏和公社制的解体。在这个解体过程中，井田制有一个过渡阶段，这就是"十夫为井"制。公社制也有一个过渡阶段，这就是"书社"制。所谓"书社"，实际是具有公社制外壳和编户制内容的劳动者的社会组织形式。据《荀子·仲尼篇》杨倞注："书社，谓以社之户口书于版图。周礼，二十五家为社。"《论语·乡党》有"式负版者"的记载，"版"与"版图"之"版"为一意，即"版籍"。《周礼天官·宫伯》郑玄注云："版，名籍也，以版为之，今之户籍，谓之户版。""图"之意，《天官·司会》郑玄注云："图，土地形象，田地广狭"。这证明，书社是有户籍制度的。而书社又有"社"的形式，所以，书社是有二重性质的社会组织，即具有公社的外壳和编户制的内容。这从辩证唯物主义的角度看，也是完全合理的。任何事物的变化，首先从内容上开始，内容是走在形式前头的。书社制正好存在于春秋时代，因此，也正好说明春秋时代是一个社会制度大变革的时代。同时，书社制的存在，和春秋时代县制还不完善是相一致的。到战国时代，郡县制完全确立，于是从上到下，形成了对劳动者进行统治的金字塔式的封建官吏机构。这样，书社制度才最后抛弃了其公社的形式，被编户制所取代。

第二点，我国奴隶社会两类性质不同的劳动者最后变为统一身份的封建农民，是通过赋税分离向赋税合一的发展道路来实现的。《汉书·食货志》指出："有赋有税，税谓公田什一及工商衡虞之入也。赋共车马甲兵士徒之役，充当府库赐予之用。税给郊社宗庙百神之祀，天子奉养百官禄食庶事之费。"李剑农先生也指出："春秋时代之'赋'与'税'，本是二事，'税'之性质颇与后世之'田赋'相同，'赋'之朔，则以军役和军用品征发为目的，随'封建'制而起者也。"① 二说都肯定了"赋"与"税"原是分离的。"赋"与"税"的分离，是由两部分居民的身份不同所造成的。"赋"是由国人负担，它是由居民的自动武装及其费用演变而来，代表了自由民当兵打仗的权力。"税"则由野人负担，是他们无偿为统治者提供的剥削，代表了他们被征服、被奴役的地位。"赋"与"税"的分离，起源很早，即"随'封建'制而起者也"。但"税"的名称起源较晚，公元前594年，鲁国"初税亩"，因而得名。"赋"与"税"在"九夫为井"制下，都是由"公田"上的收入来负担。这种"公田"上的收入，都是"什一"制，看来，二者的负担似乎一样，但实际上是不一样的。对于"野人"（即奴隶），这种"什一"制是一种常征，年年如此。而"国人"的军赋，则不是常征，而是"有军旅之出则征之，无则已。"② 在战争较少的和平年代，国人的负担是较轻的。但是，到了春秋时代，战争连年不断，规模也不断扩大，于是，军赋的征收就超出了国人负担的能力。这样，就把军赋的征收扩大到野人。但是，野

---

① 李剑农：《先秦两汉经济史稿》，中华书局，1962，第96页。
② 《国语·鲁语下》，上海古籍出版社，1978。

人原来的"税"并不减，于是从"什一"制变成了"什二"制。这也就是鲁哀公答有若问："二，吾犹不足"① 中，"二"的内容。野人这时既然负担军赋。同时也就取得了当兵打仗的权利，因而人身获得解放。而与此平行，国人则由于公社制度的解体，逐渐政治权利也消失了，于是身份逐渐下降，和解放了的野人，身份走向合一，都成了国家或贵族的依附农民。这样，负担也就走向统一，"什二"之制又从"野"中推行到"国"中。所以，赋税的合一，是两部分劳动者身份变化，走向合一，成为统一的封建农民的标志。赋税合一，标志着奴隶身份的提高，但这是以对奴隶的剥削量加重为代价的。然而，到了春秋时代，由于生产力水平提高，劳动者负担赋税的能力也随之提高，因此，这种赋税的合一，又是当时的劳动者能够承受的。

第三点，劳动者通过直接的依附，改变自己的身份。春秋时代，随着井田制的破坏，公社制度的解体，给整个社会关系造成了两个方面的变化：一个是小农走向两极分化。少数人通过当兵打仗、赐予田宅或其他途径上升为贵族或地主。例如《左传》哀公二年赵简子在铁之战的誓师词中所说的"士田十万，庶人工商遂"就是如此。但大多数人则走向贫困化，其中，相当一部分人成为雇佣劳动者。例如，《左传》僖公二十七年，齐内乱，申鲜虞奔鲁，"仆赁于野"，就是例子。有的则是小块土地上的收入不足以养家糊口，所以，仍需做雇佣劳动以补充生活之不足或其他费用。如《韩非子·外储说右下》中说："齐桓公微服以巡民家，人有年老而自养者，桓公问其故，对曰：'臣有子三人，家贫无以妻之，佣未及返。'"这就是为娶妻而出卖一部分劳动力。还有的小农则抛家弃土去争取仕禄。例如《韩非子·外储说左上》载："王登为中牟令，上言于襄主曰：'中牟有士曰中章、胥已者，其身修，其学甚博，君何不举

之?'主曰:'子见之,我将为中大夫。'……王登一日而见二中大夫,予之田宅,中牟之人弃其田耘,卖宅圃而随文学者邑之半。"这说明,当时小农追求仕禄的风气亦很盛。以上情况也反映出,在井田制破坏、小农两极分化的过程中,人口的流动也加快了。而这一条件,就产生了春秋舞台上的另一重大结果,即给贵族角逐提供了互相挖墙脚,甚至对抗公室的机会。他们利用优厚的条件,招揽士人或小农作为自己的依附力量。比如,郭老所指出的,齐国田成子"用大斗出,小斗进,大枰出,小枰进的办法以笼络人心,把公室的劳动力抽成一个真空",① 就是这种情况。但这种劳动者在投靠田成子以后,之所以是封建关系,还要加以说明。这时的贵族之所以要互相挖墙脚或挖公室的墙脚,最初不过是为了壮大自己的政治力量和军事力量。他们用优厚的条件吸引士人投靠自己,是为了壮大自己的政治力量;吸引劳动者投靠自己,是为了壮大自己的私人武装。也正是由于这一目的,这些投靠新贵族的人口,才不再是奴隶主和奴隶的关系,而是一种新型的封建依附关系。这种关系在春秋时代,尤其春秋中后期得到了迅速发展。反映这种现实的情况,就是这时普遍存在"仕""讬"两途。如《韩非子·外储说左上》讲:"叔向御坐平公请事。公腓痛足痹,转筋而不敢坏坐。晋国闻之,皆曰:'叔向贤者,平公礼之,转筋而不敢坏坐。'晋国之辞仕讬,慕叔向者国之产锤矣。"《五蠹》中亦云:"重争土橐,非下也,权重也。"王先慎曰:"'土'当作'士','士'与'仕'同。'橐'与'讬'通。"是"土橐"即"仕讬"。"仕"就是做官,"讬"就是"附讬于有威之门",成为寄食之人。例如:《左传》襄公二十七年:卫子鲜奔晋,"讬于木门,……终身不仕"就是这种情况。再如昭公二十五年:昭公伐季氏,"(季氏)请以五乘亡,弗许。子家子曰:'君其许之!政自之出久矣,隐民多食取食焉,

① 郭沫若:《奴隶制时代》,人民出版社,1954,第7页。

为之徒者众矣。'"这就是通过"讬"之一途，寄食于季氏的人口，从而成为季氏的私人武装。显然，这种充当私人武装的人口不再是奴隶，只是有条件地依附季氏而已。《韩非子·外储说左上》所说的"晋国之辞仕讬，慕叔向者"，也说明"仕讬"是可以辞的，并不是一种人身占有的关系，而是一种有条件的依附关系。很明显，这就是新型的封建依附关系。以后，这种依附关系又进一步扩大到直接生产者，于是，劳动者就向封建依附农民转化。例如《韩非子·诡使》所言："悉租税，专民力，所以备难，充仓府也。而士卒之逃事状匿，附讬有威之门以避徭赋。而上不得者万数。"这种现象，在春秋战国之际，成了一种普遍现象。因此，劳动者通过"附讬于有威之门"转化成封建农民，也是这时的一条重要途径。

以上三点说明，从劳动者方面，我们是可以找到我国奴隶社会向封建社会转化过程中，奴隶身份与封建农民身份之间的区别的，也是能够找到前者转变为后者的发展线路的。而只有解决这个问题，才能使奴隶主向封建地主的转化与奴隶向封建农民的转化双向合璧，达到对分期理论的圆满解决。郭老的战国封建论之所以不彻底，关键在于没有彻底解决劳动者身份演变的道路问题。

（四）关于政权性质演变的道路问题

郭老在总结春秋战国之际的政权性质的变化中指出："春秋和战国之交恰好是古代社会的发展中量变达到质变的时期。当时的整个中国都沸腾了。天子倒楣了，诸侯起来了；诸侯倒楣了，卿大夫起来了；卿大夫倒楣了，陪臣执国命。"[①] 这一论述是很精到的。由"天子倒楣"到"陪臣执国命"的发展过程，正是我国奴隶社会向封建社会的过渡期中，政

① 郭沫若：《奴隶制时代》，人民出版社，1954，第11页。

权性质由量变到质变的转变过程。但惜乎其论证不详，因而眉目还不够清晰，需要重新加以阐发。郭老在这里指出的由天子执国命到陪臣执国命的演变过程，是以孔子对鲁国政权变化的评价为依据的。但鲁国的变迁，在我国由奴隶社会向封建社会演变的过程中，不起决定作用。当时起决定作用的是晋国。从晋国的实际看，则是三级变迁，即"天子倒楣了，诸侯起来了，诸侯倒楣了，卿大夫执国命。"卿大夫也就是陪臣，即天子的陪臣。这三级变化也就是孔子所说的"礼乐征伐天子出""自诸侯出""自卿大夫出"。这在晋国最为明显。所谓"礼乐征伐"，实际包括的是两项内容，一是对土地的宰割权力，二是对臣民（即奴隶）的宰割权力。这两项权力集中地体现在分封制上。西周时代，天子把对土地和臣民的宰割权力握在自己手里，亲自对各级贵族进行分配。不服从天子的分配，天子就要对其行使暴力，即刑、即伐。但是到了春秋时代，周天子号令不灵，由霸主代替其地位。霸主对外，挟天子以令诸侯，并尽量吞并小国，扩张领土。对内，则对征服的广大领土和人口重新进行分配。晋国是春秋中后期的盟主，称霸一百多年。晋文公时代，晋国国土广大，晋文公迫于国内贵族的要求和对外争霸的需要，在国内也进行了大分封。这是土地和臣民由诸侯宰割的时代。晋国发展到后期，国君成了傀儡，六卿执掌国命。尤其是最后，韩、赵、魏三家灭智氏，瓜分了其土地和臣民，晋国大权尽落三家手中。在这个时候，对土地和居民的宰割权力就落到了卿大夫手中，卿大夫在自己的势力范围内实行任官制度，实际作用也相当于前期的分封。在这种三级变化过程中，代表了政治权力的转移。我国奴隶社会向封建社会过渡，首先是由这种政制权力的转移过程来实现的。但为什么这一变迁会造成政权性质的变化，则是需要进一步说明的。

由天子执国命到卿大夫执国命，不仅是分封权力、任官制度的变化，而且反映了经济制度的变化。在"礼乐征伐自天子出"的时代，天子实际是按"亲亲"的原则进行分封。分封的对象基本是不出五服的宗亲贵族。这就是宗法分封制。这种制度是以公社制、井田制、父系家长制大家庭三位一体的社会结构为基础的。天子就是家族关系扩大后的大家长，土地都是其大家族的财产，所以土地分配的对象也就是其家族成员。所谓宗法制，实际上就是天子、诸侯、卿大夫这些大家族内部区分亲疏远近的制度。而到了"礼乐征伐自诸侯出"的时代，分封的最高权力掌握在诸侯（尤其是盟主）手中，这时分封的对象已不再是公族贵族，而是非公族贵族（即出了五服的同姓贵族或异姓贵族）。这种情况，在晋国最典型。晋国从献公起废除了公族制，到文公时的大分封，分封的对象就全部是非公族成员。这样，国君除了是所有贵族的共主之外，不再是宗主。由于分封对象不再是公族成员，因而分封的标准也变化了，不再以"亲亲"原则为基础，而是以"尚贤使能""论功行赏"的"以法治国"的原则为基础。诸侯这时之所以失去宗主的权力，是由于公社制、井田制和父系家长制大家庭走向解体，从而失去了宗法制存在的社会基础。因而，从宗法分封制的土地分配制度向非宗法分封的非公族贵族土地所有制转化，表明这时的政权结构在发生重大变化。这实际是奴隶制的政权结构向封建制的政权结构转变的过渡状态。而到了"礼乐征伐自卿大夫出"的时代，分封制已经被任官制所取代。任官权力不是掌握在诸侯手中，而是掌握在卿大夫手中。因为卿大夫这时已经在国内划分了自己的势力范围。卿大夫在自己的势力范围内，不再实行分封制，而是实行任官制，任官制的对象都是自己的家臣或依附于自己的士人。在任官制下，官吏对自己治下的土地和人民再没有所有权和占有权，而只是行使对国家的管理权。国家对他们的报酬方式，也变成了俸禄制。造成这种转变的社会基础是我国以公社制、井田制、父系家长制大家庭三位一体的社会结构已经从内容到形式完全消失，劳动者已从这种结构下解放出来，成了国家的编户齐民。因而，他们的身份也就不再是奴隶，而是封建依附农民。在这个时候，劳动者不再是被占有的对象，因而分封制也就失去了存在的基础。已具有国君权力的卿大夫，虽然也经常把土地赐予臣下，但这时，劳动者与这些土地占有者之间，已不是被占有的关系，而是依附关系。因此，这种土地所有者，实际上就成了封建地主。这种情况，在春秋后期的晋国最为明显。最后，韩、赵、魏三家分晋，由具有国君权力的卿大夫转变成了实际的国君。这时，也就代表封建国家正式确立了。因而，三家分晋若从奴隶社会与封建社会的分期点来说，可以作为我国封建社会出现的上限。以后通过各国变法，尤其是商鞅变法，把晋国的制度加以完善，推广到了全国，因此，商鞅变法可以看作是分期的下限。

以上情况，可以清楚地看出我国奴隶社会向封建社会过渡时期政权性质演变的途径。郭老把三家分晋、田氏代齐到商鞅变法的各国变法运动作为我国两种社会制度的根本变化，这是完全正确的。同时，也指出，这种变化也是通过"天子倒楣"到"陪臣执国命"这种政治权力的逐步下移来实现的，这也是基本正确的。但没有展开论述这种演变的具体道路，即在这种演变中，如何体现上层建筑与经济基础间的相互关系。因此，这里仅以晋的事实为基础，加以阐发，作为一个补充。

综上所述，郭老对古史分期研究凡50年，在50年研究中国古史分期问题的过程中，可以看出他治史的一个很大特色，即研究方法的"中国化"。战国封建论是他古史分期理论的最后一站，也是"中国化"的研究不断完善的结果。这时，他把分期点确定在春秋战国之交，从时间上看，是完全正确的。从方法来说，他已完全脱去了必须以奴隶大起义作为社会制度变化的根本动力的公式化看法，而彻底地以社会经济生产方式为基础，并把集中反映这种经济制度变革的各国变法，看作是我国由奴隶社会向封建社会转变的根本依据。这都是完全正确的。他的战国封建论的古史系统，有许多精辟的看法，都是发前人之所未发，有着广泛的影响。但限于郭老所处时代特点和史学水平，郭老的战国分期体系也还未臻于尽善尽美，漏洞还较多，有的看法还是错误的。所以，对有些问题，需要站在当前新的认识高度上，重新加以阐发。本文选择的几个问题，是我个人对战国封建论研究的心得。在这里拟对郭老的战国封建作一个补充。能否续貂，尚俟评判。

1986 年 10 月 9 日

马克思主义的中国化

——论郭老古史分期研究的特点

　　古史分期问题是近60年来用马克思主义理论观察和研究中国古代社会的热点。事实证明，这是一个带有全局性的问题，它涉及整个古代社会的一系列重大理论问题，涉及对中国历史的重新认识。因此，这一问题不仅引起了一切从事中国古史研究的人们的共同注意，而且还引起了一切想认清中国现实国情的政治家和理论家的关注。正如郭老所指出的："对于未来社会的待望逼迫着我们不能不生出清算过往社会的要求。""认清楚过往的来程也正好决定我们未来的去向。"① 这也正如毛泽东同志所指出的那样，作为一个革命家，"不但要懂得中国的今天，还要懂得中国的昨天和前天"，② 因而才能正确地认识现实中国的特点，有的放矢地去解决中国革命迫切需要解决的问题。

　　郭老是用马克思主义理论指导研究中国古代历史的第一人，也是古史分期问题研究的发起者和推动者。他把古史分期研究作为探讨中国古代社会历史发展规律的枢纽，展开了多方面的探讨，取得了举世瞩目的成就。今天，当史学面临着新的现代化进程的时候，我们缅怀郭老对古

---

① 　郭沫若：《中国古代社会研究》自序，人民出版社，1954。
② 　《毛泽东选集》第3卷，人民出版社，1966，第801页。

史分期研究的贡献，尤其是体会其古史分期研究的特点，对于我们在新的历史条件下把古史分期研究继续推向前进，有着十分重要的意义。

一　研究过程必须摆脱公式化的影响

郭老是怎样研究起古史分期问题来的呢？他在 1949 年以后出版的自传体文集《海涛》中这样写道：

辩证唯物论是人类的思维对于自然观察上所获得的最高成就，那是毫无疑问的。但只是作为纯粹的方法来介绍，而且生硬地玩弄着一些不容易消化的译名和语法，反而会在这个方法的接受和运用上增加阻碍，也是容易理解的事情。中国现代化的普遍落后，连初步的科学知识，都还没有十分普及，在物资上虽然已经被外来的资本主义吮吸得几乎成了瘫痪，而在思想上却俨然横亘着一道难攻不破的万里长城。一句老话：国情不同。不是旧有的东西，不要说辩证唯物论，就是机械唯物论都是排斥着的。要使这种新思想真真地得到广泛的接受，必须熟练地善于使用这种方法，而使它中国化。使得一般的尤其有成见的中国人，要感觉着这并不是外来的异物，而是泛应曲当的真理，在中国的传统思想中已经有着它的根蒂，中国历史的发展也正是循着那样的规则而来。因而我的工作便主要地倾向到历史唯物论这一部门来了。我主要是想运用辩证唯物论来研究中国思想的发展，中国社会的发展，自然也就是中国历史的发展。反过来说，我也正是想就中国的思想，中国的社会，中国的历史，来考验辩证唯物论的适应度。

在这段话里，郭老介绍了他把主要精力转向古史研究的原因和主要感兴趣的内容及其方法。这目的是非常宏大的，即通过对古史的研究，使人们广泛地接受马克思主义的辩证唯物论和历史唯物论的世界观和方法论，以达到救国救民的目的。他是一个热忱的爱国主义者，早年为了追求救国的真理，广泛地接受和学习了西方的科学知识及思想。后来又接受了马克思主义的世界观，"才认真明白了做人和做学问的意义"。① 他首先是一个革命家。当旧世界还处于表面平静的时候，他是把笔作为武器，去刺破旧世界的黑暗。而当旧世界沸腾起来的时候，他却毅然投笔从戎，投身到北伐战争和"八一"南昌起义的伟大事业中去。当他后来被迫亡命日本的时候，他写道："我的从事古代学术的研究，事实上是娱情聊胜无的事。假如有更多的实际工作给我做，我倒也并不甘心做一个旧书本子里面的蠹鱼。"② 但不管他做什么，他都有着一个革命家的伟大气质和魄力。所以，他对古史的研究，一开始就有着宏大的构想，他要"运用辩证唯物论来研究中国思想的发展，中国社会的发展"和"中国历史的发展"，使马克思主义的世界观和方法论成为使中国多数人普遍接受的"泛应曲当的真理"。但是，他在具体的做法上，是相当注意的，他考虑到中国的具体国情，坚决主张这种研究必须"中国化"。治史方法的"中国化"，这是郭老一生从事古史研究，尤其是从事古史分期研究的重大特色。

所谓"中国化"的研究方法，按郭老的意思和他治史的过程看，首先就是，在研究过程中，必须摆脱公式化的影响。既不要"生硬地玩弄着一些不容易消化的译名和语法"，也不要把唯物史观的公式硬往古代的资料上套。纵观郭老的治史历程，我们发现，他初期是犯过公式主义的毛病的。起初，他对中国古史的研究，基本是以恩格斯的《家庭、私有制和国家的起源》一书的原理为模子，在对中国古书上的材料尚未经过

---

① 郭沫若：《十批判书》，科学出版社，1956，第 462 页。
② 郭沫若：《十批判书》，科学出版社，1956，第 463 页。

充分严格的考证、辨伪、划清时代的情况下，就硬行加以套用，结果得出了不少似是而非的结论。例如，他对于铁器的看法就是如此，他以《诗经·公刘》中"取厉取锻"之语为根据，认为周人在征服商人之前已经懂得用铁，从而证明周人的生产力高于商人，周人征服商人是先进的生产力征服了落后的生产力。但实际并非如此。"《公刘》一诗所叙的虽然是周初传说，但并不是周初作品。锻字解为铁矿是很勉强的。"① 地下文物至今也还没有发现西周及以前先民实际用铁的证据。因此，周人生产力高于商人的结论，也就根本站不住脚。倒是相反，"周人的勃兴，事实上是由于采用了殷人的文化"。而"殷人之被周人灭亡是由于帝乙、帝辛二代在征讨东南夷上流血过多，生活过于趋向享乐的结果"。② 由于这一看法的错误，所以郭老对王国维《殷周制度论》中关于"中国政治与文化之变革莫剧于殷周之际"的观点深信不疑，并进一步加以发展，认为殷周是划然不同的两个时代，即商代还处于原始社会末期，而西周则已进入了奴隶社会。为什么说商代是原始社会呢？依据主要有以下几点：从考古上来说，商代还是石器、骨器、铜器、青铜器并用，因而是金石并用时期；从产业上来说，商代还是以畜牧业为主，"农业虽已发明"，但"尚未十分发达"；从文字上来说，那时"文字百分之八十以上是象形图画"，因而，"那时的文字还在形成的途中"；从社会形态上来说，商代还处于母系社会向父系社会的过渡之中，关于这一点，根据又主要有三点：一是，"商代的王位是'兄终弟及'"制；二是，"商人尊崇先妣，常常专为先妣特祭"；三是，"殷代末年都有多父多母的现象"。③ 以上这些看法，现在看来都是有一定问题的，因而，据以得出商代是原始社会的结论，也必然是有问题的。既然如此，郭老对于中国原

① 郭沫若：《中国古代社会研究》，人民出版社，1954，第 19 页，补注三。
② 郭沫若：《中国古代社会研究》，人民出版社，1954，补注二。
③ 郭沫若：《中国古代社会研究》，人民出版社，1954，第 8～9 页。

始社会与奴隶社会之间分期界限的看法，也就有了问题。

其次，郭老对于奴隶制下限的看法，也犯了同样的错误。他认为，中国的"奴隶制在周穆王末年便渐渐地衰落下来了"。根据是，《尚书·吕刑》中已经有"以钱赎罪的制度"，说明生产力的发展已造成"奴隶也富庶到有钱来可以买贿刑戮"。但由于奴隶"在政治法律上仍然没有得到解放"，所以，导致了周厉王时期的"第一次的平民暴动"，"庶民起来把厉王赶跑了"。因而，这是一次可与"法兰西的巴黎暴动"和"苏俄的十月革命"相媲美的中国历史上的一次人民大革命，"周室的乃至中国的奴隶制是从那时在形式上被推翻了"。① 但郭老后来承认："《吕刑》作于周穆王末年的旧说是不可靠的"，② 因而这一切结论的根本立脚点也就动摇了。为了进一步证明这一变革的存在，郭老还曾以《周易》和《诗经》《尚书》为材料。他认为《易经》代表的是"由牧畜转化到农业的时代"，③ "它是由原始公社社会变成奴隶制时的社会的产物"。④ 因而，他确信《易经》是殷周时代的文献。而且，他确信孔子整理、研究过《易经》，因而相信"《易经》是产生在春秋战国的时候"，⑤ 是由奴隶制变为封建制的产物。因此，从《易经》到《易传》，中国社会经历了从原始社会向奴隶社会的过渡和奴隶社会向封建社会的过渡。但是，郭老自己后来考证出，虽然《易经》与《易传》中采用了不少原始资料，但实际产生却是在战国秦汉时期。因而，这些结论也就不无问题。此外，在对于《诗经》《尚书》中一些篇目的看法上，郭老也产生过同样的错误。所有这些，造成了郭老早期的研究尽管"方法是正确的，但在材料的鉴别上每每沿用旧说，没有把时代性划分清楚，因而便夹杂了许多错

---

① 郭沫若：《中国古代社会研究》，人民出版社，1954，第 14 页。
② 郭沫若：《中国古代社会研究》，人民出版社，1954，第 19 页，补注五。
③ 郭沫若：《中国古代社会研究》，人民出版社，1954，第 34 页。
④ 郭沫若：《中国古代社会研究》，人民出版社，1954，第 55 页。
⑤ 郭沫若：《中国古代社会研究》，人民出版社，1954，第 55 页。

误而且混沌"。① 所以，郭老后来总结自己的错误时说，这样做"实在是太草率，太性急了。其中有好些未成熟的或甚至错误的判断，一直到现在还留下相当深刻的影响。有的朋友还沿用着我的错误，有的则沿用着我错误的征引而又引到另一错误的判断，因此关于古代的面貌引起了许多新的混乱"。② 1949 年以后，郭老又进一步总结说："我的初期的研究方法，毫无讳言，是犯了公式主义的毛病的。我是差不多死死地把唯物史观的公式，往古代的资料上套，而我所据的资料，又是那么有问题的东西。我这样所得的结论，不仅不能够赢得自信，而且资料的不正确，还可以影响到方法上的正确。尽管我所据的公式是确切不移的真理，但我如果把球体的公式来算圆面，岂不会弄出相隔天渊的结果来？别人见到这结论的错误，粗率一点的，岂不会怀疑到球体公式的无稽？而这个公式的正确与否，事实上我在我所据的资料中也还没有得到证实。那么，我的努力岂不是拿着银样蜡枪头在和空气作战吗？"③

二 用中国的实际去验证历史唯物论的"适应度"

用中国的实际去验证历史唯物论的"适应度"，就是要从中国的资料中去证实历史唯物论的正确性。如果从中国的资料中得不出符合马克思的历史唯物主义的结论，那就是马克思搞错了，或者是理论不够完善，我们就要从中国的实际出发，来修正马克思的结论。但这个工作"是前人所未做到的功夫"，④ 更"不是外人的能力所容易办到"。⑤ 所以，在马

① 郭沫若：《中国古代社会研究》，人民出版社，1954，第 280 页。
② 郭沫若：《十批判书》，科学出版社，1956，第 1 页。
③ 郭沫若：《海涛》，新文艺出版社，1953，第 118 页。
④ 郭沫若：《中国古代社会研究》自序，人民出版社，1954。
⑤ 郭沫若：《中国古代社会研究》自序，人民出版社，1954。

克思主义史学上，这还是"半部世界文化史上的白页"。① 有的只是历来
"一切成见的圈子"。② 面对这样的荒芜，如何下手呢？无疑，首先要对
研究的资料进行清理。尤其是要用马克思主义的慧眼，在这种清理过程
中，找到那些从事社会历史研究所必备的资料。但中国历史的资料"大
抵为历来御用学者所湮没，改造，曲解"，③ 所以，这实际是一项从头做
起的开辟性工作。郭老在 1928 年 8 月 25 日完成了《诗书时代的社会变
革与其思想上之反映》的初稿之后，就对以往的史书产生了深刻的怀疑。
他写道："我对我所研究的资料开始怀疑起来。《易经》果真是殷周之际
的产物吗？在那样的时代，何以便能有辩证式的形而上学的宇宙观，而
且和《诗》《书》中所表现的主要是人格神的支配观念，竟那样不同？
《诗经》的时代果真如《毛传》或《朱注》所规拟的那样吗？如果是经
过删改，怎么能够代表它本来的时代？《书经》我虽然知道有今文和古文
的区分，在今文中，我虽然知道《虞书》《夏书》的不足信，但商周诸
篇，也是经过历代的传抄翻刻而来的，它们已经不是本来面目。——这
同样的理由，对于《易经》和《诗经》也是适用的。毫厘之差可以致千
里之谬，我们纵使可以相信《易》《书》《诗》是先秦典籍，但它们已失
真，那是可以断言的。因此要论中国的古代，单据它们来作为研究资料，
那在出发点上便已经有了问题。材料不真，时代不明，笼统地研究下去，
所得的结果，难道还能够正确吗？"④ 于是"我踌躇了，我因而失掉了当
初的一鼓作气的盲动力。但我也并没有失望，我把我自己的追求，首先
转移到了资料选择上来。我想要找寻第一手的资料，例如考古发掘所得
的，没有经过后世的影响，而确确实实足以代表古代的那种东西"。⑤ 这

---

① 郭沫若：《中国古代社会研究》自序，人民出版社，1954。
② 郭沫若：《中国古代社会研究》自序，人民出版社，1954。
③ 郭沫若：《中国古代社会研究》自序，人民出版社，1954。
④ 郭沫若：《海涛》，新文艺出版社，1953，第 118 页。
⑤ 郭沫若：《海涛》，新文艺出版社，1953，第 119 页。

样，当他初步结束了《中国古代社会研究》一书的有关部分之后，就把全部的精力投入到对甲骨文和金文的研究上来，在亡命日本的十年中，取得了震惊世界的成就。在甲骨文研究方面，他继王国维对殷代世系的剔发，又对卜辞做了科学的分类和大量的考释。而对金文的研究，更是做出了"创通条例"，① 凿穿"两周八百年的浑沌"② 的贡献。他把传世的几千件周代青铜器，经过严格的筛选、整理、考证，最后给 323 个铭文长、史料价值高的器皿理出了一个断代的系统，从而使这些地下材料真正成为能够证史的"科学研究的素材"。③ 经过这番功夫之后，郭老终于达到了"对于古代社会的面貌更加明了"④ 的认识。例如，经过对甲骨文的深入研究，他在王国维发现"先妣特祭"之例外，"又发现了所特祭的先妣是有父子相承的血统关系的，便是直系诸王的配偶虽被特祭，而兄终弟及的旁系诸王的配偶则不见祀典。这又证明立长立嫡之制在殷代已有它的根蒂"。⑤ 从而推翻了殷代还是母系制的看法。尤其通过对金文的深入研究，确证"西周的文化大体上是承继殷人的遗产。……故从文字结构上看不出差别，在器物形制上看不出差别：甚至如年月日的写法一如欧洲的方式把年放在最后，也看不出差别。殷人用卜，周人也用卜，……殷人祀天，周人也祀天；殷人祭祖宗，周人也祭祖宗，侯甸男邦采卫是沿用着殷人的体制，所有一切的内服外服也一仍旧贯"。⑥ 而卜辞的研究又揭示出"殷代确已使用大规模的奴隶耕种"⑦，从而使他在认识上终于冲破了王国维《殷周制度论》的藩篱，得出了殷周并无制度上的根本差别的结论，并于 1941 年 12 月，正式改正了关于殷代是原始社

---

① 郭沫若：《十批判书》，科学出版社，1956，第 6 页。
② 郭沫若：《十批判书》，科学出版社，1956，第 8 页。
③ 郭沫若：《十批判书》，科学出版社，1956，第 2 页。
④ 郭沫若：《十批判书》，科学出版社，1956，第 462 页。
⑤ 郭沫若：《十批判书》，科学出版社，1956，第 4 页。
⑥ 郭沫若：《十批判书》，科学出版社，1956，第 19 ~ 20 页。
⑦ 郭沫若：《十批判书》，科学出版社，1956，第 17 页。

会的错误看法，确认殷周都是奴隶社会。^① 在进行甲骨文、金文研究的同时，以及回国后的几年中，郭老又以地下材料为参照系统，对其他的材料也做了彻底的准备。他说："秦汉以前的材料，差不多被我彻底剿翻了。考古学上的、文献学上的、文字学、音韵学、因明学，就我所能涉猎的范围内，我都作了尽我可能的准备和耕耘。"^② 在这样下了15年的工夫之后，郭老1944年写道："现在是达到了能够作自我批判的时候"^③了。这样，就达到了郭老"中国化"的研究方法的最后阶段。

三 马克思主义理论与中国历史的实际相结合，形成揭示中国古代社会发展规律的古史系统

经过中国真实的材料对马克思主义的验证之后，二者紧密结合起来，就可以形成揭示中国古代社会发展规律的古史系统。《古代研究的自我批判》一文的发表，证明郭老"中国化"的古史系统已经形成。在这篇文章中，郭老全面清理了自己过去对古史研究的错误和缺陷。在材料上，他对《周易》《尚书》《诗经》的时代性都重新进行了说明，改正了以前的许多旧说。并在卜辞、金文与文献的参照研究中，得出了不少新的结论。为了澄清过去对于殷周之际变化的错误看法及由此引发出来的别人的错误，着重论述了对古"封建"制的看法。从生产力、生产关系及各种制度方面，进一步阐明了殷周都是奴隶社会。同时，又在对卜辞、金文、文献综合研究的基础上，重新肯定了井田制，并对实施井田的意义作了全新的解释，证明井田制实际上是我国奴隶社会存在的经济基础，从而也就找到了奴隶社会向封建社会过渡的经济原因，即井田制的破坏

---

① 见《中国古代史分期讨论五十年》，上海人民出版社，1982，第98页。
② 郭沫若：《十批判书》，科学出版社，1956，第465页。
③ 郭沫若：《十批判书》，科学出版社，1956，第1页。

和新的剥削方法的产生。这种经济上的变革反映在政治上，就是各国私门和公室的斗争。随着这种经济和政治上的变革，整个社会的阶级关系都在进行不停的变化和改组。地主阶级的出现，独立商人的出现，奴隶的解放，成为封建官吏温床的士阶层的职业化等，郭老都进行了充分的阐述。另外，关于这种变革的思想意识形态及有关制度与文献的考证，还散见于《十批判书》和《青铜时代》的各篇中。这些文章给人一个整体上的印象：这已不是公式化的产物，而是通过对卜辞、金文、文献材料的深入细致研究，又运用科学方法，进行宏观概括的产物。从此，就基本奠定了郭老"中国化"的古史分期系统。以后虽然仍在不断地对这一系统加以完善，但体系上没有根本的变动。

1949 年以后，郭老又发表了他的另一部研究古史分期的重要著作——《奴隶制时代》。这部著作在 20 世纪 40 年代奠定的体系上，又进一步克服了其中还存在的把阶级斗争简单化和公式化的错误，解决了奴隶社会与封建社会的分期界限问题。以往，郭老是把推动社会制度变革的根本的直接动力简单地归之于奴隶的大暴动。早期，他把奴隶制的下限划在东、西周之交，是把西周末年的国人暴动作为推翻奴隶制的根本直接动力。"这样的划分，对周室来说虽然勉强适用，但从当时的整个中国社会来说便很不妥当。"[1] 20 世纪 40 年代，郭老改正了这一错误。他看到春秋时代奴隶制存在的经济基础井田制还存在，只是到了春秋末期和战国初期，井田制才真正破坏。井田制的破坏导致了封建生产关系的产生，并由此而形成了私门与公室斗争的格局。这样，郭老就已经到了解决这一问题的边缘。然而他却偏偏把秦末农民大起义作为划分两种社会的界标，认为这样"很符合于阶级斗争的观点"。[2] 虽然他也找到了秦代还存在不少奴隶的根据，但"所根据的理由极不充分，而对材料的分

---

① 郭沫若：《奴隶制时代》，人民出版社，1977，第 34~35 页。
② 郭沫若：《奴隶制时代》，人民出版社，1977，第 37 页。

析也做得太粗糙了。"① 实际上，秦代的奴隶早已不是生产的主流。至于秦始皇灭六国，把六国不少人变成刑徒，这只是征服中的一种变形，近现代也还存在，不能作为通例对待。即使这种刑徒，也不是社会生产的主要担当者。就是郭老认为是改变社会性质的陈胜、吴广的大暴动，也是不能称之为"一种奴隶革命的"，② 因为它的主要成分已是封建农民，而不是奴隶。显而易见，把奴隶制的下限划在秦汉之交是不合适的。事实说明，笼统地把被剥削被压迫阶级的斗争作为社会前进的动力，是太简单，也太机械了。尤其是，推动一个社会向另一个社会的变革，并不是旧有的被剥削被压迫阶级的革命所能完成。因为，一个社会内部倘无新的生产关系出现，那么，任何政权的被推翻，不过是王朝的更替，而不是制度的灭亡。只有当旧的社会内部孕育着新的生产关系，代表新的生产关系的阶级起来和旧的统治者斗争，并取得胜利，才能改变社会的性质。春秋战国时期无疑已是新的生产关系出现的时代，如何去认识阶级斗争的作用，如何去把握那些推动社会变革的阶级斗争，这是一个关键。郭老在《奴隶制时代》中，总结了以往的错误，并最终找到了代表新的生产关系的地主阶级以及附属于他们的劳动者与奴隶主阶级的斗争这一主要矛盾，把它作为推动社会性质变革的根本的直接动力，从而找到了划分奴隶社会与封建社会界限的正确方法。在这个社会制度变革的时期，地主阶级起来向奴隶主阶级夺取政权，是阶级斗争的主要形式。而各国的变法，则是这一斗争的直接成果。在变法中，新兴地主阶级在一些国家直接夺取了政权，而在另一些国家则改造了旧有的政权，从而使二者都向封建社会转变。郭老根据各国变法集中在春秋战国之际的特点，最后把奴隶社会的下限确定在春秋战国之交。从而最终奠定了他的战国封建论的古史分期系统。以后20多年，直至去世，郭老对于这一系

---

① 郭沫若：《奴隶制时代》，人民出版社，1977，第37页。
② 郭沫若：《奴隶制时代》，人民出版社，1977，第37页。

统，再没有做大的改动。

以上情况说明，郭老的古史分期理论，确实是沿着"中国化"的研究特点不断向前发展的。他对中国古史规律的阐发，并不是理论的说教，更不是照搬其他各国的模式，而是立足于中国的实际，把历史唯物主义的精神贯穿于其中。无论是作为研究基础的史实整理，还是某个理论上的结论的获得，他都付出了巨大的辛勤的劳动。到处都是拓荒性的开辟工作，到处都要对传统作不懈的批判。所以，郭老对古史分期研究的过程，实际上是一个披荆斩棘的过程。他不但是中国马克思主义史学的开路先锋，古史分期研究的发动者，而且带领大批史学工作者把这条道路不断拓宽。因此，他不愧为中国马克思主义史学的光辉旗手。今天，我们在这宽阔的道路上起步，不能不感谢郭老的伟大贡献。由于他和老一辈马克思主义史学家的努力，我们的研究才不必从头做起。现在，我们是站在巨人的肩膀上，是他们的成果给了我们很高的起点。从今天的高度看，郭老的古史分期系统虽然还存在不少问题，需要我们进一步去探索，但他的"中国化"的史学研究方法，却已自觉不自觉地为人们所广泛接受，许多重大的成果，正是在这种研究方法下取得的。今天，我们缅怀郭老对于古史分期研究的伟大贡献，就是要继承郭老的这一正确方法，使我们的历史科学在新的历史条件下继续发扬光大，把研究的水平提到一个新的高度。

试论儒学现在面临的发展
阶段及其任务

现在还提出这样的问题，可能会被人们认为是炒冷饭。因为港台及海外新儒家早已提出了儒学第三期说。虽然国内大陆学者在 20 世纪 80 年代，甚至 90 年代初，还有人认为，儒学作为一个思想体系已经解体，终结了"在社会政治生活中的统治地位，它主要作为历史文化遗产被研究、被阐释，被批判地继承"①。但后来的事实证明，这种看法已经越来越不符合儒学发展的现状。儒学在大陆，比起港台及海外新儒家的呼声来说，有着无法比拟的底气和内蕴。但也必须指出，大陆儒学近 20 年来的发展，也有随初发之势而来的盲目性的一面，许多问题还不清楚，特别是主旋律还不突出。如何使我们的研究更加自觉，始终是我们不能不关心的问题。故笔者拟就此问题及专业心得，谈一点相关看法，意在使此冷饭而不冷。是否有此效验，还是个人的杞人之盼，以俟与会同仁评判。

---

① 赵吉惠：《儒学命运与中国文化》，陕西人民教育出版社，1991，第 1 页。

一　如何理解近 20 年来文化思潮的转向

儒学现代的命运，首先是由文化思潮造成的。故如何理解近 20 年来中国文化思潮的动向，是它的前提和出发点。

近 20 年来，中国出现了文化思潮的大转向。即从"五四"兴起的反传统的文化思潮，经 20 世纪 60 ~ 70 年代的"文化大革命"和 80 年代的文化热，被推上了顶峰，这就是所谓激进主义文化思潮。但是，到了 90 年代，来了个 180 度的转弯，对传统文化重新加以肯定。人们批判的矛头，直指这种激进主义文化思潮，反思它的错误，继承和发展传统文化，探索其内在价值的合理性，又成了社会的主流倾向，这就是所谓保守主义文化思潮的兴起。儒学从"五四"到 20 世纪 80 年代的文化热，几乎被认为已寿终正寝。但没想到，用了不到 20 年，就上演了绝地反击的一幕，又重新成了中国文化日益强劲的发展因素，这不能不说是近 20 年中国文化思潮大转向造成的。

那么，为什么会发生这种文化思潮的大转向呢？它发生的背后原因是什么呢？怎样来理解它的是非对错呢？这是人们不能不关心的问题。所以，近些年来，全民对传统文化产生了空前的兴趣，到了言必称文化的地步，不然就不会有于丹现象。对于这种全民倾向性的东西，可能见仁见智。但从一般规律来讲，笔者以为，凡是构成社会思潮，特别是全民性的东西，一定是与社会的主要矛盾联系在一起的。故这种思潮的大转向，也一定是这种矛盾已经解决，又产生了新的主要矛盾的结果。从这种观点看，从"五四"到现在的两次文化思潮形成的原因，主要是中国社会面临着不同的主要矛盾和任务。具体的讲，"五四"面临的是反帝反封建的任务，它所要解决的问题是：中国向何处去？因为当时中华民族面临着亡国灭种的危险，而清朝的腐败、封建主义的落后，是造成这种危机的内在原因。这就决定，中国不能再走老路。也就是说，在中国人民面前，什么路都可以走，只要使中国强大就行，唯一的就是不能走老路。中国向何处去？从此成为全民共同探索的问题。旧民主主义革命，新民主主义革命，新中国成立至80年之前的社会主义革命，其实都是为了解决中国向何处去的问题。但是，十一届三中全会和十三大以来，我们党把工作重心转移到社会主义建设上来，做出了改革开放，加入全球化的决策。于是，中国向何处去的问题就解决了。因为加入全球化的进程，已是华山一条路，再也没有什么选择了。而中国的强大，重新崛起为世界大国，正在向世界强国的方向发展，亡国灭种的危险，也已经不存在了。因此，建立在中国向何处去的主题上的反传统的激进主义思潮，也必然要退出历史舞台。

但是，加入全球化的进程后，又出现了新的矛盾，中国全民又面临着新的主题和选择。这就是：中国文化向何处去？为什么这是新的矛盾和主题呢？因为全球化不仅是一个生产方式趋同的问题，也是一个生活方式和文化方式趋同的问题。有的学者早就指出：所谓现代化，就是西方化；而西方化，就是美国化。所以，我们看到，美国的生活方式，美国的文化娱乐，美国的思维方式，无孔不入。过去，由于相对的封闭，我们还感受不到这种文化、生活的深刻危机。现在发现，这一切都要变了。如果我们的生活方式是美国化的，文化娱乐方式是美国化的，思维方式是美国化的，观念形态是美国化的，那么，请问，我们还是中国人吗？虽然我们的体魄强健，但是，我们的灵魂丢了，我们的精神没了。这就是中国现在面临的问题。我们在全球化的进程中，还要不要中国人的精神？还要不要中国人的灵魂？这就是中国文化向何处去？而中国文化向何处去，其实就是一个如何对待传统文化的问题。在这个问题上，政府说了不算，学者说了也不算，而是全民说了才能算。因为从本质上来说，这是一个民族性的问题。现在，全社会兴起的保守主义文化思潮，实际是全民的一种表态：我们要现代化，但也要传统文化。现代化是伟大的，传统文化也同样伟大。从某种角度来说，甚至更伟大。因为，现代化主要是一个工具理性和技术理性的问题，而传统文化则主要是价值理性问题。工具理性和技术理性是暂时的，一百年、几十年、几年，甚至几个月、几天就会发生变化。但价值理性却要持续几百年、几千年，甚至上万年。所以，美国虽然是最现代化的国家，但是欧洲人往往看不起他们。为什么呢？因为他们技术虽发达，但没有悠久的历史和传统。对于这点，其实美国人也自卑。听说，克林顿在参观秦始皇陵兵马俑时就说过："我们有的，你们都会有。而你们有的，我们永远不会有。"我们民族有着这样厚重的优秀文化传统，为什么还要丢掉它呢？所以，在这个过程中，人们来重新反思批判激进主义的文化思潮，也是非常合理的。对于现代化与传统的关系，现在也体现在我们党的方针政策上。我们党提出的口号是：建设有中国特色的社会主义和中国特色的现代化。在这里，定语其实比主语更重要。"现代化"主要是工具理性和技术理性的东西，而"中国特色"则是价值理性的东西。十七大以后，"中国特色的现代化"不再提了，只提"中国特色的社会主义"，但"现代化"与"社会主义"是一致的，因为"社会主义"里面就包括"现代化"。总之，"五四"兴起的反传统的激进主义文化思潮与近20年来兴起的维护传统的保守主义思潮，从表面看来，似乎是根本对立的。但在不同时期回答中国向何处去与中国文化向何处去的问题上，则是统一的。因为二者一个是维护中国人的体魄，一个是维护中国人的精神，缺一不可。儒学作为传统文化的主流和核心部分，也就随着近20年来文化思潮的大转向，而迎来了一个新的发展阶段。

二　从中国文化发展的内在规律性，
看儒学所处的发展阶段

中国向何处去与中国文化向何处去，从其成为思潮来说，有着时间上的阶段性差别，似乎是两个问题。然而从本质来说，则是一个问题，即一体的两个方面。近代以来，中国的民族危机、社会危机，始终伴随着文化危机。从"中体西用"到"西体中用"到全盘西化论，无时不显示着中国文化危机的步步加深。但是，之所以还可以明显地分为两个阶段，是因为第一方面的问题不解决，第二方面的问题就无法解决，始终处于从属地位。最明显的一个例子，就是 1935 年由十教授"一十宣言"发起的"中国本位文化建设"问题展开的讨论。这场运动虽然有着国民党当局的官方背景，为其一主义、一个政党、一个领袖的独裁政治张目，但是，卷入的各个阶层、各个派别的文化主张，则是全面的，有着泥沙俱下，蔚为壮观的场面。然而，此讨论由于抗日问题未解决，又决定它必然是短命的。讨论了两三年，连"中国本位"都说不清楚，不得不随着抗日战争全面爆发而终止。所谓"中国本位"说，就只剩下中国"此时此地的需要"，因而全盘西化论，也可以堂而皇之地说，自己也是"中国本位"了。说明这种文化的建设，在中国向何处去的问题尚无定论之前，中国文化向何处去的问题，只能是句空话。因为它即使有其势，也无其时。现在，当中国向何处的问题基本解决，只剩下如何进一步发展壮大的问题时，中国文化向何处去，才成为社会发展的主流倾向。

正如马克思所指出的："我们仅仅知道一门唯一的科学，即是历史科学。"[1] 中国文化涉及的所有问题，包括"中国本位"的问题，不从历史

---

① 《马克思恩格斯全集》第三卷，人民出版社，1960，第 20 页。

的角度都说不清楚。因为所谓现时"本位"问题，都是历史的延续。所有"本位"之含义，若想得到一个整体解决，就必须对中国的历史、文化，它的起源、结构、功能、价值、发展、演变的规律出发，才能有一个比较清晰的理解。若非如此，而是自外于这种规律，那就不是中国文化本身了，而是走上了断根之路。这是任何一个中国人，不管表面形式如何，从心底都是无法接受的。从 20 世纪 90 年代兴起的保守主义文化思潮，代表了所有中国人的共同愿望，即：我们不想走上这种断根之路。不但要使它继续延续下去，而且要进一步发扬光大，甚至成为整个人类文明发展的共同道路。因为它有着这样的本质内蕴和实力。之所以如此，原因就在于中国文化彻底的原生性，即人类文明唯一没有发生过中断，完全或主要是凭借自己的努力，从上古（三皇五帝）自然发展到今天的连续过程。正如日本学者籔内清教授在其《中国·科学·文明》一书中所指出的："在世界上，与中国同样建立起了古老文明的地域有埃及、中东、印度河流域等，然而，无论哪一种文明，都早在二千年前就灭亡了。没有一个像中国那样，使同一民族及其文明保存到今天。中国文明的产生，真可以说是世界的奇迹。"正是因此，相当于中国古史上的三皇五帝三王时代的文化和文明，在世界其他第一代文明中，都中断了。特别是相当于三皇五帝阶段的历史，完全成了死文化。因而，其他文化和文明，都成了次生或再生的文化和文明。只有中国文化完整地保存了人类文明这一连续进程的一切积极成果，并以活文化的形式，一直延续到今天。因此，只有中国文化和文明，才真正有资格称为人类文化和文明最纯粹、最典型的形态（即理论原型）。故其发展方式，才真正代表了人类文化和文明发展演进的"大道"。这正是我们对中国文化和文明具有充分信心的原因。

然而不幸的是，我们近现代的历史学理论，却是 19 世纪的西方学者，包括马克思和恩格斯，以西方为中心，特别是以希腊为原型，归纳总结出来的。而马恩时代所知道的希腊历史，不过相当于中国春秋战国阶段——即后来被雅斯贝斯称之为轴心时代的历史。而相当于中国三皇五帝三王阶段的历史，希腊是不存在的（至于希腊之前两个灭亡的文明——克里特文明和迈锡尼文明，却是以后考古才发现的）。以这种历史观和理论来研究中国的历史，特别是上古史，这就是毛泽东同志在延安文艺座谈会上的讲话中所批评的"言必称希腊"。这种理论，虽有其科学的一面，如历史唯物主义的理论和方法，但由于历史的局限，以及有意或无意地造成的这个理论出发点的错误，从而对中国的古史，特别是上古史，作了许多歪曲或错误的解释。尤其对三皇五帝的历史，被完全否定了。一方面，是以西方资产阶级理论为指导的、以古史辨派为首的疑古思潮，把它指为虚构，是根本不存在的。另一方面，是马克思主义理论，把它完全推到了原始社会。正是这种解释，中国传统的价值观（即儒家的价值系统）被彻底否定了。因为这种价值系统，完全是以三皇五帝三王的古史系统为依据的，尤其是建立在"五帝公天下"的基础上的。如它的"大同"理想、五伦关系、仁的思想体系、中庸思想、天人合一思想等，都是以五帝甚至五帝以上的历史为依据的。正是西方中心论形成的历史理论和方法对中国上古史的错误解释，从而使研究传统文化的许多学者，产生了有如王国维先生所说的"可爱者不可信，可信者不可爱"的情结。即我们信仰和热爱的东西，不能用这套理论来证明它可信。而相反，我们用这套理论证明可信的东西，却无法从情感上觉得它可爱。故如何认识中国的上古史，乃是理解中国文化及其价值系统的关键点。然而，这个在西方不存在的、绝没有任何记忆的、五帝时代那种"公天下"的文明社会，在中国，却无论是历代帝王，还是思想家，从孔夫子到孙中山，一直到共产党人，都把它作为最高理想来追求。这就是活文化。因此，如果我们把这个历史的原点转过来，以中国的历史文化为原型，来观察人类文明的其他类型，我们就不难发现，以往的历史理论的局限及其对中国文化和文明解释的根本错误在哪里了。

按照我们传统的古史观，中国三皇五帝三王的古史系统，向来有"五帝公天下""三王家天下"的说法。这两个时代，都是文明社会。而这点，日益被地下考古所证明。所谓"五帝公天下"是说，这是一个没有私有制、阶级、剥削和压迫的早期文明社会。而"三王家天下"，才开始进入阶级社会和国家阶段，才有剥削和压迫的产生。因而，从中国这个真正的唯一延续下来的活着的理论原型看，是和我们从"五四"到现在通行的文明起源理论和国家理论，有着根本冲突的。它证明，文明与国家不是同时产生的，而是文明起源在前，国家形成在后。因此，人类文明的第一种形态，不是阶级社会，而是无阶级的早期文明社会。国家的起源，不是从原始氏族中直接产生的，而是要经过一个早期文明社会的桥梁作用，通过异化的形式，才能形成国家。正是因此，国家也就不是现行所认为的，是一重性的阶级剥削和阶级压迫机关的概念，而是二重性的概念。国家不过是文明发展的一个特殊阶段，它一方面有着文明社会的一般属性，即由早期文明社会延续下来，属于全民的、公益的、全社会的属性。另一方面，它又有异化为阶级及其剥削和压迫的属性。因此，我们只要清算了国家阶段异化的属性，那么，其全民性、全社会性的一面，包括上层建筑、思想意识形态，特别是其价值系统，都是可以继承的。然而，正是在这点上，"五四"以来的激进主义的文化思潮，犯了一个根本的错误，以为中国的文化，也与西方一样，从文明产生起，就是奴隶社会，然后是封建社会。故其价值系统，从一开始，就是代表剥削阶级——即奴隶主阶级和封建地主阶级利益的，因而，今天站在无产阶级和劳动人民的立场上，是从本质上无法继承的。因而，从"五四"到 20 世纪 80 年代的文化热，展开了对传统文化一次比一次更激烈的批判。正是在这种批判否定的思潮中，中国的传统文化，包括其主流的儒学及其价值系统，被根本否定了。于是，也就造成了儒家思想体系已经寿终正寝的假象。这说明以西方中心论为指导的理论对中国传统文化，特别是儒家传统的破坏否定作用，是决不可以低估的。故从理论上清算西方中心论的错误，以及用现代科学理论对中国古史系统的重新阐释，这是首先要做的工作。关于这种学理问题，笔者在《中国礼文化》① 和《中国古代国家宗教研究》② 上篇中，作了较详细的探讨。篇幅所限，这里就不展开了。

中国文化仍将以活文化的形式延续下去，这就决定，它仍将按传统的固有方式和规律向前发展。故我们理解中国的传统文化，特别是儒学的发展阶段，仍必须由中国传统文化的固有发展规律出发。作为原生道路的文化，中国与西方，除了上述其文明与国家同步发生的特点外，还与其希腊传统与基督教传统的二元结构不同，中国文化从始至终，都有着内在统一的"一以贯之"的特征（至于这种特征是什么，我们后面再论）。既然"一以贯之"，就决定，这种特征是从起源阶段奠基形成的，以后也一直没有发生改变，它就蕴含在三皇五帝三王的古史之中。所以，三皇五帝三王的古史系统，从历史年代学的角度来说，似乎离我们很遥远，然而从文化价值学的角度来说，它就在我们身边，就活在我们心中。这正是我们的往圣先贤，特别是儒家思想，始终以此为据的原因。

当我们把中国文化的源头从学理上理顺以后，我们就能从整体上来把握中国文化发展的内在规律了。中国文化从起源到现在，从整体上讲，大致可以划为四个大的发展阶段。第一个阶段，就是上面所说三皇五帝三王的阶段，即起源定型阶段。这个阶段的时间最长，有着几千上万年，甚至更长的时间。所谓三皇时代，按现在的历史科学讲，基本属于原始渔猎时代到早期农耕的开始阶段；从血缘上讲，是属于母系氏族社会。所谓五帝时代，就是上面所说属于中国特有的早期文明社会，即"大同"

---

① 邹昌林：《中国礼文化》，社会科学文献出版社，2000。
② 邹昌林：《中国古代国家宗教研究》，学习出版社，2004。

社会。这个阶段，从生产上讲，属于早期农耕时代；从血缘上讲，则包括整个父系氏族社会。所谓三王时代，则是指夏、商、西周三代。这是中国文化进入国家的发展阶段。到西周时代，中国文化就定型下来了。以后，中国文化就是按这种定型状态向前发展的，一直到现在。这就是中国文化"一以贯之"的内在原因。第二个阶段，是春秋战国阶段，时间大约有四五百年。这个阶段的时间虽不长，但却是中国社会和中国文化发生大危机、大变革的时代，即传统所说的"礼崩乐坏"、诸子蜂起、百家争鸣的时代。第三个阶段，则是从秦汉到近代以前，延续了两千多年。特别是从汉代恢复礼制，"罢黜百家，独尊儒术"，整个社会又重新回归到其固有的发展轨道上来，从而使中国文化又形成了一个相对稳定的长期发展阶段。第四个阶段，是从 1840 年进入近代社会直至现在还在持续的阶段。中国又一次经历着社会文化的大危机、大变革。这次危机从其深度和广度来说，更要超过春秋战国。然而从时间来说，则更短，至今不到 200 年。这四个阶段，从发展上看，其实是两种发展方式。第一和第三个阶段是一种发展方式，即基本是一种稳定的、持续的、有着内在不变性——即"一以贯之"的发展方式，我们古人称之为"经"和"常"。第二和第四个阶段是一种发展方式，即大波动、大危机、大变化的发展方式，我们古人称之为"权"和"变"。"经"与"常"是一种不变的、稳定的、长久的发展方式；而"权"与"变"，则是在非正常情况下，采取的一种变通的、权宜的、暂时的、过渡的发展方式。因此，当那种非正常的发展阶段结束之后，这种"权""变"的发展方式，又会回到常态中来，这就是文化的归位，回归其固有发展规律。但是，由于近现代危机的严重性，20 年前，中国文化还有没有这种"归位"式的回归，是不清楚的。它也许会结束"权""变"阶段，但重新走上稳定发展阶段的文化，还是否中国原来的文化，这是人们心存疑虑、没有底的事情。然而，通过近 20 年来文化思潮的大转向，特别是从学理上对西方中心论的清算和中国文化发展倾向的日益彰显，我们才真正可以放心地说，中国文化仍将回归其固有方式，回到它"一以贯之"的特征上来。因而，只有这时，我们才能看清儒学所面临的发展阶段。

关于儒学的发展阶段，近几十年，一直以港台及海外新儒家的说法为主，即所谓儒学第三期说。所谓第三期，就是直接宋明理学，是对宋明理学的一个新的发展。而作为第二期的宋明理学，说是上接先秦儒学，实则是对两汉儒学而言。从两汉经学发展到宋明理学，实际是佛教的传入，儒学面临佛教的挑战，而从学理上的一次大发展。因而超越了两汉儒学，故从原点是直接先秦孔孟道统。以后发展，也必然如此。从这个角度来说，现代中国儒学又面临着西方文化的挑战，儒学又一次面临着一次学理上的大提升。从此角度看，第三期儒学说，是有道理的。但必须指出，第三期儒学与宋明理学有一个根本不同点。宋明理学阶段，中国文化的本位不动，即依为基础的整个社会生活方式，包括经济生活、社会结构、政治制度、文化特征（如礼仪制度），以至于社会制度，都没有发生根本的变化，仅仅是儒学面临佛教的挑战而已。然而，现在不同了，儒学所面临的，不仅是西方文化，特别是其主流的基督教的挑战，而且是儒学所依托的整个社会基础都发生了动摇，即社会的生产方式、经济活动方式、政治统治方式、文化娱乐方式、人际交往方式，以至于话语表达方式等所有方面，一句话，儒学所依托的社会基础，都发生了根本的变化，整个文化都随着社会的变化，而处在一种大转变、大危机的状态之中。从这个角度讲，绝不是一个儒学第三期说所能包括得了的。儒学第三期，是直接宋明理学，仅仅是本身的一种学理上的提升。而从现在中国文化面临的危机和变化特点来说，却是直接春秋战国，是中国文化整体回归式的提升。当然，不能说儒学第三期说就是错误的，单从儒学面临西方基督教的冲击来说，第三期说是说得通的。但是，从中国文化现在面临的整体发展阶段来说，儒学第三期说，显然目标小了，不能反映中国文化的整体走向。所以，儒学现在所面临的发展阶段，实际是双重性的，一个是儒学自身学理上的提升，然而从更广的角度，则是儒学依为基础的整个中国文化全面整体回归的提升。从这双重任务来看，前者必须服从后者，没有中国文化整体回归的提升，就无所谓儒学第三期。因为皮之不存，毛将焉附。儒学第三期，充其量，不过是中国文化现在所处整体阶段的一个子项目而已。

三 儒学现在面临的任务及命运

以上所述就是儒学现在所处的发展阶段及其面临的双重任务：一是它必须解决中国文化如何整体回归和提升的问题；二是必须解决自身与基督教价值系统的学理冲突问题。作为前者，它必须与中国文化"一以贯之"的内在本质连接在一起，并使自己重新成为这种属性的直接继承者、维护者和捍卫者。作为后者，则必须打通与基督教伦理的学理通路，才能在全球化的进程中，使自身的发展有一个新的提升。这两点，实际是统一的。但前者是大目标、基础和前提，后者是小目标和导致的必然结果。前者解决了，后者才有存在的可能。所以，我们理解儒学现在面临的任务和前途命运，也就必须从中国文化"一以贯之"的本质特征谈起。

所谓"一以贯之"，语源出于《论语》孔子所说："吾道一以贯之。"故历来以儒家"道统"说为主。而儒家道统说，又历来是上接三皇五帝三王，从伏羲、神农、黄帝、尧、舜、禹、汤制作，通过文、武、周公、孔子，一脉相承传下来的。[①] 从制作层面上讲，历来认为它的发明权不是孔子。所以孔子讲："述而不作，信而好古"，"敏以求之"。所以，这种

---

① 参见业师余敦康先生为拙著《中国礼文化》所作《序二》，社会科学文献出版社，2000。

"一以贯之"的属性，不是在孔子为首的儒家学派形成之后才有的，甚至也不是从有文字记载的历史——即"六经"所处的三王时代才有的，从制作层面上讲，要远超过这个阶段。它是从中国文化起源——即从三皇五帝时代就存在，并一直贯穿下来的东西。那么，这个古史系统何以"一以贯之"呢？这才是关键。然而，此问题，从"五四"反传统思潮是无法理解的。因为它从根本上否定了这个系统，何能"一贯"下来？正是因此，才产生了有如王国维先生所说的困境。20世纪80年代，笔者刚刚硕士毕业，留在中国社会科学院研究生院工作，正处在那场文化热的旋涡中，也深深地被这个文化的悖论所困扰，所以决定辞去工作，再次上学读博士，对中国文化"一以贯之"的特征，作一次穷根索源的探讨。结果才发现，中国文化的根本特征是礼，整体就是一个礼文化模式。它不但是有文字的"六经皆礼"，而且从文字产生之前就是礼。这个礼文化模式，是通过三个阶段起源，由三个层次的礼仪系统整合而成的。最早的一个层次，就是自然礼仪系统。因为人总是要吃的，所以，人类最早是面对自然界。正是在与自然的交往中，形成了自然礼仪系统。笔者运用人类学的方法，对古礼进行探索，发现了其中不少起源于渔猎时代和早期农耕时代的礼仪，以及与此同时代的母系氏族的礼仪。这种礼仪可以追溯到非常久远的阶段。从古史观上看，其实这就是古人所说的三皇时代。正是在这种最早的礼仪系统中，人们首先认识了自己与自然界的关系和交往方式。儒家的"天人合一"思想，最早就是从这种礼仪中起源的。虽然原始时代的人们并不能形成这种理论上的思考，但儒家的这种价值理念，正是从这种自然礼仪系统中归纳总结出来的。

中国古礼的第二个层次，则是社会礼仪系统。在原始社会的大多数时期，人类的群体是很小的，互相之间的来往也是很少的。一般来说，一个群体，就是其生产和通婚的最小单位。这种单位，在母系社会就是部落。一个部落由两个或多于两个的氏族组成。氏族是进行生产和保持血缘关系的基本单位，氏族内部禁止通婚，婚姻关系必须在两个氏族之间进行，这就是氏族外婚制和部落内婚制。在母系氏族的大多数时期，人口是很少的，从而部落之间的来往也是很少的。人们由于过的是渔猎和采集的生活，活动的空间也是很大的。但是，到了母系社会的后期，人类开始进入农耕时代，由于逐渐走向定居或半定居，随着生产力的提高，生活条件的好转，于是，人口开始大量繁殖起来，氏族与氏族、部落与部落之间，也日益紧密地接触起来。并在这种接触中，日益形成了相互之间的利害关系，于是就形成了更大的集团，这就是部落联盟。这样，氏族部落之间的交往就多了，从而发展起了这种横向的礼仪系统。我们古人把它称为"交接"礼仪。所谓"交"与"接"，都如同现在所说的"交际"，故称"交接"。在人类进入部落联盟不久，同时又发生了一件更重要的、具有决定意义的大事，这就是父系氏族取代了母系氏族。从而人类的家庭关系发生了根本的变化，即以男子为中心的个体家庭的产生，以及由此形成的家族和扩大形态的宗族关系。由此，也就产生了维护这种关系的礼仪系统，这就是我们传统所说的父系宗法关系的"五服制度"。由于五服制度的产生，部落和部落联盟内部，也就产生了个体家庭之间、家族与家族之间、宗族与宗族之间的横向关系及其礼仪。而且，由于其日用不息的特点，而更加频繁。这样，就由社会交接礼仪和五服制度，而共同形成了社会礼仪系统。从古史记载和人类学研究看，这个阶段实际就相当于五帝时代，即从黄帝到尧舜禹的时代。在这个阶段，不但形成了社会礼仪系统，而且形成了规模庞大的统一的社会集团，这种集团，就相当于后世的王朝系统，只是还没有以阶级对立为基础的剥削与压迫关系。在这个系统中，个体的父系家庭及其家族和宗族，构成了社会的基本单位，在它们之上有氏族，氏族之上有部落，部落之上有部落联盟，部落联盟之上有整体联盟或准王朝。这是纵向关系，再加上横向关系，就形成了以父系血缘的家庭宗族制度为核心的社会综合礼仪系统。这就是五帝时代的大致情况。五帝时代的这个综合礼仪系统，其实就是儒家五伦关系（即君臣、父子、夫妇、兄弟、朋友）的源头。这里，父子、夫妇、兄弟，是家庭血缘关系，君臣是纵向关系，朋友是横向关系。这种五伦关系，是儒学的社会基础。所谓"仁"的思想体系，社会全面和谐的"大同"理想，处理这种人际关系的方法论的"中庸"思想等，就是在这个基础上形成的。这样，我们就可以看出，儒家的核心价值观——即"道统"，实际是以五帝时代的社会礼仪为基础的。而五帝时代，其实是一个早期文明社会。但是，当我们以西方中心论的国家与文明同步发生论来衡量时，五帝时代却被划到了原始社会，从而从根本上否定了儒家这些核心价值观存在的合法性。

当然，必须指出，儒家五伦关系的君臣一伦，不仅是指早期文明社会——即五帝时代那种管理者之间的上下级关系，而且还包括进入国家阶段——即三王时代严格的统治与被统治、剥削与被剥削的国家君主制度。这种制度，是建立在严格的政治等级礼仪基础上的。而这种严格的政治等级礼仪，则是三王时代——即夏、商、西周阶段的产物，这就是中国古礼的第三个层次。

这样，我们就可以看出，中国古代的礼仪系统，实际是以三皇时代为源头，中经五帝和三王两个时代整合而形成的，以自然礼仪为源头、社会礼仪为基础、政治等级礼仪为主干的综合系统。这就是儒家学说产生之前，中国文化的根本特征。以后，中国文化就是按照这种定型的礼文化模式向前发展的，一直迄于现代。这就是中国文化"一以贯之"的特征。儒家的伦理价值系统，就是以这个礼文化模式为源头和基础的。所以，对于儒学的把握和理解，不从这个基础出发，是说不清楚的。例如，在20世纪80年代笔者读博士时，正是那种激进主义思潮达于巅峰状态，儒学被彻底否定，全盘西化论又甚嚣尘上之时。那个时候，因应这种挑战，笔者业师余敦康先生与几十位学者，在中国社科院近代史所的小礼堂展开了一场讨论。余先生指出，不管对儒学是否定还是肯定，首先必须搞明白什么是儒学。所以，几十位学者围绕什么是儒学的问题讨论了两三天，也没有说出个所以然来。连儒学的定义都说不清楚，谈何批判、继承？事实说明，就儒学谈儒学，这个问题是说不清楚的，因为儒学涵盖的内容太广，谁也无法用一个概念性的定义，完全把它说清楚。只有从中国文化"一以贯之"的整体特征出发，这个问题才有说清楚的可能。正是因此，笔者的博士学位论文，就以此为基础展开了深入探讨，不但提出了中国文化的根本特征是礼，整体上属于礼文化模式，而且进一步探讨了它的结构、功能和价值系统。指出，儒学从根本上，是中国礼文化模式的继承者和捍卫者。它是在春秋战国"礼崩乐坏"的危机时刻，为了延续这个文化模式，而把其价值系统从礼里边提炼出来，使之得以提升，而继续向前发展的。如上所述，其天人合一思想，就是从三皇时代起源的自然礼仪中提炼出来的。而其五伦关系、"仁"的思想体系、"大同"理想、中庸思想，都是起源五帝时代的社会礼仪系统。只有五伦关系中的君臣一伦，由于具有双重含义，才与三王时代的政治等级礼仪系统有关。正是这种严格政治等级秩序，成为后人，特别是现代激进主义文化思潮不断批判否定儒学的根本原因。如果仅此而言，这种对儒学的批判，不能说错。因为，这本身就是早期文明社会异化的产物。在这种异化的过程中，各种社会关系无不打上等级或阶级的烙印，这是不可否认的事实。儒家思想，当然也不能外在于这个礼仪系统固定下来的社会秩序。问题在于，中国的礼文化模式，不是仅有这种政治等级关系，而且还有五帝时代这个早期文明社会的社会礼仪的源头。而这点，在儒家学说中，也是泾渭分明的，这就是它的"大同""小康"说。儒家学说，虽然向来立足于三代的"小康"，却始终以"大同"为理想，用"大同"理想来校正"小康"的不足。儒家的全部努力，就是企图把现实中的政治等级制度，纳入人生社会礼仪的系统中来，而不是牺牲人生社会的利益，去维护以君臣关系为核心的政治等级制度。当这种制度与社会人生的利益相背离时，他们总是站在社会人生的立场上，来批判那种造成社会不公的政治制度和暴君污吏。儒家的这种立场是一贯的。这也正是儒家的道统观与中国礼文化模式相统一，而都可以称之为"一以贯之"的原因。如果我们批判的，只是这种造成社会不公正的严格政治等级关系，应该说，它和儒家的立场是一致的。如果超出了这个范围，把儒学整体否定掉了，那么，中国文化就没有它的优秀传统和光辉过去了，自然也就没有可继承性了。

由于中国文化整体上是一个礼文化模式，儒学从本质上是继承、捍卫和发扬这个礼文化系统的，所以，笔者也以此为出发点，在不同的时候和场合，谈过对于儒学的定义。现在，我就按儒家、儒学、儒教的不同提法，把它归纳如下：（一）什么叫儒家？所谓儒家，就是中国礼文化的价值承担者。（二）什么叫儒学？所谓儒学，就是中国礼文化的学理系统。（三）什么叫儒教？所谓儒教，就是中国礼文化的教化系统。中国的主流文化，就是以儒家、儒学、儒教的名称沿袭下来的。这三者，有着内在的统一性，故向来人们混用不分。然而，正是这种混用不分，当中国文化与西方文化碰撞时，却由于二者概念的不同，而经常发生矛盾。如，中国文化，特别是儒学是否是西方式的宗教文化？就由此而产生。从其学理来说，人们看不到儒学与西方宗教的一致性，所以否定儒学是宗教。然而，从它的教化功能来说，又与西方宗教的作用，有着异曲同工之妙，所以人们又强调它的宗教性。儒学与西方宗教观念这种似与不似的矛盾，作为精通中西两种文化的辜鸿铭早已看到，所以，他提出了对儒学狭义与广义的区分。从狭义来说，辜鸿铭认为，儒学不是西方式的宗教，因而也就不能定义为宗教。但是，从功能来说，儒学对全民的教化作用，又同于西方宗教，所以，他认为，从广义来说，儒学与佛教、基督教一样，都是宗教。正是在这种狭义与广义之间，这种学理上的尺度怎样把握，至今仍是一个争论不休的问题。而要真正使其得以解决，则仍需从中国文化"一以贯之"的特征出发，才能说清楚。

中国文化之所以是一个礼文化模式，就是因为它从源头就是礼。如果源头不是礼，就谈不上"一以贯之"。关于什么是礼，按古人的最一般说法，是把它定义为人之所以为人的根据。也就是说，礼就是人与动物的分界线。如果按照这种定性，我们古人所说的礼，就相当于现在所说的广义的文化和广义的文明概念。所谓广义的文化，是指人类文化的总和，它是与人类俱来的东西，即，凡属于人类独有而动物没有的东西，都属于文化。所谓广义的文明，则是相对于狭义的文明来说的。所谓狭义文明，有两个意思。第一个意思，是指人类历史发展的一个特定阶段，即文明社会。从这个意义上讲，文明至今只有几千年的历史。第二个意思，则更狭窄，它是指文明社会中，不同民族、不同地域、不同发展阶段的特定的文明形态。而广义的文明，则是指文明的因素。虽然文明社会之前，是原始社会，但原始社会也有文明的因素。所谓广义的文明，是指这种文明因素的集合体。从这个意义上讲，广义的文化与广义的文明是一致的，不分的，因为它们都是人与动物的分界线。有意思的是，现代西方的学者，也把宗教看成是人与动物相区别的分界线，这就是广义的宗教概念。所以，从这些概念看来，中国所说的礼，西方的广义宗教，现在通行的广义文化和广义文明概念，都是一致的，从源头上看，它们都是指人与动物的分界线。因此，从源头上看，中国的礼文化，应该是人类文化的共性，即人类与动物分界的标志。在原始时代，这应该是所有文化的共有特征。问题在于，这种特征，除了在中国之外，后来都发生了变化。只有中国仍以礼文化的方式向前发展，并一直延续到今天。而其他文化，都走向了宗教。所以，中国的礼与宗教是什么关系，才是关键。笔者认为，所谓礼，在原始时代，就是今天人类学家称之为习惯、习俗或传统的整体文化系统。而宗教，不过是其中的核心部分。

如果礼文化不被破坏，不发生中断，这种礼文化系统就会整体流传下来，并在文明社会进一步向前发展。但是后来，世界其他第一代文明都相继灭亡和中断了，从而使礼文化整体系统没有流传下来，延续下来的，只是其核心的宗教部分。而其宗教部分，又在不断的民族冲突和文化冲突中，不断改变、异化，而形成了不同的宗教。正是因此，只有中国文化是原型，其他都不是原型。如果以中国的礼文化画一个大圆，中国的宗教，就是其核心内部的一个小圆。外头这个大圆，我们称之为原生文化，中间这个小圆，我们称之为原生宗教。其他宗教，作为异化的形态，与中国这个原生宗教的小圆，都有一定的重合部分，然而又有不重合的部分。从其重合的部分讲，它们从实质和概念，都是一致的，可以相通的。然而问题在于，它们之间不重合的部分怎么办？是用哪一种文化作为统一的标准？显然，只有中国文化才有这样的资格，因为只有中国文化才是原型，其他都不是原型。因而，也只有中国文化，包括其核心的宗教，才包含了其以后引起所有变化的因素。因此，也只有中国文化才是全，而其他文化都是偏。但不幸的是，我们现在的解释系统，却是以西方文化，特别是基督教为依据，来诠释中国文化的，因而必然是以偏概全，对中国文化做出错误甚至荒谬的解释。如果再企图比照基督教的方式，来重建中国文化，特别是儒学，使它整体变成基督教式的宗教文化，那更是弃全而走偏，最终把中国文化带向一条不归之路。这正是我们不同意以西方宗教为标准来对待儒学的根本原因。

以上问题清楚之后，我们就可以大致来勾画儒学现在面临的任务和前途命运了。既然中国文化现代的危机，整体直接春秋战国；而单从儒学与基督教的冲突来说，它似乎又是上接宋明理学。故此二问题，儒学都必须做出自己的回答。解决这两个问题，就是儒学的根本任务。此二问题是否能获最终解决，才能决定儒学还能否成为中国文化的主流。因而，也最终决定了儒学的前途和命运。

所谓中国文化现在直接春秋战国，是指中国文化近现代经历了一场类似春秋战国甚至更严重的"礼崩乐坏"的危机。因而，它的前途，也必须像汉代"复礼"一样，使自身的发展重归礼文化模式的发展轨道。所谓"复礼"，按现在的概念讲，就是中国文化的重新整合。但是，这种整合，不是整合到别的方向上去，更不是背离中国文化固有的发展方式，而是重新回归礼文化模式，所以，我们仍称之为"复礼"。然而，也必须指出，所谓"复礼"，并不是指原封不动地回到过往的礼仪形式中去，这是不可能的，也是无法办到的。所谓"复礼"，只是坚持中国礼文化的发展方式，根据现实的变化，对其进行新的整合式的提升。之所以仍称之为"复礼"，是因为这种整合，必须以传统文化为基础。只有在尽量保存传统礼文化元素的基础上，中国文化的整合才能成功，否则就必然失败。儒学是中国礼文化模式的继承、维护和捍卫者，是其价值系统的承担者，故中国文化回归礼文化模式，是其存在的基础。所以，儒学必须像在春秋战国时期那样，重新承担起中国文化"复礼"的重任。"复礼"是一个非常艰巨的过程，因为它是在社会发生经济、政治、文化、生活方式的全面危机之后的恢复重建。正像有的学者所指出的，任何一项礼的破坏，如果经历两三代之后，就很难恢复了。若时间再久，几乎永远无法恢复了。因为其具操作系统，已经无人知道了。一项礼的破坏要恢复都这么难，何况整个礼仪系统的破坏和恢复。所以，汉代恢复礼制时，已有"礼乐百年而后兴"的说法。其实，汉代的"复礼"，搞了几百年，也没有解决得很好，比起三代来，其整合度还差得远。但是，就是凭借着这种"复礼"，中国文化又延续了两千多年的稳定发展。然而，这次中国文化的危机，还要远超过春秋战国，其难度就可想而知了。这不仅是因为传统的礼仪形式破坏得更严重，而且更重要的是，由传统农业社会向现代工业社会的转型，同时也造成了生活方式的大变化。在这种新的生活方式中，不但旧的礼仪系统遭到了破坏，而且新的生活方式缺少或者没有相应的礼仪方式与其相对应。例如，中国古代也有商业活动及其相关的商业礼仪，但总体来说，是相对不发达的，因而商业礼仪也就相对薄弱和欠缺。而现代，商业成了社会生活的主流，因此，商业礼仪也就有着大发展的需要。再比如，与农业社会的小农个体生产不同，工业社会大多是生产性的企业，所以，企业文化就成了社会的广泛需要。然而，企业文化，特别是其礼仪系统，几乎还是空缺，因此，企业礼仪更需重新建立。再比如，古代以乡隧建设为主，人们都生活在乡村中。而现代以城市为主，人们都生活在社区中。所以，社区礼仪建设也必须提到日程上来。总之，现代的"复礼"是一个更加艰巨的任务。

但是，不管中国的"复礼"和整合多么艰巨，由于中国已经摆脱了近两个世纪的社会危机，中国文化回归整合的要求，已是不争的事实。张岱年先生早就提出了"综合创新"说，近几年，又有牟钟鉴先生提出传统文化、马列主义、西方文化三合一说。以及全社会对传统文化的空前兴趣，这都说明，中国文化走向回归整合，已经成了社会的共同需要。于是，如何整合，特别是儒学如何因应这种全民的要求，推动这个整合按照"复礼"的方向发展，已成了它无法回避的任务。中国文化从近代以来，由于西方的文化霸权，一直受到"体""用"之争的困扰。现在虽然有"综合创新"和"三合一"说这样的口号的提出，但总的来说，还限于空洞的口号，一到具体问题，仍离不开"体""用"的思路，提不出具体可操作的行动路线。所以，这是中国文化在整合回归起始阶段面临的一个根本问题。儒学要承担起新的"复礼"任务，这是首先需要解决的问题。那么，如何来解决这个问题呢？笔者认为，就是回归儒学的"社会本位"说。如上所述，儒家一直是立足于"小康"，而以"大同"理想来校正其不足。这种努力，就是以社会礼仪为基础，来批判那种造成社会不公平的政治制度和暴君污吏。这实际就是"社会本位"的立场。也就是说，中国文化的整合，必须以人民的社会生活需要来衡量，才能最终得到合理解决。因为不管怎么变化，人民的柴米油盐酱醋茶、生老病死、婚丧嫁娶，以及一切安身立命的东西，都是我们的出发点。一切其他的东西，包括外来文化，都要从维护人民这种基本要求出发，才能定其取舍。以这样的立场进行整合，就是符合社会需要的整合，在这样基础上的"复礼"，就是合理的"复礼"。所以，所谓"复礼"，首先是社会礼仪系统的整合重建。然后，才是在这个基础上的其他礼仪的恢复重建，最终才能形成儒学价值系统与其礼仪系统的完整统一。

中国的礼仪文化系统，从其起源发展方式来说，最早是顺着礼俗—礼制—礼义的方式发展的。但是，随着社会的发展，礼的沿革、损益、变化，还有典籍的散失，特别是社会动乱、王朝更替的过程中，由于礼乐崩坏的失序，到一定阶段，就不得不重新制礼。这种制礼的过程，往往是由礼义—礼制—礼俗的相反循环。即礼制、礼俗的缺失，可以根据礼义来重新制定或补足。这就是"义起"的方式。所以，礼的发展，是一个由礼俗到礼义，又从礼义到礼俗的反复循环的过程。中国的礼文化，就是在这种反复的循环中，不断向前发展的。尤其是像春秋战国和近现代严重的"礼崩乐坏"，这种"复礼"式的整合，才更为必要。而这种"复礼"，更是在义理指导下的社会礼仪文化秩序的重建。一方面，它要对旧有的礼仪系统进行恢复，如生老病死、婚丧嫁娶，这些基本的东西，是不会随着社会的变化而消失的，我们要把它们重新恢复完善。另外，随着社会的发展，还需要有新的礼仪系统来适应它，如上面所说的商业礼仪、企业礼仪、社区礼仪等，都有一个根据义理，重新采风俗，进行归纳、总结、提炼、形成模型、试行、完善、推广、教化、定型的制作形成过程。在这个过程中，儒学的根本任务是提供义理上的指导，参与整个制作过程。只有当这个礼仪系统重新建立起来，儒学才有了永续发展的新的基础。这就是中国文化自近现代以来，发生的有如春秋战国"礼崩乐坏"的重大危机，儒学需要承担的"复礼"任务。当然，这是一个相当长期的、非常复杂的、由政府主导和全民共同参与的过程。儒学在这个过程中，不但要对传统礼仪文化进行更深层次的探讨，发展自己的学理系统，来提供义理上的指导，而且要在这个礼仪系统重建的过程中，造就一支有着献身精神的队伍，来捍卫这个系统。这种捍卫功能，就是对这套礼仪系统的传播和教化。只有在这个基础上，才能最终形成定型化的礼仪文化系统和社会长治久安的稳定发展秩序。

除此之外，随着中国文化"复礼"的整个过程，儒学本身还有一个所谓第三期的任务。这就是，迎应西方文化，特别是基督教的挑战，从学理上消化这个系统，使之与自身的内在价值有机地结合，实现学理上的提升。并且还要在这个基础上，成功地走向世界。中国文化近现代危机的重要根源之一，本身就是西方文化的传入，特别是西方殖民主义者以基督教为精神侵略工具，进行文化侵略造成的。因此，这是中国文化近现代危机的外在根源。这个问题不解决，中国文化就没有最终走出这次危机。尤其在今天全球化的进程中，任何民族的文化，已不再是一个封闭的整体，而是你中有我，我中有你，互较高下，择优发展的进程。在这个进程中，中国文化要想最终回归它的固有发展方式，就必须成功地走向世界。因为世界文化已经走进了中国，如果中国文化不能成功地走向世界，那么，世界文化，特别是西方文化，仍会对中国文化形成一种外部的高压态势，最终使中国文化的发展，重新归于危机动乱。当然，这种态势是否发生，除了国力的比较之外，还取决于文化的比较，即中国文化是否具有其他民族自愿接受的优势存在。关于这点，我们有着充分的信心。一是如上所述，中国文化的起源发展方式，是从上古到现代，唯一延续下来，没有发生中断的典型，因而，它应该是人类文化和文明发展的大道，有着人类发展的共性。中国文化是全，而其他变异的文化是偏。因此，中国文化与其他文化不构成异端，相反，中国文化具有最大的包容性，能把任何文化的优秀元素包容进来，来完善它各个方面的发展。因为任何文化在这个全的体系中，都有它发展的基础。正如传统所说，中国的学问是内圣外王之道。宋明理学，如港台新儒家所说，走的是一条内在超越的道路。而之所以如此，就是因为它从学理上吸收了佛教的成果，完善和发展了中国文化的内圣之道。而西方文化是一种外在超越型的文化，而这种特性，可以与中国文化的外王之道相结合。因此，当儒学从学理上消化了基督教文化系统，也必然使中国文化的外王之道，得到新的完善和提升。二是中国文化与世界其他文化相比，从本质上是唯一没有敌人的，因而，本身就不具有排异性，最终会为全人类接受。因为中国文化的源头是"大同"社会，而"大同"社会是一个"协和万邦""天下一家""四海兄弟"的社会，这样的社会是没有敌人的。这种特征，体现在其价值系统的所有方面。比如，其核心价值观——"仁爱"观就是如此。如果我们把儒家的"仁爱"观与基督教的"圣爱"观相比较，就会发现二者的异同了。从最高境界来说，"仁爱"观与"圣爱"观，都是普世之爱，即爱一切人。因此，从这点看，儒学与基督教是相通的，有相通的基础。但是，二者有一个根本的区别，即"仁爱"观天生没有敌人，而"圣爱"观天生有敌人。因为"圣爱"观有"爱仇敌"一条。既然是"爱仇敌"，就证明它天生有敌人。因为基督教是天生有魔鬼撒旦，有异教徒的。但是，异教徒也是人，因此，如果上帝不爱异教徒，不"爱仇敌"，那么，它就永远成不了普世性宗教。基督教就凭着"爱仇敌"一条，而成了普世性宗教。而中国文化的"仁爱"观，天生就没有敌人。因为"仁爱"观认为，善来源于我们的本性，是与生俱来的，而不是外在赋予的。而最能体现这点的，就是赤子之爱。赤子对父母的爱，是最天然的，不受任何外界影响的。正是因此，赤子对父母的爱，父母对子女的爱，是一切爱的源头。这种爱怎么有敌人呢？所以《孟子》讲："老吾老以及人之老，幼吾幼以及人之幼，天下可运于掌。"即认为，推这种爱于天下，治理天下就易如反掌。这种"仁爱"

观，哪来的敌人呢？在这种观念中，凡是仇敌，都是外部强加的。所以，在这种"仁爱"观中，不但没有爱仇敌之说，反而认为，"父母之仇""君父之仇""不共戴天"。正是因此，有人认为，中国的"仁爱"观，比不上西方的"圣爱"观，因为"圣爱"观连仇敌都爱，有什么不爱的呢？恰恰相反，"圣爱"观有"爱仇敌"一条，是因为它天生有敌人。而"仁爱"观主张"父母之仇，不共戴天"，是因为中国的"至善之爱"是赤子之爱，赤子怎么有仇敌呢？赤子的至爱是父母，如果有人杀害了他的父母，赤子怎么能接受呢？赤子如果爱杀其父母之人，岂不是泯灭了良心，泯灭了天生的善性，关闭了至善之门。所以，爱杀父母之人，是决不能接受的。正是中国这种"仁爱"观与"圣爱"观的区别，所以辜鸿铭指出：西方人是希望孩子一生下来就是哲学家。而中国人，是希望活到80岁，仍保赤子之心。其原因就在于"仁爱"观与"圣爱"观的区别。中国人永保赤子之心，是永保这种天生的善性。西方人之所以希望一生下来就是哲学家，是因为至善之爱是"圣爱"，凡人是达不到这种境界的。因而人之善性，是从"圣爱"中禀受到的。而最能禀受到"圣爱"之真谛者，就是哲学家，所以，西方人希望孩子一生下来就是哲学家。正是这种善性的来源不同，所以，中国人善性的发扬，要通过自省向内心的追求，才能实现。而基督教则要通过教化，通过灌输，才能把这种"圣爱"观植于心中。这就是所谓内在超越与外在超越的根本区别。但是中国文化也不是没有外在超越。如它强调守礼，认为只要遵守礼的规则去生活，就可以达到"日徙善远罪而不自知"，最终达于至善。但中国这种外在超越，绝不是西方那种教会的强制灌输方式，而是约定俗成的方式。这也正是礼对于中国人之所以重要的原因。这就是中西文化发展路线的区别。而这种区别，关键在于它的源头，即中国文化没有敌人，而西方文化有敌人。关于这点，并不是我们的夜郎自大，去年（2008年）的《参考消息》就登载了《走向全球伦理宣言》的发起者和起草者德国学者孔汉思的这一看法，他认为，中国文化是没有敌人的，因此，中国文化的发展方向，是人类文化发展的共同方向。中国文化没有敌人，是因为中国文化延续了五帝时代的"大同"理想。中国人从本质上是一群和平的居民。近代以来，中国人之所以遭了这么大的难，原因就在于他们遇到了西方的丛林法则。只有当我们有能力成为丛林之王时，中国文化才能回归它的原来本色。但是，我们必须看到，对于中国文化这种本质的理解，在西方还是凤毛麟角。绝大多数人，仍是把中国文化当作异端看待。特别是由于西方媒体有意或无意的歪曲，在多数西方人看来，中国人几乎还和外星人一样。之所以西方民众对中国人这样隔膜，关键还是他们对于中国人的生活方式，特别是行为方式、思维方式不理解。所以，儒学的第三次提升，必须在国内"复礼"的同时，打通与基督教伦理的学理通道，把中国人的这种思维方式、行为方式，传播到全世界去。我们相信，中国文化的这种本质内蕴，必将成为全人类的共同财富。

邹昌林

中国社会科学院世界宗教研究所

2009 年 7 月 30 日

特殊经历与有关问题的交代

我的学术生涯大约分为两个阶段：从中学毕业到研究生院工作，属于第一阶段；从上博士到现在，属于第二阶段。对于这种情况，我在自序中已作了交代，不再复述。但由于生活在特殊的年代，还要多说几句。鉴于自序不能太自由，故以附录的形式，写在这里。

我经历过"文革"（2 年）、插队（6 年）、抽回北京中学教书（4年），然后才上大学，直至现在。在这种发展过程中，如果没有政治运动使然，应该是中学毕业，就直接进入大学的门槛。这对于搞学术的人来说，几乎是不成文的法则。这是我把从中学毕业到在研究生院工作算作一个阶段的大致原因。

当然，从我个人的经历来说，也可以明显地划为两个阶段。前一阶段主要是知识的积累和在别人为我规划好的道路上前进（虽然这中间也有属于个人的东西，但总的趋向是如此）。第二个阶段，则是我对社会有了较强烈的感悟，试图按照自己的方向发展，建立自己的体系（至于这种体系是否能建立起来，另当别论，但总的方向不会改变）。在这里，特殊与普遍，个性与共性，都在发挥重要作用。

首先，从特殊性来讲，其中有突破常规的东西存在。按常规讲，知识的积累，主要按专业的方向发展。然而，这 12 年，我却没有专业，积累也是散状的，只是越积越多而已。

在这里，我就以自报家门的方式，把自己的这点感受，作一点大致的归纳。

从工农兵学商五业来看，这 12 年（甚至更长时间），除商业外，我基本都干过，但又不算正式。我虽然没经过商，但母亲在这个行业工作，不能说一点知识没有。我们是教改学校，直属于中宣部。在这样的学校，最后一学期，几乎无事可干（功课都学完了），只好到工厂学工半年（这也是"文革"即将开始的产物。由于与此文无关，不在这里展开），有些人与工人师傅已经结下了深厚友谊。所以，我们与工人也不是无缘。我虽未在军队待过，但我们学校却是军训重点单位。从去仪仗营参观，到每周的队列刺杀，都是我们的必修课程。可以说，我们和军事，也不是没有联系。我插过六年队，到现在虽还不算农民，但今生恐怕再难和农民脱掉干系。至于学，那是我的本行，就不用多说了。

这 12 年，我虽不是最好的学生，但绝对是认真的实践者。做人、实践、学习，这是我 12 年来不知不觉地在做着的事。接着就是上大学，将近 40 岁才读博士。这就是我的第一阶段。

相对于第二阶段的单一，第一阶段的丰富多彩，是人们更愿意看到的。然而，由于强调学术成果，人们往往又看重第二阶段，认为第一阶段浪费太多。40 岁是人生的一个结点，我的第一个阶段在这个结点上，也太长了。在这个结点上，如果有人说不重视这个阶段，那绝对不是真话。我之所以这样重视它，时间是无法逾越的最重要因素。

由上可知，我的第一阶段之所以特别长，就在于 12 年的无序状态，这是它的特殊性。但是，也要看到它的一般性（普遍性）的一面，即特殊中的一般。这就是文史哲对社会生活的依赖关系。人们对社会的理解越深刻，平日的学习越刻苦，对文史哲的理解就越快、越好、越正确。从这个方面看，周自强老师认为，我由于年龄大一些（也就是说经历更多一些），所以，"历史知识和社会经验更丰富一些"。这是完全正确的。

社会的发展，早晚要打上我们这一代人的印记。社会前进的快慢，我们这一代人，有着不可推卸的责任。这是我们这一代人的共性。

但是对我们每一个人来说，更要看到他个性化、特性化的一面。从共性上说，我们这一代人是值得骄傲的，没有我们，社会就不会进步这么快（当然也包括我们的前辈和后代，但我们是主体，却是不争的事实）。而从个性或特性来说，却由于际遇不同，生老病死，喜怒哀乐，又是千差万别，各不相同的。有的人偏重于内在修养，有的人偏重于外在知识；有的人偏重这一方面，有的人偏重那一方面。这12年对每个人的积累来说，都是无序的，对以后的发展来说，都只是一个开始，谁也没有系统的知识和素养。

总之，12年对我们也太长了，如果能有正常的学习，决不会如此。因此，每个人都有不满。这就是有过12年特殊经历的人，对第一阶段不弃不离又恨铁不成钢的情感和不得不说几句的真正原因。

大学结束了我发展的无序状态，硕士阶段的学习，把我带进了学术的殿堂，而且成为我第二阶段的基础，这是我人生的一大转折。饮水不忘掘井人，何况是先生。如果尹达先生地下有知，就请他接受我的祝福吧！

在我大学毕业的时候，全国带研究生的导师还是少数。我也庆幸，能成为这少数导师所带学生中的一员。

在这少数导师中，由于尹达先生和应永琛先生已经过世，周老师有些话也不说，但是，事由我生，只好由我绕个弯，多说两句。

在我考硕士研究生的时候，郭老还在，尹达先生是以副所长的身份兼管历史所的工作。当时，周自强先生是先秦室的主任，应永琛先生是先秦室的成员。关于招收我们三个的情况，具体安排是这样的：尹达先生是导师，制订培养方向和方针，当然也包括一些具体指导（主要是大方面）。周自强和应永琛两位先生是副导师，负责具体指导。周先生是先秦室主任，负责我们三人的日常事务。又由于他精通先秦史和民族史两方面，所以更侧重王震中和周星。应永琛先生对先秦方面的典籍非常熟悉，因此更侧重于我。正是由于这种分工，所以我答辩在三人排名中是这样的：尹达先生、应永琛先生、周自强先生。他们是好朋友，无须我多说。但现在我的硕士学位论文将出版，故在这里说明，以免后人猜疑。

在读硕士和留在研究生院工作期间，我共参加过一次学术会议，发表过三篇论文。它们是：《晋文公的大分封与晋国中期贵族土地所有制的变化》（《中国社会科学院研究生院学报》1986 年第 4 期）、《"作爰田"和小土地占有制的兴起》（《史林》1988 年第 3 期，总第 10 期）、《马克思主义的中国化——论郭老古史分期研究的特点》（《郭沫若史学研究》，中国郭沫若研究学会、巴蜀文化研究基金会编，成都出版社，1990）。三文虽然发表时间不一，但实际都在我读博士之前写的。关于前两文，虽然在《历史研究年鉴·先秦史》上都提了一笔，但题目和内容与硕士学位论文无大差别，故这里不再提及。关于郭老一文，如《自序》所述，只是参加会议论文的很少一部分，本文内容增加较多（一半以上），故以附录的形式列在这里，以供参考。

鉴于我的以上特殊情况，大家可以看出，很难说清楚它与本论文的关系，我既不能说有，也不能说无，当然，更不甘心笼统带过，所以把一些有关情况给人们作一点简单介绍。

关于我的硕士学位论文，田昌五先生（他是我的论文答辩委员会主席，在学生时代是北京大学的党委书记，战国封建论的主要大将之一，已经过世）有两个大的评价，我认为是准确的。一是认为：我的论文是"填补空白"之作。这点好理解，因为这个题目当时无人做，所以是"填补空白"。正是因此，当我选择这个题目的时候，周老师就说，这个题目可以做。田先生对我论文的另一评语是"匠心之作"。从字面上也好理解，因为论文从两种不同性质的公社到封建关系的出现，从大环节到小的环节，都安排得比较合理，论述没有相互的冲突。但正是在这点上，连田先生和周先生也不明白，这两种公社制在本论文中是怎么来源的。

它的直接来源是我的学士学位论文——《试论井田制的协作意义》。宁可先生（我们系的中国史权威）在评价我们的学士学位论文时，对于此论文，曾说过这样一句话，即认为此文"基础不错"（意思是说，有新意，但还不能发表）。所以，在写硕士学位论文时，我就把它作为前提和结论来运用了（当然也不完全如此，需要的话，我还是要从大的方面加以证明的）。但是，宁先生也不了解为什么我的学士学位论文要选这样的题目。

其实，我选这样的题目来做学士学位论文，最早是源于我的插队生活。我在内蒙古呼伦贝尔盟莫力达瓦达斡尔族自治旗插队，对达斡尔族不是没有了解，但也不是很多，因为我是在汉族中插队。但就是这样，我对达斡尔族的了解，也要比别人多得多。除了我们都生活在共同的区域之外，其实对于整个知青来说，这个范围内的各民族都有插队生，而他们是互相通气的，何况加上共同的领导和混居。这个旗很大，超过1万平方公里，是北京市的2/3，但人口只有10万多。正是因此，土地并不珍贵，一些原始耕作制度还能得以保存。最直接的表现是：他们往往用大犁套六头牛，把生荒地翻一遍，就用漫撒的方式，把稷子撒在新翻的土地上，中间也不进行管理，秋天就来收割。而且他们年年种生荒地（只要土地允许）。正是这种情况，使我感触良多，悟出了不少道理。首先，不进行中间管理，这肯定是原始制度。这在汉人是不可想象的，所以汉人把这部分达斡尔族，有时戏称为"懒达子"。在当地，也还有吃"二米饭"（大米和稷子米一起煮饭，稷子米比大米小，比小米大，是黄色，故名）的习惯。其次，套六头牛用大犁把生荒地豁开，这种生产力水平是很高的，在当时，就是汉人种熟地，也不用套六头牛。而这样的熟地，一些达斡尔族都轻易地抛弃，证明土地很多。这正是关于魏绛和戎，"贵货易土，土可贾焉"的重要依据之一。当然，这也是我在硕士学位论文的注解中，以较长的篇幅论证"戎狄荐居"并不都是游牧经济的原因。我们不要一看到高纬度地区，就认为是游牧经济。这是典型的事例之一。第三，虽然"戎狄荐居，贵货易土"，但这绝不是最肥沃的土地。那种最肥沃土地，就是年年种，不施肥，不进行中间管理，也比一年一种的荒地产量多，人们是不会抛弃这种土地，轻易迁徙的。正是因为最肥沃的土地多被汉人占领，才造成了"戎狄荐居"的局面，即《左传》所说的"衍沃"之地。这也是我对"井衍沃"感兴趣的最早原因。第四，我们一般把国家称作"社稷"（"社"为土地神，"稷"为谷神）。这种观念可能最早起源于北方。因为"穄"与"稷"同音，可能"稷"就是由"穄"发展而来，作为旱地作物的代称。这亦是我对种穄子感兴趣的一个原因。第五，穄子是一种速生作物，从种到收，不足一百天。所以，穄子最适合北方播种，高寒山地也如此。但穄子产量很低，汉族除部分人在生荒地上种植外，一般都不种。由于穄子生长快，所以能够压草，比草长得还快（顺便说一句，笔者能把穄子苗和谷子苗分开，也是插队以后的事），因此，最适宜在生荒地上种。又由于穄子的速生性，所以春天播种一定要齐。春种晚一天，秋熟就要晚几天。同时，穄子也是一种散穗作物，成熟了就要及时收割，否则，就要被风摇落在地上，不说等于白种，也损失很大。所以，种穄子最适合协作生产，从种到收，都可以采取协作完成。种的时候，协作完成，可以保证每块地的耕作都是齐的。这样，秋天就可以保证每块地的成熟也是齐的。于是，就可以采取协作的方式，一块地一块地的收割。

正是以上原因，使我对农业产生了很大的兴趣。所以，上大学以后，我看了一些农学史及相关文章。在此基础上，大学毕业，就顺理成章地选择了《试论井田制的协作意义》这个题目。在此论文中，我认为，由于生产上的需要，先产生井田制的协作单位，然后才产生农村公社平分土地的制度，最后才演变为课验勤惰的剥削单位，并且用经书中的大量材料证明这点。所以，宁可先生才说，本论文有了好的基础。

正是这一论文，决定了我的硕士学位论文选择了《晋国土地制度》这一题目。这就是我的硕士学位论文与插队生活的关系，也是田先生关于"匠心之作"的真正源头。

当然，插队是一种综合训练，我并没有想到以后会上大学和读研究生。例如，我对达斡尔族的族源就很感兴趣。凡在莫旗插队的知青都知道，达斡尔族都开西窗户，而汉族都不开。问他们为什么这样，他们说，八月十五岳飞杀达子（这可能是元末红巾军杀鞑子的另一个版本。其实岳飞根本就没有到过东北），只剩下一个姑娘从西窗户逃跑了。达斡尔族就是这个姑娘的后代。为了纪念这个姑娘，达斡尔族都开西窗户。且不说"岳飞杀达子"的对错，这个故事中包含着民族起源的密码，这是无疑的。也就是说，达斡尔族起源于母系制。但是，我也听到过汉人与达斡尔人开这样的玩笑："不像你们达斡尔人，窗台上供个猪头，嘴里还插根大葱，为了不让我们汉人看，窗户上还挂个布帘。"虽然我没见过达斡尔族的仪式，但从人类学知识看，这肯定是男根崇拜。因此，达斡尔族到底是起源于母系还是父系，一直是个疑问。直到我读了大学和研究生，从《国语》中了解到，黄帝就是由母系向父系过渡的产物，这个问题才搞清楚。

另外，除了历史知识，这种无序状态，还有许多其他方面的知识。例如，贺铸在《鹧鸪天》中讲："梧桐半死清霜后"，什么是"半死"？我就不懂。直到插队以后，这个问题才明白。所谓"清霜"，就是"白露"。庄稼经白露一打，就不再生长了，但也没有死。这就是"半死"的概念。还有王维讲的"草枯鹰眼疾，雪尽马蹄轻"，也是如此。东北人把两山或两个高地之间凹下去的部分，称为沟子，而沟子里的草是很深的，羊或者牛犊子藏身其中，是完全可以的。所以，传统所谓"天苍苍，野茫茫，风吹草低见牛羊"，是完全正确的。但是到了冬天，别说是牛羊，就是一只兔子，也藏不住，很容易就能被天上的鹰发现。这就是"草枯鹰眼疾"的来源。至于"雪尽马蹄轻"，更是如此，没有插队生活，根本想不到。东北的老板子，一般走一段就要下车用锤子把马蹄子上的雪敲下来，然后再走。马每走一步，都会沾上雪，稍久就会在马蹄下形成一个倒三角，很容易把马蹄子崴了。走起路来很费劲，就不用说了。如果没有雪，那将是什么样呢？还有"细雨鱼儿出，微风燕子斜"，也是如此。不经常在河边走，对生活不仔细观察的人，是体会不到这点的。关于这种专业之外的零散知识还很多，我就不多说了。

下面，我就交代一下读硕士的情况。尹达先生为我们制订了通过文献、考古、民族学（主要指文字以前或以外的材料，这在当时的苏联称为民族学，而在西方称为人类学）的培养方案（关于前两者，人们称之为二重证据法，因为从王国维利用殷墟的甲骨文把《史记·殷本记》的世系剔发出来之后，这就成了人们普遍接受的一种提法。如果再加上人类学，近世学者则提出了三重证据法，如陈明等）。关于这种情况，我在自序中已提到，现把有关情况具体做点介绍。

周自强老师带着我们三个研究生到云南、四川的少数民族地区走了一圈，重点是考察云南的基诺族和凉山的彝族。这种考察当时已有它的实际意义，不过现在就更大。在基诺族地区，我们基本考察的是它的原始制度。基诺族当时刚从其他民族中划分出来，还处于原始发展阶段。如，他们当时还不知道吃菜，认为吃菜就是杀一两只鸡，就是很好的例证。笔者最感兴趣的是他们的耕作制度：他们往往把一块地的树木齐腰砍断，然后放火把地上的草烧掉，这就是他们的耕地。在耕作上，他们实行两种方法：一是在一根长长的杆子上安一个扁铲，用它在地上剁出一个一个的坑，然后把种子撒在里边，中间也不进行管理，秋天就来收割。另一种是，用砍刀在地上划一道道沟，然后把种子撒在里边，中间也不管理，秋天就来收割。基诺族一般年年种生荒地（只是根据人口的发展，这种生荒地由无序到有序，由二十几年到十几年，再到几年的变化而已）。我在论文中提出了"大面积抛荒耕作"的概念，就是起因于此，而不是首先来自于书本。"抛荒"好理解，如基诺族。"大面积"则是，这种迁徙往往不是一个家族或一个氏族，而是一个部落集团，甚至整个民族的迁徙。所以，我用了"大面积"这一提法。从典籍上看，商、周民族已是如此。这不是我的专业，且就此打住。

我的专业是奴隶社会史，所以作业也是写的凉山。关于我当时的观点，大家可以通过论文去看。现在讲点个人的心情问题：早就听周老师讲过，彝族的下层百姓住在黑漆漆的屋子里，和牲畜也住在一起。我上凉山的时候，已是"文革"之后，民主改革已经完成多年，但这种情况我们还能经常看到。对于凉山的卫生条件，笔者绝不敢恭维。在凉山，笔者生怕吃了不干净的食品生出病来。但是怕人们说我对彝族兄弟没感情，所以不敢说。后来到宗教所工作，我们所的宗教学权威吕大吉先生（当时他在中央民族大学工作），在私下交流时就这样说过：他在凉山时，彝族兄弟就用刚撮过猪屎的簸箕，又撮土豆给他们吃。怕沾上猪屎，所以他赶快从上面拿了两个就走（吕先生现已过世，但这话绝不只是我一个人听到）。所以，我们反对的是奴隶制，绝不是彝族兄弟。新中国成立之初，有人曾经企图保留凉山的奴隶制，以教育后人。但这种罪恶的制度，实在没有人性的基础，最后在党的政策下，终于灭亡了。共产党的政策是：有成分论，但又不是唯成分论。对于少数民族的上层，只要他们不抗拒改造，一般都是优待的。立功还可以受奖。据周老师讲，当时的民委副主任伍精华，就出身于黑彝，这是很好的例证。关于这些影响心情的东西，我就不多说了，反正有我的作业在。不过，作业都是理性化的，其他因素没有考虑进去，所以才说了上面的话。当然，关于我的作业，我在自序中曾提到，有的注解没注明，也不打算注。现已查出，特此说明。

最后，还要多说两句，通过我的插队和实践，如何理解我们党的民族政策。我在达斡尔族地区插队，据达斡尔族兄弟讲，他们是契丹族的后裔。在我插队时，达斡尔族的人数和分布是这样的：在莫旗有 2.5 万人，齐齐哈尔郊区有 1.25 万人，黑河有 4000 多人，新疆有 2000 多人。黑河和新疆的可能是随军旅过去的，其他两地为达斡尔族聚居区。当时，莫旗是达斡尔族最多的地区，故以莫旗设自治旗。设自治旗的好处是，这个旗的旗长必须由达斡尔族担任，人民代表也必须从达斡尔族中选出，同时，达斡尔族的孩子一上学，就有 20 元的补助（当时城里的二级工只有 40 元工资）。但是在这个旗，达斡尔族不是最多的，其中汉族占了70% 以上，还有少量的朝鲜族、鄂伦春族和鄂温克族。只是在少数民族中，达斡尔族占多数而已。由是我们知道，凡是划为自治区、自治州、自治旗、自治县的地区，汉族都是多数，只是按少数民族聚居讲，他们才是多数而已。因此，那种认为凡划为少数民族区域自治地区，汉族都应该退出的看法，是绝对错误的。如果笔者的记性不错的话，在新中国成立初期，汉族占96%，少数民族只占4%（日本有的学者认为中国是单一民族，大约据此）。现在好一些，汉族占91%，少数民族占9%。但这种情况，主要是通婚造成的。对于民族之间的通婚，党和政府从来不干涉。子女填族属，是选择父亲还是母亲，党和政府也不干涉。但是，党和政府对少数民族是有很多照顾的，所以填族属时，子女大多选择了少数民族一方。当然，也有反是，如笔者的表妹嫁给了清朝的皇族，但他们的族属却都是汉族。这说明，党和政府对子女的族属是填父亲还是母亲，是不干涉的。正是因此，少数民族在 1949 年以后的增加，主要是党和政府的民族政策所造成。虽然如此，但汉族还占90% 以上，可是划为少数民族区域自治的地区，却占国土面积一半以上。正是因此，那种认为，中国的民族政策是错误的，汉族应从少数民族地区退出去的看法，从以上分析和站在绝大多数的少数民族的立场上看，这种看法都是极其有害的，完全错误的。

当然，我们采取这样的政策，也与我们的文化有关。我们的文化，完全是从礼里边来的。而礼，是人与动物相区分的标志，从很早就有了。大约从孔子开始，它的义理被全面阐发出来。孔子虽然教人做人的道理，却从不轻易以"仁"许人。按照礼的标准，人们必须"入境问俗"（尊重你的国家），"入乡随俗"（尊重你的乡人），"子入太庙每事问"（尊重你的族人或亲人），"自卑而尊人"，"己所不欲，勿施于人"（尊重你本人）。孔子认为这是进入"仁"的条件。所以孔子讲："今之孝者，是谓能养。至于犬马，皆能有养；不敬，何以别乎？"（《论语·为政》）到了《孟子》，就把它发展为"仁政"的观念，认为"老吾老以及人之老，幼吾幼以及人之幼"，治天下就可"运乎掌"上。而到了《荀子·王制》，则论证了"维齐非齐"的道理，阐述了"修礼者王，为政者强"，"四海之内若一家"的观念。以基诺族为例，基诺族的社会还在原始状态，而汉族已进入社会主义社会；基诺族人数很少，而汉族是全世界第一大民族，二者本来就是不齐的。如果按照"齐"的理论，基诺族只有灭亡一途。但是，我们在基诺族地区却看到：有的青年已经穿上西服，手里提个录音机，比汉族还洋气；私有观念也侵入了他们的机体，有的人已经在路边做起了小买卖；甚至连汉族的文化观念也有了。从史书中我们知道：原始民族是男不娶、女不嫁的，然而他们却有了婚姻观念。只是在解释上，和汉族完全不同。他们认为：两人就是结合一辈子，儿女成群，也不算结婚。所谓结婚，就是请得起那桌客。因此，他们非常欢迎党和政府把他们从其他民族中划分出来。从浅层次讲，党和政府可以给他们更多照顾。从深层次讲，则可以保证他们的生活方式和文化不变。因此我们可以看到这样一种现象，尽管他们可以吸收汉族和现代化的东西，但他们的生活方式和文化却可以不变，积久，还能以独特的方式与汉族共同发展。在这之前，我对西方那种"齐"的理论还颇崇拜，但经过插队，我才明白，如果像西方那样，以上"齐"下的理论对待落后民族，岂不要导致这些民族的灭亡？印第安人的灭亡，可能与这种理论脱不了干系。正是我们尊重别人（尤其是落后民族），所以，我们往往是后发制人，开始都是吃亏的。为此，有的朋友认为我们缺乏大国责任，这种反映式方式是有问题的。而有的人则认为，我们这种态度软弱可欺，一开始就把一大堆不平等的东西摆在我们头上，强迫我们接受，以为占了大便宜。我认为：除了本性之外，这都是对我们的文化不了解造成的。我们绝不欺负别人，但也绝不允许别人欺负我们。在道家，称之为"以德报怨"（即以感化的方式消灭别人的错误）；在儒家，则称之为"以直报怨"（即以正确的东西消灭别人的错误）。但为了防止"以怨报德"或"以怨报怨"的行为，我们往往采取反映式的后发制人态度。

鲁迅先生说过："小则为民族，大则为学术"。学术是超越国界的。如果此附录有助于感兴趣的读者阅读正文，就达到它的目的了。

1991年，我和陈咏明（我的师弟）留在中国社会科学院宗教所儒教室工作。虽然我们一来就为冯友兰先生的关门弟子张耀的英年早逝而惋惜，但是1992年却是本室鼎盛的时期，因为我的三个师弟（妹）已经留室。这样，本室导师有任继愈、孔繁、余敦康、牟钟鉴，学生有李申（任先生的博士生）、我、陈咏明、王健、王志跃、陈明（以上以年龄为序。后五人，都是孔繁、余敦康先生的博士生）。以后虽有变化，但都没有超过这个时期。固一时之盛也。

欧阳修在《伶官传序》说道："呜呼，盛衰之理，虽曰天命，岂非人事哉！"如今，任先生已过世，孔先生、余先生不但已退休，且已高龄。牟先生早已去了中央民族大学，现在也已退休。这就是四个老师的去向。至于六个学生，李申去了上海师范大学，陈明去了首都师范大学，陈咏明更是由于特殊原因而过世，我则已经退休，只剩下王健、王志跃还在室里打拼。恢复旧日辉煌已经不可能了，但愿人事上还能补救。

一向不知疾病厉害的我，终于尝到了它的苦头。故早早把这些话写下，以免欠债而后悔。剩下的时间就完全属于自己了，我希望能像蚂蚁啃泰山一样，为国家的文化再做一点事情。

图书在版编目（CIP）数据

晋国土地制度/邹昌林著. —北京：社会科学文献出版社，
2014.12（2015.9 重印）
（中国社会科学院老年学者文库）
ISBN 978-7-5097-6801-3

Ⅰ.①晋… Ⅱ.①邹… Ⅲ.①土地制度-经济史-山西省-晋
国（前 11 世纪~前 4 世纪中叶） Ⅳ.①F329.025
中国版本图书馆 CIP 数据核字（2014）第 273161 号

·中国社会科学院老年学者文库·

晋国土地制度

著　　者／邹昌林

出 版 人／谢寿光
项目统筹／宋月华　魏小薇
责任编辑／马续辉　周志宽

出　　版／社会科学文献出版社·人文分社 （010）59367215
　　　　　地址：北京市北三环中路甲 29 号院华龙大厦　邮编：100029
　　　　　网址：www.ssap.com.cn
发　　行／市场营销中心 （010）59367081　59367090
　　　　　读者服务中心 （010）59367028
印　　装／北京京华虎彩印刷有限公司

规　　格／开 本：787mm×1092mm　1/16
　　　　　印 张：17.25　字 数：225 千字
版　　次／2014 年 12 月第 1 版　2015 年 9 月第 2 次印刷
书　　号／ISBN 978-7-5097-6801-3
定　　价／79.00 元